파워풀한 성인교육방법

권력의 교육학

Stephen D. Brookfield 저 | 조성란 역

POWERFUL TECHNIQUES FOR
TEACHING ADULTS

학지사

⬢ 역자 서문

　이 책은『파워풀한 성인교수기법』(2020, 학지사)으로 번역된 것을 다시 수정한 것이다. 근래 비판적 사고를 길러 주는 교육에 대한 한국교육계의 관심이 높다. 또한 교사중심의 전통식 교육이 학생중심교육으로 바뀌면서, 이러한 변화를 반영하는 적절한 교육방법에 대한 교육 현장의 관심과 요구가 증폭되고 있다. 이와 관련한 이론서와 토론을 활용한 교육서가 계속해서 나오고 있지만, 비판교육철학의 개념을 방법론적으로 소개한 교수서는 드물다.

　이 책은 영국 출신의 미국학자이자 비판이론의 전통을 이어받아 이를 교육방법론으로 개발한 현존하는 성인교육학계의 대가인 브룩필드Brookfield 교수의 저서를 옮긴 번역서이다. 이 책에는 권력 불어넣기, 지배이데올로기, 헤게모니 등 권력과 관련된 비판이론의 주요 개념들이 브룩필드 교수 자신의 이야기를 포함한 많은 예시와 함께 쉽게 설명되어 있으며, 비판적으로 사고하는 법, 권력에 대해서 가르치기, 자기주도학습, 교실 민주화를 위한 교육방법들이 다양한 토론방법과 창작예술을 이용한 방법 등과 함께 소개되어 있다. 본문에서 저자가 '권력의 교육학'으로, 또한 저자의 앞선 저서인『'비판이론의 힘'의 실천서』는 현재 한국 교육현장의 요구에 부응할 뿐만 아니라, 한국 사회의 여러 분야에서 유용하게 쓰일 수 있는 아주 멋진 책이다.

　이 책의 원서를 2015년도에 일반대학원 평생교육방법론 세미나 수업에서 학생들과 함께 읽고 토론하며 적용하고 비평하면서 교실에 존재하는 권력의 실체에 대해 다양한 의견을 주고받았다. 학생들은 '신선하다.' '새로운 시각이다.' '획기적인 방법이다.' 등의 긍정적인 반응도 보였지만, 이 교육방법이 한국 교육에 적용이 가능한지에 대한 의구심을 피력하기도 하였다. 역자는 이후 수

업들에서도 지속적으로 강의실에서의 권력 흐름을 유심히 관찰하였다. 다른 교사들과 경험을 나누고 학회발표를 통해 여러 견해를 접하면서, 이 책이 한국어로 출판되어 활용된다면 한국 교육계에 중요한 지적 자원이 될 것이라 믿어 번역서 출간을 추진하게 되었다.

이 책이 나오는 동안 한국사회는 급격하게 변화하였고, 이데올로기에 대한 경계가 많이 허물어졌으며, 다양한 관점에 대해 열린 사고를 하는 교육의 필요성이 대두되면서 이 책에 담긴 파워풀한 교육방법의 적용 가능성이 아주 높아진 느낌이다. 세대와 공간과 형식을 어우르는 평생교육뿐 아니라 다문화, 장애인, 탈북민, 노인, 저소득층, 비문해자 등, 사회적 · 정치적 · 경제적 · 교육적 · 문화적 소외계층에 대한 인식변화와, 다양성에 대한 가치와 평등의식을 고취하는 교육에서 브룩필드의 교육방법은 활용도가 아주 높다.

『파워풀한 성인교수기법』이 출간된 지 어느덧 4년이 흘렀다. 책이 나온 이후에 아쉬웠던 점을 반영하여『파워풀한 성인교육방법』으로 제목을 수정하고, 기존에 사용했던 용어들 또한 약간 수정하였다. 먼저 기존에는 '파워'라는 용어를 원어 그대로 사용하였으나, '파워'를 '권력'으로 수정하였다. 또한 '교수자'는 '교사'로, '교수법'은 '교육방법'으로, '이야기꾼'은 '화자'로 변경하였다. 전체적으로 좀 더 매끄럽게 다듬었지만 크게 바뀐 것이 없다.

역자가 이 책을 처음 접했을 때 느꼈던 전율과 홍분을 독자들도 느끼기를 바라며, 평생교육계뿐만이 아니라 언론계, 문화계, 여성계, 노동계, 정치계 등 다양한 분야에서 멋지게 활용되기를 고대해 본다. 부디 이 책의 근간에 깔려 있는 인간평등사상이 독자들에게 잘 전달되어, 권력이 바르게 쓰이고 우리 사회 곳곳에 뿌리깊이 박혀 있는 성차별, 나이차별, 지역차별, 학력차별, 인종차별, 다문화차별, 장애인차별 등 각종 차별의식이 타파되기를 바란다. 그래서 한국사회가 인간평등사상에 기초한 정의롭고 공정한 민주사회로 발전하고, 파워토피아로 나아가는 지렛대의 역할을 하기를 고대해 본다.

이 책에 등장하는 **파워토피아**powertopia는 브룩필드가 꿈꾸는 세상이다. 파워토

피아는 '파워'와 '유토피아'의 합성어이므로 원어 발음 그대로 '파워토피아'로 번역하였다. 그리고 그동안 **임파워먼트**empowerment는 학자에 따라 분분하게 정의 되었는데, 역자는 이 책의 내용과 의미를 따라 '권력 불어넣기'로 번역하였다. 앞으로 '권력 불어넣기'가 임파워먼트를 정의하는 용어로 널리 사용되기를 고 대한다. 또한 독자들이 사전을 찾아보지 않고도 쉽게 읽을 수 있도록 최대한 많은 주석을 달았다. 부디 역자의 실력이 부족하고 전달력이 모자라서 원어의 의미를 훼손하거나 저자와 저서의 명성에 누를 끼치지 않기를 고대한다. 누구 나 쉽게 이해할 수 있고 널리 사용되기를 바라는 마음에서 되도록 쉬운 말로 옮기고자 노력하였지만, 한국어 표현에 있어서 매끄럽지 못한 부분이 있다면 너그럽게 용서해 주기를 바란다.

마지막으로, 이 책이 나오기까지 기다려 주신 분들과 도움을 주신 여러분께 감사의 인사를 드린다. 특히 이 책이 나올 수 있도록 지지를 해 주신 동아시아 평생교육연구회의 최일선 교수님과 여러 회원께도 감사를 드린다. 또한 이 책 에 관해 여러 의견을 준 홍익대학교 최은경 교육대학원생을 비롯하여 학부와 대학원의 학생들에게도 고마움을 전한다. 특별히 평생의 든든한 지지자인 사 랑하는 남편, 두 딸과 사위, 근래 작고하신 시어머님과 친정 엄마, 그리고 늘 힘이 되어 주는 가족에게 감사를 드리며, 오랜 친구들에게도 고마운 마음을 전 한다.

끝으로, 개인적 사정으로 출간이 지체되었음에도 오랫동안 기다려 주신 브 룩필드 교수님과 조시-베이스사, 그리고 학지사의 김진환 사장님께 죄송한 마음과 함께 진심으로 감사의 인사를 드린다. 또한 꼼꼼하게 편집해 주신 학지 사 김지수 님과 편집부에도 감사드린다.

2024년 2월
성인교육학 박사 조성란

🔁 저자 서문

성인들을 가르치는 **성인교육자**teacher of adults로서, 나는 동시에 두 교육세계에서 살고 있다. 그중 하나인 **파워토피아**Powertopia에서 사람들은 권한을 주고 평등하게 만드는 힘으로서 **권력**power을 체험한다. 여기 사람들은 다른 사람의 견해를 이해하려고 애쓰고, 서로 말할 기회를 주기 위해서 권력을 사용한다. 타인에 대한 배려를 가장 가치 있는 덕목으로 여기기 때문에 파워토피아의 시민은 어느 누구도 소외되거나 주눅 들거나 모욕당하지 않는다. 속된 말로 이 세계에서는 아무도 망하지 않는다. 파워토피아의 교실에서는 모든 사람이 성장하도록 도와주기 위해서 권력이 사려 깊게 사용되고, 자기중심적인 학생들이 다른 학생들을 깔아뭉개고 가로막는 행위는 존중받지 못하며, 무의식적인 인종차별 · 계급차별 · 성차별이 없고, 사람들은 자신이 편안하게 느끼는 정체성을 위협하는 아이디어와 실천을 고려할 의향이 있다.

모두가 서로 이해하려고 애쓰고 비판적 사고를 받아들이는 **하버마스**Habermas (1979)의 이 꿈 같은 이상적인 담화장면은 물론 현실에서는 존재하지 않는다. 비록 나는 현실세계인 두 번째 교육세계에서 살고 있지만, 내 교실에서 이러한 일들이 일어나는 것을 보고 싶다. 비록 내 것은 아니지만, 발가락들은 항상 파워토피아에 있다.[1] 내가 현실세계에서 권력을 얼마나 사용할지는 파워토피아를 건설하려는 욕망에 의해서 좌우된다. 나는 많은 성인교육자가 자신의 의식 주변에 숨어 있는 자신만의 파워토피아를 가지고 있으며, 현실세계의 교실에 파워토피아의 요소들을 얼마나 숨겨서 가지고 오느냐에 따라 성인교육자와

---

1) 내 마음의 일부는 언제나 파워토피아에 있다는 뜻−역자 주

교관으로서의 교수효과성을 부분적이나마 스스로 평가한다고 생각한다.

자신의 세계에 파워토피아의 요소들이 있든 없든 당신은 항상 권력의 현실과 직면하게 된다. 성인들을 가르칠 때 당신이 믿을 수 있는 것은 복잡한 **권력역학**[2]power dynamics이 존재한다는 점이다. 당신의 지위가 가진 권력, 당신이 가르치기 때문에 표현하는 권력, 주제에 대한 지식이나 능숙한 기술을 통해 입증해 주는 권력, 당신의 유별난 성격에서 나오는 권력이 있다. 학생들은 당신이 의도하는 것을 보강해 주거나 무력화하는 권력, 학습을 새로운 방향으로 끌고 가는 권력, 당신 자신이 **파워풀**powerful 또는 무력하다고 느끼도록 하는 권력을 가지고 있다. 당신이 교사로서 가진 권력을 사용하여 제지하지 않는다면, 학생들의 사회계층, 인종, 성별, 성격, 경험 때문에 교실 밖에서 존재하는 학생들 간의 권력 차이는 교실에서 쉽사리 재현될 것이다.

당신이 교과목을 가르치거나 워크숍에서 가르칠 때 권력은 다양한 사람에 의해서 새롭게 또는 익숙한 방식으로 사용되고, 모습을 바꾸며 끊임없이 교실을 돌아다닌다. 어떤 때는 권력이 멋지게 콧노래를 부르면서 교실의 에너지를 끌어올리고, 모두를 새로운 학습지역으로 끌고 갈 듯한 상황이 전개된다. 때로는 권력이 통제되지 않아 교실은 쓰라림, 분노, 수동적인 적대감[3]으로 가득한 재앙의 장소가 된다. 학생의 권력, 교사의 권력, 제도적 권력, 인종적 권력, 문화적 권력, 그리고 이러한 것들에 대한 **대서사**[4]grand narrative의 권력이 당신을

---

2) 역학(dynamics): 그룹이나 시스템 내부에서 변화를 일으키는 힘 또는 프로세스—역자 주

3) 뚱해서 말하지 않는 태도 등으로 불만을 표현하는 행동—역자 주

4) 프랑스 철학자 장 프랑수와 리오타르(Jean-François Lyotard)가 1979년에 『포스트모던조건: 지식에 관한 보고서(The Postmodern Condition: A Report on Knowledge)』에서 처음으로 사용한 용어이다. 리오타르는 제도적이고 이데올로기적인 형태의 지식에 대한 그 당시의 다양한 비판의견을 모아 요약하여 이 보고서에 수록하였다. 그는 '대서사'는 이야기에 관한 이야기로, 지식 형태로 이야기를 설명할 뿐만 아니라 그 지식 형태의 이야기를 합법화하고 사회적 관계에 적용하여 기존의 권력관계와 관습을 정당화하는 수단으로 사용된다고 주장하였다. '대서사'의 예로는 종교에 관한 이야기, 계몽주의에 관한 이야기 등을 들 수 있다.—역자 주

깜짝 놀라게 하는 방식으로 끊임없이 교차한다. 권력이 존재하지 않는 성인교실이란 없다.

이 책은 권력과 성인교육이 어떻게 교차하는지에 대한 역학을 탐구한다. 권력의 분석으로 시작해서, 성인학습자들에게 권력을 불어넣는empowering 것으로 간주되는 일반적인 접근법들(비판적 사고 가르치기, 토론 사용, 자기주도학습 지원, 교실 민주화, 예술과 영상물 사용)에 대해서 살펴본다. 그리고 나서 설령 학생들이 저항하더라도 지배권력dominant power에 대항해서 가르치는 방법을 탐구한다. 비록 권력이 책 전체 흐름의 주제이지만, 이 책은 학문적인 분석을 위한 것이 아니다. 대신에 책 제목에서 명백히 밝혔듯이 교육방법을 다루는 책이다. 독자들이 받아들일 수 있다고 생각한 만큼 많은 교수활동의 사례를 끼워 넣으려고 노력하였다. 나는 독자들이 이 활동 사례들을 배워서, 그중 일부를 자신의 수업에 적용할 수 있기를 바란다. 마지막 장에서 명백히 밝히듯이, 활동 사례의 일부를 발췌하여 다른 활동 사례에서 발췌한 일부와 결합하고, 나의 방법에 새로운 아이디어를 추가하기를 권고한다. 내가 가진 많은 정보와 팁tips과 도구tools의 사례를 제공함으로써, 당신이 언젠가 무엇인가와 관련이 있는 것 같아서 "내가 직접 가르칠 때 그것 또는 그것과 유사한 방법을 사용하게 되었다."라고 말할 수 있기를 (바라건대 두 번 이상) 바란다.

권력에 대해서 말하자면, 저자가 지닌 권력을 사용하여 독자친화적인 방식으로 쓰려고 노력하였다. 나는 조시-베이스사Jossey-Bass에서 발행한 다른 열한 권의 저서를 단독집필, 공동집필 또는 공동편집하였는데, 일부는 잘 팔려서 출판사가 많은 돈을 벌었고, 나머지는 학술연구상을 받았다. 그래서 나는 충분한 문화 · 경제자본을 축적하여 다양한 목소리로 책을 썼다. 『비판이론의 힘[5] The Power of Critical Theory』(Brookfield, 2004), 『인도하는 방법으로서의 학습Learning as a Way of Leading』(Preskill & Brookfield, 2008), 『급진적으로 변화를 추구하기 위한 학습

---

5) 한국에서는 『성인학습을 위한 비판이론』이라는 제목으로 번역되어 나왔다. -역자 주

Radicalizing Learning』(Brookfield & Holst, 2010) 등은 철학적이거나 학문적인 경향의 책이다. 『능숙한 교사The Skillful Teacher』(Brookfield, 2006), 『토론을 이용한 교수방법 Discussion as a Way of Teaching』(Brookfield & Preskill, 2005), 『비판적으로 사고하는 법 가르치기Teaching for Critical Thinking』(Brookfield, 2012) 등은 주로 현장에서 가르치는 실천가들을 위한 책이다. 『파워풀한 성인교육방법Powerful Techniques for Teaching Adults』은 명백하게 이 두 번째 범주에 속한다. 이 책에서는 1인칭 시점에서 서술하고, 개인적 일화나 여담을 추가했으며, 인용이나 참고문헌은 최소화하였다. 이 책을 읽는 동안 저자와 대화하는 것처럼 느끼기를 바란다(비록 한 사람은 장황하게 말을 늘어놓고 다른 사람은 듣기만 하는 희한한 유형의 대화임을 알지만).

둘러보기

　제1장에서는 모든 성인교실에서 권력이 어떻게 모습을 드러내는지 설명하고, 파워풀한 방법에 대해 권력역학에 순응하고, 사람들에게 권력을 불어넣고, 권력에 대해서 가르치며, 교사의 권위를 책임 있게 사용하는 네 가지 조건 중 한 가지 이상을 충족하는 것으로 정의한다. 제2장에서는 권력 불어넣기 empowering(성인들이 더 비판적으로 생각하도록 가르치는 다양한 방법과 기법을 사용하여)라고 흔히 불리는 프로젝트로 옮겨 간다. 비판적 사고는 학습자들이 가정assumptions에 의문을 제기하고 다른 관점, 특히 권력의 사용과 관련한 다른 관점을 탐구할 때 생긴다. 교사들이 다양한 목소리로 말하기Speaking in Tongues, 가정목록 만들기Assumptions Inventory, 주장과 반박Point-Counterpoint, 의도적으로 반대의견 말하기 Structured Devil's Advocacy 그리고 질문전략Questioning Strategies을 통해 자신의 권력을 사용하여 비판적 사고를 시범적으로 보여 줄 수 있는 방법을 설명한다. 또한 시나리오 분석방법Scenario Analysis Technique과 비판적 대화규칙 활동Critical Conversation Protocol 등의 파워풀한 학습자활동에 대해서 소개한다.

　성인교육자들은 흔히 가르치는 방법 중에서 토론이 가장 성인다운 활동이

라고 주장하는데, 그 부분적인 이유는 토론이 권력을 민주적으로 집단 곳곳에 분산하는 잠재력을 지녔기 때문이다. 제3장에서는 진정으로 민주적이고 참여적인, 즉 다른 말로 하자면, 권력 불어넣기로서의 토론경험이 될 수 있는 몇몇 구체적인 활동사례를 소개한다. 학습자들이 자신의 대화규칙ground rules을 만들도록 도와주는 방법을 설명하고, 내가 애용하는 참여 점수 부여기준Grading Participation Rubric을 설명하며, 돌아가면서 말하기Circle of Voices, 돌아가면서 응답하기Circular Response, 대화역할 부여 및 지시문을 이용한 대화활동Conversational Roles and Moves, 인용문 뽑기활동Hatful of Quotes, 눈덩이 토론방법Snowballing, 분필대화법Chalk Talk, 그리고 토론을 멈추고 칭찬하기Appreciative Pause 등의 대화규칙활동conversational protocols을 제시한다. 나는 민주적인 토론은 우연히 발생하는 것이 아니라 반드시 미리 계획되어야 한다고 주장한다. 이 장에서 소개한 방법들은 내가 가르치는 동안 가장 성공적이었던 것들이다.

자기주도학습Self-directed learning 또한 흔히 교사의 권력과 제도적 권력을 가장 직접적으로 대체하는 방법으로 칭찬받는데, 그 이유는 학습에 대한 계획수립·실행·평가에 관한 의사결정의 통제소재locus of control가 학습자의 손안에 있기 때문이다. 특히, 이러한 종류의 권력 불어넣기 학습은 성인들에게 적합한 것으로 간주되는데, 그 주된 이유는 성인들이 아이나 청소년보다 더 경험이 많고 동기부여가 잘 된다고 여겨지기 때문이다. 제4장에서는 자기주도학습을 정의하고 예시하며, 자기주도학습이 권력과 어떻게 관련되는지를 설명하고, 자기주도를 지원하는 몇 가지 방법을 검토한다. 여기에는 학습점검Learning Audit, 제2의 자신에게 보내는 편지Letter to a Second Self, 학습여정 포스터 세션Learning Journey Poster Session이 포함된다. 검색엔진 선정Search Engine Selection, 평가기준 전시관Criteria Gallery, 위키피디아 구축Wikipedia Construction을 통한 정보 활용능력informational literacy 개발방법을 검토하고, 프로젝트 플로차트Project Flow Charts, 학습결정 연습Practicing Learning Decisions, 감정을 경험하는 기술 개발Developing Emotional Fluency을 통해 학습프로젝트 수행 방법을 탐구한다.

권력에 관심이 있는 성인교육자들은 보다 더 민주적인 교실을 만들기 위

해 노력하는데, 이것이 제5장의 관심사이다. 나는 민주주의란 계속 확장하는 포괄적인 대화, 경제협정, 그리고 **지배이데올로기**dominant ideology에 대한 투쟁으로 정의한다. 민주적인 교실은 다양한 목소리와 의견을 수용해야 하고, 학습자들을 의사결정자로 인식해야 하며, 교사가 가진 권력을 책임감 있게 사용하는 것을 보여 줘야 한다. **학생자치**Student governance, **주요한 사건질문지**Critical Incident Questionnaire: CIQ, **종이대화법**Newsprint Dialog, **세 사람 규칙**Three-Person Rule, **정기적인 침묵**Structured Silence, **질문 선정하기**Nominating Questions, **누가 전문가인가?**Who's the Expert? 등의 성인교실을 민주화하는 방법들을 제5장에서 탐구한다.

제6장의 초점은 권력에 대한 교육방법으로 옮겨 가며, 왜 흔히 성인들이 지배권력에 도전하도록 격려하는 교육방법에 대해서 저항하는지 명확히 밝히고자 한다. 지배권력을 파악하기 위한 학습 분위기 조성방법에 대해서 설명하고, **권력체조를 통한 어색함 누그러뜨리기**Power Calisthenics icebreaker를 소개하며, 학생들 자신에 대한 소개법의 한 형태로서 **권력 버스**Power Bus를 개략적으로 설명하고, 전문대학 강사 **게리 케일**Gary Cale이 개발한 창의적인 **모의실험**creative simulation을 소개한다. **스토리 요약방법**Coding the Story, **가정 찾아내기**Hunting Assumptions, **권력 궤적**Power Trajectory, **희망 찾기**Trawling for Hope 등의 기법이 포함된 **내러티브**narrative와 **스토리**story를 사용하는 방법을 탐구함으로써 마무리한다.

제7장에서는 예술을 이용하여 권력에 대해서 가르치는 방법을 탐구한다. **직관적으로 주요한 사건**Intuitive Critical Incidents, **단어/이미지 연상**Word/Image Association을 통해서 직관의 역할을 살펴본다. **문화콜라주**Cultural Collage, **권력 퀼트**Quilts of Power, **콜라주를 이용한 토론**Collaging Discussion, **은유와 유추 콜라주**Metaphorical and Analogical Collages 등 다양한 형태의 콜라주가 소개된다. **포럼극장**Forum Theater, **이미지극장**Image Theater, **보이지 않는 극장**Invisible Theater, **문화훼방**Culture-Jamming과 같이 잘 알려진 연극적인 접근법을 설명한다. 이 장은 **무시당하기**Being Ignored, **무의식적으로 깔보는 행위**Microaggressions, **마르쿠제 아카데미**Marcuse Academy 등의 일상생활에서 일어나는 **권력 모의실험**daily power simulations으로 마친다.

마지막 제8장에서는 방법을 강조하는 것으로부터 벗어나 권력에 대해 가르치고, 교실에서 권력의 에너지를 통제하려는 어떠한 시도에도 항상 감정이 수반된다는 점을 고려한다. 감정과 권력 사이의 연결고리를 끌어내고, 파워풀하게 가르칠 때 필요한 감정을 극복할 수 있는 다양한 방법을 검토한다. 여기에는 감정적으로 중요한 것 알아보기recognizing what's emotionally important, 예기불안 모니터링하기monitoring anticipatory anxiety, 공감적 무심함 키우기cultivating empathic detachment, 인식론적 혼동 관리하기managing epistemological confusion, 마음에 영양분 주기nourishing the soul가 포함된다. 저자로서 권력을 어떻게 사용하려 했는지에 대한 논의로 이 책을 마무리한다.

독자

이 책의 주요 독자는 성인교육방법과 성인교실의 권력역학이 어떻게 교차하는가에 관심 있는 사람, 교육을 통해서 학습자들에게 권력을 불어넣어야 한다는 것을 믿는 사람, 성인들을 지배이데올로기에 도전하게 하는 데 관심이 있는 사람이다. 나는 감히 이 사람들 속에는 어떤 환경에서든 성인들을 가르치는 사람 중 거의 모든 이가 포함된다고 생각한다. 권력이 모든 성인학습 환경에서 널리 퍼져 있다면, 그러한 환경에서 일하는 모든 사람이 이 책에서 관심거리를 발견할 것이다. 이 책을 쓰는 동안 전문대학 및 기술대학 교사, 기업 강사, 성인문해교육 튜터, 대학 강사, 사회운동가, 군대 교관, 지역사회단체 퍼실리테이터community group facilitators, 신학대학생, 온라인 프로그램 설계자, 부모교육자, 보건전문가, 사립학교 선생님, 환경활동가 등 다양한 현장 실천가가 이 책에서 설명된 방법들을 요청하였다. 나는 이들이 이 책의 도움을 받을 만한 성인교육자들을 정확하게 대표한다고 믿는다. 이들은 매일 교실에서 권력역학을 다루기 때문에 이 책에서 관심거리를 발견할 것이다.

차례

제1장
파워풀한 교육방법의 본질

내가 가르쳤던 첫 주 강의를 생생히 기억한다. 런던 남동부에 있는 루이섬 · 엘섬 성인계속교육대학Lewisham and Eltham College of Further Education에서 교양학부의 시간강사로 있을 때였다. 내가 출강했던 그 교육기관은 대학이라는 명칭을 사용했기 때문에 나는 소속 학생들이 지적 호기심이 많고, 진리와 미에 대하여 탐구하고 싶어 할 것이라고 생각했다. 또한 대학이라는 환경에 걸맞게 학생들이 우호적이고 협조적일 것이라고 생각했다.

그러나 그 첫 주에 권력과 나의 세계가 충돌했다. 학생들(배관 · 목공 · 전기 등의 견습생)은 내가 가르쳐야 할 것에 전혀 관심이 없었다. 학생들은 기술을 배우기 위해서 그 자리에 앉아 있었고, 내가 교양에 대해서 가르칠 때는 분개했다. 그래서 학생들은 나에게서 권력을 빼앗아 갈 별의별 방법들을 찾아내곤 했다. 학생들은 의자에서 일어나 마음대로 돌아다니고, 서로 고함치며, 내 질문에 답하기를 거부하고, 나를 조롱하기도 하며, 욕설을 내뱉고, 받아들일 수 없는 농담을 하곤 했다. 나는 이런 것들에 대해 어떻게 할 권력이 없었다. 유머로써 대응하려고도 했고, 친구처럼 아무렇지 않게 차분한 척하기도 했으며 학생들의 선한 본성에 호소하기도 하였다. 하지만 아무 소용이 없었다. 학생들

이 의무적으로 통과해야 하는 교양과목이었고, 시험이 없었기 때문에 내가 사용할 수 있는 강압적인 권력이 없었다. 그들에게 학자금을 후원하는 고용주들은 학생들이 나와 함께하는 시간을 허비하는 것에 분개했다. 곧 나는 가급적 혼란(그리고 토론)의 기회가 적은 학급활동을 만들어 학생들을 조용하고 바쁘게 만들려고 노력하였다.

　　나는 지금에 와서야 학생들(15~16세 정도)에 대한 나의 공식적인 권력이 없고 단지 설득할 권력만 있다는 사실을 알고 약간 들떠 있었다는 것을 깨달았다. 아마도 학생들은 경계선에 대한 인식 부족[1]ₗₐ.... lack of boundaries 때문에 혼란스러워하며 내가 전통적인 교사로서의 역할을 하게끔 공모했을 것이다. 내가 학생들보다 다섯 살 많다는 사실과 내 분야에서 초보자가 분명하다는 점은 아마도 도움이 되지 않았을 것이다. 그 첫 주의 어느 날, 내가 알기로는 인종적인 갈등이 계기가 되어 백인 영국 소년과 아프리카계-캐리비언Afro-Caribbean 소년 간에 주먹다짐이 일어났다. 내가 『능숙한 교사』에서 썼던 것처럼 '존 듀이[2]는 어떻게 했을까?'(피터스[3]는 어떻게 했을까?, 화이트헤드[4]는 어떻게 했을까?)라는 생각이 문득 떠올랐다. 아무것도 기억나지 않지만, 첫해의 교육에서 가장 어려운 도전은 권력을 이해하는 것(내 권력의 한계는 어디까지이고, 그 권력을 가장 잘 사용하는 방법, 방해하는 학생들이 권력을 못 쓰게 하는 방법, 그리고 같은 반 학생들 간의 인종적 정체성으로 인한 권력의 차이를 다루는 방법)이라고 깨달은 때가 바로 그때였다.

　　몇 년간 권력에 대한 나의 관심은 더 깊어져 갔다. 성인교육에 대해 내가 알고 있는 것이 하나 있다면, 교실 안에는 항상 권력이 존재하고 그 권력은 꾸준히 놀라운 방식으로 모습을 드러낸다는 것이었다. 1970년대의 그 파란만장했

---

1) 학생으로서 지켜야 할(넘지 말아야 할) 경계선에 대한 인식 부족을 말함-역자 주
2) John Dewey(1859~1952): 미국의 철학자이자 교육학자-역자 주
3) Richard Stanley Peters(1919~2011): 영국의 철학자-역자 주
4) Alfred North Whitehead(1861~1947): 영국의 수학자이자 철학자-역자 주

던 첫 주 이래로 40년 이상의 경험을 했지만, 아직도 그 당시와 동일한 문제와 역학들이 있어 당혹스럽다. 교사의 지위가 주는 권력을 책임감 있게 사용하려면 어떻게 해야 할까? 학생들이 나를 방해하기 위해 침묵, 부정적 몸짓언어, 조롱, 언어적 적대행위, 공공연한 불응 등의 권력을 사용하면 나는 어떻게 해야 할까? 교실 밖에서의 자신의 역할에서 나오는 권력 때문에 일부 학생들이 더 말을 많이 하고 교실을 지배한다는 의심이 들 때 학생들 간의 권력 불일치를 어떻게 다루어야 할까? 심지어 학생들이 열광적으로 받아들이는 지배권력과 지배이데올로기가 그들의 삶을 제약하는 방식에 대해서 어떻게 가르쳐야 할까?

이 책은 이런 것들과 권력, 교육, 성인학습이 어떻게 교차하는지와 관련된 질문들에 대해서 탐구한다. 누군가가 임명된 교사의 역할을 하는 모든 성인학습 환경에서 권력은 존재한다. 성인고등교육에서부터 기업의 훈련까지, 성적 자양성교육에서부터 사회운동교육까지, 전문가연수기관에서부터 전문대학의 교실까지 권력역학은 지속된다. 교과내용이 무엇이든 간에, 교사와 학습자는 끊임없이 권력을 사용한다. 나는 지역역사에 관한 **여가교실**recreational class에서도 사람들은 **헤게모니**hegemony와 지배이데올로기 개념을 연구하는 비판이론교실에서만큼이나 권력역학을 통해 지식을 얻을 수 있다고 주장한다. 권력에 대해 살펴보지 않고서는 성인교육이나 성인교육방법을 이해할 수 없다. 이런 이유로 경험이 많은 실천가는, "효과적으로 가르치기에 충분할 만큼, 권력작동방법에 대한 정교하고 실제적인 지식을 가지고 있다."(Wilson & Nesbit, 2005, p. 449)라고 말한다.

성인교육의 대부분은 성인이 기술을 개발하고, 이해도를 높이며, 그리고 어떤 문제라도 본인 스스로 해결할 수 있도록 해 주는 정보 수집을 포함한 특정한 종류의 학습에 대해서 가르치는 것, 즉 **권력 불어넣기**empowerment에 관한 것이라고 암시한다(Archibald & Wilson, 2011). 이런 종류의 가르침의 목적은 사람들에게 **에이전시 감각**[5])sense of agency을 키워 줌으로써 자신의 능력에 학습자로서 그리고 정치행위자로서의 자신감을 갖게 하는 것이다. 물론 권력과 마찬가지

로 권력 불어넣기도 투명하고 획일적인 개념은 아니다. 사람들에게 **조직정치**[6] organizational politics를 성공적으로 다룰 수 있게끔 게임의 규칙을 배우도록 권력을 불어넣는 것은 그러한 규칙을 거부하고 조직이 작동하는 기본 방식을 바꾸는 방법을 탐구하도록 권력을 불어넣는 것과 동일하지 않다. 성인교육자들은 권력 불어넣기의 온전한 개념을 자신들이 가진 권력을 학습자들에게 '넘겨 줄' 수 있다는 뜻으로 혼동하여 고통받고 있다. 교사로서 우리는 장애물을 제거하고 학생들이 지식, 기술, 자신감을 개발하도록 도울 수 있지만, 학생들만이 자신들에게 권력을 불어넣을 수 있다. 결국 권력은 주어질 수 있는 것이 아니라 찾아가는 것이다.

학습자들에게 권력을 불어넣는 것에 관심 있는 사람들은 정치행위를 하고 있음을 인정해야 한다(다시 말해서, 학습자들을 대신해서 권력이 작동하도록 하는 사람들이라는 것을 인정해야 한다). 내가 탐구하는 교육방법은 사람들이 이용 가능한 자원을 어떻게 사용할지와 세상에 나가서 어떻게 행동할지를 결정하는 데 참여하게끔 준비시키는 것이다. 왜냐하면 나는 비판이론의 관점에서 가르치기 때문에(Brookfield, 2004) 학습자들이 자본주의, 백인우월주의, 가부장제patriarchy와 같은 지배이데올로기에 도전하는 방법에 관심이 있다. 비판이론의 관점에서 보면, 권력이 불어넣어진 사람들은 자신의 삶과 공동체의 근본적이고 구조적인 면들을 바꾸기 위해 노력한다. 이 프로젝트[7]는 존 홀스트[8]John Holst와 함께 쓴 나의 책 『급진적으로 변화를 추구하기 위한 학습Radicalizing Learning』 (Brookfield & Holst, 2010)에 보다 자세하게 설명되어 있다. 나는 이 프로젝트

---

5) 이전에는 얻을 수 없다고 간주했던 것 또는 이전에는 상상도 못했던 어떤 것을 성취할 수 있다는 믿음-역자 주
6) 조직 구성원이 조직에서 자신이 원하는 긍정적인 결과를 얻기 위해 공식적으로 인정되지 않는 방식으로 행사하는 영향력 또는 자기 위주의 행동-역자 주(출처: 두산백과)
7) 자신의 삶과 공동체의 근본적이고 구조적인 면들을 바꾸려는 프로젝트를 말함-역자 주
8) 미국의 교육학자-역자 주

와 연관하여 총회에서 수평적 의사결정을 제도화하는 데 내가 제의한 기법과 방법을 도입하고자 2011년 월가점거운동[9]에 참여한 여러 그룹과 접촉하게 되어 매우 기쁘게 생각한다.

나는 또한 학습자들이 기존의 근본적인 구조를 바꾸지 않고도 그들의 삶에서 의미심장한 요소들을 바꿀 만큼 스스로에게 충분한 힘이 있다고 느끼도록 돕는 데 관심이 있다. 그래서 내가 가르친 학생들이 더 만족스러운 직업을 갖고, 그들 자신과 가족들을 옹호하는 방법을 배우며, 지역사회기관들과 연결되기를 바란다. 우리 모두는 이 세상에서 상상 속의 세계(파워토피아와 같은)를 꿈꾸며 살아야 한다. 그리고 모든 제약과 한계 속의 현재에서 일하는 동시에 근본적으로 다른 미래를 위해 일한다는 것이 철학적으로 모순되는 것 같지는 않다. 대부분의 사람이 알고 있듯이 나는 이것이 인생이라고 생각한다. 물론 상상 속 미래의 요소들을 실천하는 것은 어려운 부분이다.

1. 모든 곳에 존재하는 권력

권력은 모든 학습현장에 지속적으로 존재하는 실체이다. 성인들에게 일탈이나 창의성을 발휘할 기회를 최소화한 상태에서 매우 정확한 기술을 익히도록 엄격하게 통제하는 곳에서부터 결과와 상관없이 똑같은 열정을 불태우기 위해 모인 비공식적인 열정가 모임에 이르기까지, 권력은 항상 존재한다. 교사가 학습자들에게 익숙하지 않거나 때로는 학습자들을 성가신 아이디어에 깊이 관여하게 하거나, 코치, 치료사 또는 멘토mentors가 다른 사람들이 학습자

---

9) 2011 Occupy Wall Street movement: 캐나다의 반소비주의 친환경 잡지인 『애드버스터스』가 시위를 촉구하여 2011년 9월 7일 뉴욕 맨해튼 주코티 공원에서 시작된 시위. 시위대가 제기한 주요 이슈에는 사회·경제적 불평등, 부패, 금융부분 기업들의 정부에 대한 과도한 영향력 등이다. - 역자 주

자신을 어떻게 바라보는지 이해하도록 도울 때 우리는 권력이 사용되는 것을 본다. 교관들이 학생들에게 새로운 기술이나 방법을 시도해 보도록 격려하거나, 지도자가 자신들의 약점, 속마음, 또는 위험을 감내하는 것을 시범적으로 보여 주면서 문화를 변화시키려고 할 때도 우리는 권력이 사용되는 것을 본다. 이러한 모든 사례에서 사람들의 행동이 반응을 일으키고, 사람들의 선택에 따라 결과가 달라진다. 그러나 또한 이 모든 사례에서 본질적으로 예측할 수 없는 것도 있다. 행동은 예상치 못한 결과를 가져오고 선택은 놀라운 결과를 낳으며, 의미는 원래 의도했던 것과는 반대의 단어와 구절로 나타난다. 그래서 권력은 다양하고 모순적인 방식으로 모습을 드러내며, 사전에 계획한 대로 가르치고 학습시키려는 시도를 끊임없이 방해한다.

또한 교사들이 어떤 것(모든 아이디어를 표현하도록 장려하는 등)을 할 것이라고 말하면서 전혀 다른 것(비꼬아서 말하거나 조롱하거나 망신을 주어서, 어떤 의견이 가치가 있는 것인지 분명히 보여 주는 등의 행동)을 하는 경우와 같이 교사의 행동이 학습을 방해할 때에도 권력은 존재한다. 내가 다녔던 고등학교 교장은 권력을 공공연하고 물리적인 방법으로 사용했는데, 1964년 매섭게 추운 겨울 아침에 수업이 시작되기 전에 학교 구내에 들어갔다는 이유로 지팡이로 나를 때렸다. 교사와 교관은 사람들이 기회를 얻거나, 권위에 도전하거나, 의견을 달리하거나, 독창적인 의견을 생각해 낼 만큼 권력이 커졌다고 느끼는 상태로 만들 수 있다. 그들은 또한 학습공간을 정신없이 바쁜 사각지대로 만들 수도 있는데, 학생들은 이 속에서 지루함을 달랠 새로운 방법을 찾겠다는 유일한 목적으로 창의성을 발휘한다.

성인학습자들은 토론에 탄력이 붙도록 개념을 명확히 하거나 원리를 설명하는 사례를 제시하는 권력을 사용한다. 성인학습자들은 파워풀한 방식(자신감을 키우고, 격려하고, 복잡한 아이디어를 설명하는 사례를 제시하는 등)으로 서로를 지원한다. 성인학습자들은 단지 질문하지 않거나 질문에 대해 대답하지 않는 권력을 사용하여 교사를 갑자기 멈추게 할 수 있다. 모든 교사가 설명을 끝

내고 난 다음 질문이 있는지 물었을 때 학생들이 침묵하는 공황상태를 경험한다. 이는 학생들이 모든 것을 이해했음을 의미하는 걸까? 아니면 학생들이 혼동하고 있음을 의미하는 걸까? 단지 관심이 없다는 걸까? 아니면 겁먹었음을 의미하는 걸까? 그들의 침묵은 저항을 표현하는 행동일까? 아니면 무관심을 표현하는 행동일까? 파업행위를 시작하는 것일까? 아니면 수업에 참여하는 일이 어떤 것인지 확신하지 못하고 있는 것일까? 마찬가지로 회의에서 지도자들은 불성실한 참여로 인해 방해를 받을 수 있다. 당신이 얼마나 많은 지위상의 권위를 가지고 있는지와 상관없이, 회의에서 새로운 의제agenda item를 소개할 때 당신의 시선을 피하거나 어깨를 축 늘어뜨리거나 멍하게 바라보는 사람들을 대면할 때면, 당신의 '권력'이 슬그머니 사라지는 것을 느낄 수 있을 것이다.

권력은 다른 환경에서와 마찬가지로 온라인상에도 존재한다. 단지 온라인 교과목이라는 이유로 권력관계가 사라지는 것은 아니다(Pettit, 2002; Jun & Park, 2003). 교사는 학생들에게 게시 마감시한을 설정하는 권력, 게시물 수에 따라 참여수준을 결정하는 권력, 학생들의 기여에 대하여 코멘트를 통해 격려하거나 망신을 줄 수 있는 권력을 가지고 있다. 어떻게 보면 교사의 부정적인 코멘트를 통한 온라인상에서의 권력 사용은 교실에서의 토론 중에 하는 코멘트보다 더 오래 지속된다. 그 코멘트는 교사가 못마땅해했음을 회상하게 하면서 화면에 얼어붙은 채 항상 온라인상에 떠 있다. 하지만 학생들은 자신들의 솔직한 의견이 아닌 거짓 코멘트를 게시함으로써 교사의 의도를 회피하고 방해하는 권력을 가지고 있다. 또한 학생들은 교사보다 디지털기기에 익숙하고 더 많이 사용함으로써 지니게 된 권력을 가지고 있다.

보다 학생 중심적이고, 권력을 불어넣는 활동을 도입하려는 노력은 때때로 모순되게도 교사의 권력을 더 강조한다. 학생들 스스로 쉬는 시간을 정하고, 한 학기에 몇 번 결석할 수 있는지 정하고, 일부 숙제를 채점하는 권력을 학생들에게 부여하는 것은 표면상으로는 권력을 불어넣는 것처럼 보인다. 그러나 이것은 여전히 교사의 권력 사용이다. 어쨌든 교사는 학생들이 이러한 결정을

내릴 수 있는 가능성을 만든 사람이다. 교사보다도 학습자들 스스로가 힘든 하루의 마지막 순간, 자신의 에너지 레벨을 더 잘 알기 때문에 당신이 제공하는 휴식보다 더 많은 휴식이 필요하다고 주장할 때는 근본적으로 다른 역학이다. 학습자들이 다과를 가지러 가거나 화장실을 이용하기 위해 집단으로 한 강의실을 떠날 때는 더 충격적이어서 당신은 학급활동을 계속해야 할지 그만두어야 할지 학습자들에게 정중히 묻게 된다. 내 워크숍에서는 한 시간에 한 번 휴식시간을 가지는데, 그렇게 하지 않으면 어차피 성인들이 일어나서 휴식시간을 가지기 때문이다.

다른 예를 들자면, 캐서린 프레고Katherine Frego(2006)는 강의계획서에 **사면쿠폰**Amnesty Coupon(나도 때때로 사용했다.)을 명시하는데, 학생들은 한 학기에 한 번 사면쿠폰을 사용하여 숙제 마감일을 연장할 수 있다. 쿠폰을 사용하지 않는다면 성적에서 가산점을 받는다. 성인들은 **삶**life이 학업에 방해된다는 점을 이런 식으로 인정해 주면 고마워한다. 그러나 사면쿠폰 같은 창의적인 장치조차도 교사가 계획하고 이행하는 책임이 있기 때문에 교사의 권력을 더 확고하게 한다. 나는 강의계획서에 사면쿠폰을 넣고, 쿠폰의 사용이 정당하다고 선언하는 사람이다. 만약 내가 가르치고 있는 성인들이 그 아이디어를 고안하고 이를 심각하게 고려하라고 나에게 강요한다면 그것은 완전히 다른 역학이다.

등록과 출석이 자발적인 성인여가교육교실에서조차도 권력은 예측할 수 없는 방식으로 교실을 돌아다닌다. 학점으로 인정되지 않는 성인을 대상으로 한 교과목 또는 시간제 학생을 위해 개설된 교과목을 수강하는 학생들이 교실에 도착하기도 전에 이미 권력은 존재한다. 켄크만Kenkmann(2011)이 설명하였고 나의 실제 교육에서도 입증되었듯이, 이러한 수업의 교사는 보통 일찍 도착하여 가구를 재배열하고, 창문을 열고, 온도를 조절하고, 교재를 배포하고, 칠판에 적고, **프론트 데스크**front desk 또는 컴퓨터 근처에 자리한다. 심지어 학생들에게 권력을 몰아내기 위해 의자를 원형으로 배치한다고 설명한다 하더라도 "권력구조가 약화되기보다는 오히려 여러 가지 방식으로 강화된다. 왜냐하면 권

력을 처음부터 갖고 있는 사람은 교사이고, 그 권력을 학생들에게 넘겨줄 것을 암시하기 때문이다"(Kenkmann, 2011, p. 284).

성인학습자로서 나는 가장 엄격하게 통제되는 의무교육환경에 있었을 때와 마찬가지로, 여가교실에서도 나 자신이 멍청하다고 느꼈고, 부끄럽고, 화가 났다. 『비판적으로 성찰하는 교사Becoming a Critically Reflective Teacher』(Brookfield, 1995)에서는 수영을 못하는 성인들을 위한 교실에서 내가 겪은 경험을 묘사했다. 그 수업에서 수영강사는 나의 공포감을 이해하지 못했기 때문에 내가 수영을 배울 수 있도록 도울 방법을 알아내지 못했는데, 오히려 한 여성 강습생이 끈질기게 노력해서 내가 앞으로 나아가게 할 수 있는 방법(물안경을 쓰는 것)을 알아차리게 되었다. 나는 여가교육 교사들 또한 나에게 위험을 감수하도록 고무하였고, 내가 성취한 것에 대해서 자랑스럽게 느끼도록 했다는 것을 인정한다. 이것은 때로는 그들이 사용한 방법 때문이지만, 더 많은 경우에 그 사람들이 누구인지와 관련되기 때문이다. 그 사람들이 누구인가라는 말의 의미는 조용히 열정을 내뿜거나, 비판에 대해서 개방적인 모습을 보이고, 자신이 성취한 것에 대해서 겸손한 자세를 보이는 태도를 의미한다. 나는 교사가 가르쳤던 새로운 기술보다도 이러한 것들을 더 생생하게 기억한다. 나는 이 책에서 시범보이기 modeling가 교사들이 사용하는 가장 파워풀한 방법 중 하나라고 주장할 것이다.

2. 성인교육자들은 권력에 대해 어떻게 생각하는가

권력의 실상이 어디에나 존재하듯 권력의 미사여구 역시 어디에나 있다. 성인학습에 관한 담화discourse에서 가장 자주 사용되는 단어 중 하나인 권력은 세 가지의 중요한 함축적 의미를 지니고 있다.

첫째, 가장 자주 사용되는 의미로, 파워풀한 교사나 지도자는 카리스마charisma, 지혜와 존재감을 보이는 사람(객석을 자신의 손바닥 안에 둘 수 있는 사람, 또는 사

람들에게 배우고 싶은 열망을 불 지르는 성격을 가진 사람)으로 특징지어진다. 이러한 사람들은 올해의 교사상을 받거나, 미디어에서 교사를 묘사할 때 등장하는 사람들이다. 여기서 사용되는 권력은 **고무하는 권력**power to inspire이다.

이 담화에서 권력은 압도적으로 교사로부터 학생들 쪽으로의 한쪽 방향으로 흐른다. 교사는 단지 모습을 드러내는 것만으로도 다른 사람들에게 동기를 부여한다. 나는 파워풀한 방법이란, 능숙하게 활기를 북돋아 주어서 학생들의 열정을 불러일으키고 학습에 대해 느끼는 각종 거부감도 쫓아내는 **과제**task, **연습**exercise 또는 **활동**activity과 같은 것이라고 생각한다. 이러한 방법은 한번 마시면 무관심을 참여로, 적대감을 열망으로 바꾸는 일종의 **묘약**elixir을 떠올리게 한다. 『인도하는 방법으로서의 학습』에서 **스티븐 프레스킬**Stephen Preskill과 나는 이것이 현대 문화에서 가장 영향력 있는 리더십 모델이라고 주장한다.

둘째, 권력에 대한 함축적 의미는 위협하거나, 통제하거나, 괴롭히는 데 사용하는 힘이다. 단지 교사가 이 일을 꼭 해야 하고, 하지 않는다면 이 과목에서 낙제할 수 있다고 말했기 때문에 나는 무의미한 과제를 억지로 마쳐야 한다고 느낄 때마다 그 교사의 권력 안에 있다. 물론 나도 순응하지 않는 권력을 사용할 수 있지만, 보통 그 결과는 교사가 요구한 복잡하고 성가신 것들을 해야 하는 지루함보다 더 나쁘다. 그래서 많은 조직행동은 위에서 내린 명령과 요구사항에 따라 결정된다. 내가 근무한 대학들에서 나와 동료들이 가르쳤던 내용과 방법은 대학 인가 및 인가 취소를 결정하는 권력을 가지고 있는 기관의 명령에 강한 영향을 받아 왔다. 여기서의 권력은 **강요하는 권력**power of coercion이다.

그런데 강요가 항상 나쁜 것만은 아니다. 강요에 의해서 사람들을 정중하게 대하고, 가르치는 것보다 연구하는 것을 우월하게 생각하지 않으며, 인종적 다양성을 고려하여 직원을 모집하려는 노력을 하고 집단적 사고에 도전하며, 학습자들이 말하기 전에 생각할 시간을 줄 수 있으며, 나는 이러한 강요를 지지한다. 때때로 지도자 또는 교사로서의 권위를 사용하여 학생들이나 동료들이 무시할 수도 있는 아이디어나 사례들을 조사하도록 강요한다. 예를 들면, 리

더십 코스에서 백인 학생들에게 무의식적인 인종차별 행위racial microaggressions의 개념에 대해서 탐구해야 한다고 고집하는 것이다. 무의식적인 인종차별 행위는 작은 습관적 행동(말투, 몸짓언어, 사례선택, 눈 맞춤 등)인데, 이는 백인들이 소수 인종들을 깔본다는 것을 깨닫지 못한 채 표현하는 행동이다. 나는 내 자신의 무의식적인 인종차별 행위를 인정하고 싶지 않으며, 그건 대개 내 학생들도 마찬가지이다. 그러나 나는 이 주제를 강요하고 포함할 것을 고집한다. 이안 뱁티스테[10]Ian Baptiste(2002)는 이것을 윤리적 강요ethical coercion로 묘사하며, 이것이 조력facilitation 또는 격려 등과 같은 더 부드러운 언어에 의해서 가려진다고 지적한다.

셋째, 권력에 관한 표현 방식은 특히 성인교육 교관들과 교사들 사이에 널리 퍼져 있다. 이것은 학습자의 에이전시 감각Sense of agency을 개발하는 것(즉, 이전에는 얻을 수 없다고 간주했던 것 또는 이전에는 상상도 못했던 어떤 것을 성취할 수 있다는 믿음)을 학습목표로 생각하는, 권력 불어넣기에 대한 담화이다. 권력이 불어넣어진 교실이란 보통 학생들이 무엇을 배울지와 어떻게 그것을 배울지를 스스로 결정하는 곳이다. 권력이 불어넣어진 학습자란 학교에서 배운 새로운 기술을 응용하여 바깥 세상에서 이를 실천하는 사람이다. 그동안 나는 학생들에게 권력을 불어넣어 주기를 원했다고 말하는 교사들을 자주 보았다. 즉, 학생들이 자신의 능력에 대한 자신감을 더더욱 가지고, 교사의 도움 없이 스스로 자신의 학습을 계획하고 실행하는 책임을 질 수 있는 자기주도학습자self-directed learners로 자기 자신을 보기를 원했다는 말을 자주 들었다.

이 목표들은 대단하면서도 어렵다. 예를 들어, 학생들이 인종 간의 증오심을 퍼트릴 목적으로 백인우월주의 이데올로기를 자기주도로 탐구하기로 결

---

10) Ian Baptiste: 펜실베이니아주립대학교(Pennsylvania State University) 교육학과 및 성인교육 프로그램 교수, 트리니다드(Trinidad)에서 태어났고 그레나다(Grenada)에서 자랐다. 현재는 중앙아메리카의 동카리브해 작은 섬나라인 GRENADA(그레나다)의 수도에 있는 St. George's University 인문사회과학의 성인교육전공 교수이다.-역자 주

정했다면 어떻게 할 것인가? 내가 감독으로 있는 축구팀이 패배를 피할 최선의 방법으로 열 명의 아웃필드 선수들을 페널티 박스 안에 두고, 골대 입구에 오밀조밀 모여 상대편 선수를 시합에서 쫓아내고자 반칙을 당한 것처럼 속이기로 결정한다면 어떻게 할 것인가? 내가 감독하는 직원들이 우울하게 보이는 학생들이나 동료들에게 "기운 내."라고 말하고선 도와달라는 요청을 거절한다면 어떻게 할 것인가? 학생들의 에이전시 감각 개발을 도와준다는 이유로 이러한 목표를 무조건 지원해야 할까? 당연히 그렇지 않다. 나의 의무, 가치관, 윤리관이 이를 막을 것이다. 나는 가장 목소리가 큰 학생들과 가장 편견이 심한 동료들이 더 자신감을 가지기를 원하지 않는다. 오히려 나는 그 사람들을 방해하고 때로 침묵하게 하여 그들이 다른 사람들이 말하는 것에 귀 기울이기를 원한다. 그리고 그들이 자신들에게 도전이 되는 견해를 묵살하기 전에 그것을 이해하려고 노력했다는 것을 보이라고 요구하고 싶다.

이미 언급했듯이, 권력 불어넣기는 교사, **전문개발자**professional developers, 또는 지도자들이 학생들이나 동료, 추종자들에게 줄 수 있는 것이 아니라, 그들 스스로 찾아가게 하는 것이다. 그러나 학생들이 찾아가고자 하는 모든 것이 다 바람직한 것은 아니다. 때때로 우리는 고집하고 강요하고, 교사의 입장을 고수하여야 하며, 학생들의 요구에 굴복해서는 안 된다. 이것이 내가 성인교육자로서 배운 것 가운데 가장 어려운 교훈 중의 하나이다. 나는 바람직한 성인학습 환경이란 학생들이 배우기를 원하는 것을 알아내거나 수업이 어떻게 진행되기를 바라는지 알아내어, 그 내용을 가르치고 그 방식으로 수업을 운영하는 것이라고 생각하곤 했다. 그리고 어떤 상황에서는 여전히 그것이 사실이라고 느낀다. 그러나 나는 성인 중심으로 가르친다는 것이 소신에 따라 가르쳐야 할 책임을 면제해 주지 않는다는 것을 알고 있다. 성인 중심으로 가르친다는 말은 학생들이 학습을 어떻게 경험하고 있는지 되도록 많이 알아내고, 알아낸 것들을 이용해서 학생들이 노력할 만한 가치가 있다고 생각되는 교재를 다루게끔 그들을 도와준다는 의미이다.

3. 절대권력과 규율권력에 대한 한마디

지난 삼십 년간 프랑스 문화비평가 **미셸 푸코**Michel Foucault의 연구는 성인교육자들의 권력에 대한 사고방식 형성에 중대한 영향을 끼쳤다. 나를 포함한 많은 실천가는 권력이 이전에 생각했던 것보다도 훨씬 많이 퍼져 있고 빠져나가기 쉽다는 것을 인정한다. 특히 푸코의 **규율권력**disciplinary power의 개념(우리들 스스로 가 수용할 만한 경계선 안에서 벗어나지 않게끔 자기 자신에게 권력을 사용하는 방식) 은 널리 인용되고 있다. 나는 성인교육자들이 **파놉티콘**panopticon(그 속에서 우리 가 영원히 감시당하고 있다고 느끼지만, 그 사실을 알아낼 수도 예방할 수도 없는 시 스템) 속에서 일하고 있으며, 자신들의 의견에 동의하지 않는 학생들이나 동료 들이 고자질할까 봐 두려워서 경계선을 넘지 않으려고 한다는 말을 자주 듣는 다. 나는 이메일은 사적인 의사소통수단이 아니며, 사이버공간에는 감시자들 이 있어서 미래의 어느 시점에 내가 키보드에서 타이핑한 모든 것을 재생할 수 있다는 사실을 알고 있다.

푸코는 규율권력이 정보화 시대의 전형적인 권력이며 그가 말한 **절대권력** sovereign power(상을 주고 제재를 가하는 권위 있는 사람에 의해 위에서 행사하는 권력) 을 대체하였다고 주장한다. 나는 푸코의 규율권력의 개념에 설득당했지만, 그가 말한 절대권력은 여전히 모든 곳에 존재한다고 믿는다. 절대권력은 대체되는 유 형의 권력이 아니라고 생각한다. 절대권력은 사람들이 어떤 것에 대해 동의하지 않으면서도, 파워풀한 관리자의 존재 때문에 문제 제기를 하지 않는 회의에서 여 전히 존재한다. 이것은 공공연하게 알려진 사실이다. 사람들은 그 회의실에 있 는 파워풀한 인물에게 도전하고 싶지 않기 때문에 의견을 내놓지 않는다.

성인문해센터adult literacy center, **기업연수세션**corporate training session, **전문가연수일** professional development day, 또는 온라인 성인교실에 가 보면 교사들이 학생들에게 사용하는 거대한 절대권력을 볼 수 있을 것이다. 교사들은 무엇을 학습할지,

어떻게 학습준비를 할지, 어떻게 학습평가를 할지, 학습지원을 위해 어떤 교재를 사용할지에 관해서 대부분(때로 전부)을 결정한다. 교사들은 교실을 어떻게 배열할 것인지, 언제 얼마간의 휴식시간을 가질 것인지, 전등을 켤 것인지, 블라인드를 올릴 것인지 등의 세부적인 상호작용 사항을 준비한다. 물론 학생들은 때로 이러한 권력을 약화시키고, 권력에 반발하고 도전하며 방해한다. 그러나 권력은 아주 생생하게 머물고 있다.

물론 이런 교사 자신들도 인가기관, 직업강령, 면허교부조건 등이 휘두르는 절대권력의 대상이다. 교사들은 상사, 부서의 선임동료들, 부서장, 학장, 부총장, 종신교수위원회, 승진위원회, 이사회 등을 상대해야 한다. 교사들은 또한 기관의 관행이라는 절대권력과 마주해야 한다. 헌트Hunt(2006)가 개관한 바와 같이, 성인교육자들은 자신의 철학에 맞추어 가르치고자 하는 자신의 능력을 제한하는 구조적이며 체계적인 제약조건들과 마주하게 된다. 예를 들면, 많은 학생이 참여하는 수업에서는 학생 개인별로 집중적인 피드백feedback을 해 줄 책무가 방해되며, 개인별 평가만 허용하는 시스템에서는 공동연구에 대한 믿음이 파괴된다. 만약 진실하게 가르친다는 것이 당신이 믿고 지지하는 가치에 충실함을 의미한다면, 우리들 중 많은 사람이 '고용의 조건으로서 장기간 가식을 무의식적으로 수용하도록' 강요받는 것이 된다(Hunt, 2006, p. 55).

그래서 나는 절대권력은 부인할 수 없으며 때로 도전받지 않는 것처럼 보이는 이중의 불운 속에서 규율권력과 함께 작동한다고 믿는다. 어떤 경우 절대권력은 스스로 번성한다. "당신의 기관이나 조직의 기능을 바꾸기 위해 몇 번이나 시도하였나요?"라는 질문에 당신은 주저하지 않고 "없습니다."라고 대답한다. 사십 년간의 내 경력 동안 "나는 합격/불합격 평가pass/fail grading를 할 수 없다." "나는 학생들이 논문을 공동으로 작성했더라도 공동으로 논문구술시험을 치르게 할 수 없다." "나는 강의계획서와 다르게 가르칠 수 없다." "나는 현장견학을 위해 학생들을 학교 밖으로 데려갈 수 없다." "나는 비용이 많이 들기 때문에 팀티칭을 할 수 없다." "나는 종 모양 곡선[11]을 이용한 평가를 그만둘 수

없다."라는 말들을 여러 번 들었다.

　권력은 복잡하고 다층구조로 되어 있으며, 예측할 수 없는 방식으로 방을 돌아다니고 있다. 명백하게 을의 위치에 있는 사람들이 때로는 반발하고 방해하는(당신이 그룹에 질문을 던졌을 때 학생들이 침묵하는 등) 권력을 가지고 있다는 푸코의 생각과 푸코라는 사람에 의해서 권력에 대한 나의 이해는 헤아릴 수 없을 정도로 풍부해졌다. 하지만 나는 절대권력은 존재하지 않는다고 믿을 준비가 전혀 되어 있지 않다. 어쨌든 서른두 살에 해고되었을 때, 나는 학교를 돕기 위해서 기꺼이 그만두었다고 생각하지 않았다. 그렇다. 새로 도입된 재정긴축의 시기에 쫓아내는 데 가장 적합한 직원을 지명할 수 있는 절대권력을 가지고 있던 것은 이사회였으며, 이사회는 그 직원을 '나'로 결정하였다.

4. 가르친다는 것은 무엇을 의미하는가

　권력에 대한 개념은 어느 정도 탐구하였으므로, 이 책 제목의 다른 부분(성인을 가르치는 방법)으로 넘어가서, 가르친다는 것을 내가 어떻게 이해하는지에 대해 이야기하고자 한다. 대중문화에서, 좋은 교사의 이미지는 보통 카리스마 있는, 즉 헌신, 이해심, 용기 및 재능을 겸비하여 학생들에게 학습의욕을 불 질러 학생들의 삶에 수십 년간 흔적을 남겨 놓는 사람이다. 〈홀랜드 오퍼스Mr. Holland's Opus〉〈스탠드 앤 딜리버Stand and Deliver〉〈리멤버 타이탄Remember the Titans〉〈죽은 시인의 사회Dead Poet's Society〉〈엠퍼러스 클럽The Emperor's Club〉 또는 〈위험한 아이들Dangerous Minds〉 같은 영화를 생각해 보면 내 말의 의미를 알 수 있을 것이다. 가르치는 교사인 내 입장에서 보자면, 이 영화들은 나에게 득보다는 해를 더 많이 끼쳤다. 나는 수줍고 내성적인 사람이기 때문에 미디어 속의 지극히 영웅

---

11) 종 모양의 정규분포곡선을 이용하여 학점을 배분하는 통계학적 평가 방법―역자 주

적이고 에너지가 넘치며 재주가 많은 교사의 이미지는 매우 위협적이다. 나 자신이 단지 재앙을 만들지 않도록 조심하면서 하루를 간신히 넘겼다고 느낀 적이 많았다. 나는 아마추어이고 혼란스럽고 피곤하다고 생각하면서 수업을 마치고 나갈 때가 자주 있었다. 그래서 나는 가르치는 것을 카리스마 있게 연기하는 것과 혼동하지 않겠다고 끊임없이 생각한다.

가르치는 것은 누군가를 배우게끔 도와주는 것이다. 이 말이 자명하게 들릴지 모르겠지만, 나에게는 매일 반복해야 하는 맨트라[12]mantra이다. 가르치는 목표는 누군가가 정보를 얻고 기술을 익히고 통찰력을 기르고 이전에 몰랐던 성향을 내면화하게끔 도와주는 것이다. 성인학습자들이 지닌 엄청난 복잡성(학습방식의 다양성, 학습목적의 다양성, 견뎌야 하는 문화적·정치적 제약, 다양한 정체성과 배경)은 가르치는 것도 이와 마찬가지로 복잡하다. 많은 학습자 앞에서 자신의 카리스마를 이용해 한 주제에 대해 훌륭하게 이야기하거나, 새로운 기술을 실수 없이 아주 뛰어나게 보여 주는 사람들도 있다. 그러나 이것은 많은 가르치는 행위 중에서 상황에 따라 결정되는 가르치는 행위 중 하나에 불과하다.

나는 학생들이 탐구할 영역과 탐구를 도와줄 교재에 대한 이해를 돕기 위해 수업계획서를 작성할 때 가르치고 있는 것이다. 이 책을 쓰는 것처럼 책을 쓰는 것은 가르치는 것이다. 학생들이 새로운 관점에 대해 고려하도록 독려하는 토론질문지 목록을 작성하거나, **기술시범영상**video record of a skill demonstration을 제작하는 것은 가르치는 것이다. 에너지 수준을 높게 유지하기 위해 쉬는 시간을 주는 것은 가르치는 것이다. 학생들에게 수업시간 중 일정 시간 한 구절을 조용히 읽으라고 요청하는 것은 가르치는 것이다. 이러한 예를 더 보여 줄 수 있지만 나는 당신이 요점을 파악했기를 바란다. 다양한 옵션 중에서 수업시간을 어떻게 보낼 것인지 결정할 때 내가 가장 좋아하는 내 자신에게 던지는 질문은 "이것이 어떻게 학습에 도움을 줄 수 있는가?"이다.

---

12) 기도할 때 외우는 주문—역자 주

가르치는 것을 학습을 도와주는 것으로 생각하는 것은 '이냐시오[13]Ignatian'의
개념인 '딴뚬꽌뚬Tantum Quantum'(어떻게 실천할 것인가에 대한 것은 상황에 따라 바뀐
다.)을 이행하는 것이다. 교사로서 나는 내 자신이 처한 상황과 내가 추구하는
교육목적에 따라 아주 다양한 방식으로 가르친다. 예를 들면, 어떤 특정한 주
간에는 프랫Pratt(1988, 2002)이 성인학습에서 영향력이 있다고 밝힌 다섯 개의
관점을 누빈다. 월요일에 나는 학술도서제안서를 쓰는 방법에 대한 교수개발
워크숍을 진행할 것이다. 여기서 나는 출간 경험이 없는 동료들에게 명확하고
설득력 있는 제안서를 쓰는 단계를 익히도록 함으로써 책 출간계약을 요청받
을 기회를 높이는 법에 대해 배우도록 도와준다(프랫은 이를 **전달식 교육**transmission
mode of teaching이라고 한다). 화요일에는 경영지도자들에게 자신의 업무를 비판
적으로 분석하게 하고 의사결정을 할 때의 맹점을 확인하게 하기 위해 경영
진연수세미나를 기획하는 컨설턴트가 된다(프랫은 이를 **개발식 교육**developmental
perspective이라고 한다).

수요일에는 동료 한 명을 내 수업에 초대해서 토론세션을 어떻게 운영하는
지 보여 줌으로써 그녀가 내 전략의 일부를 수업시간에 적용할 수 있도록 한다
(프랫은 이것을 **도제식 교육**apprenticeship이라고 한다). 목요일에는 프로그램 중도 포
기 직전에 있는 학생들에게 그들은 성공할 능력이 충분히 있다고 격려하고 있
을 것이다(프랫은 이것을 **양육식 교육**nurturing이라고 한다). 금요일에는 유아 슈퍼바
이저들early childhood supervisors에게 그들이 리더십을 실천할 때 행하는 무의식적인
인종차별 행위를 시인하는 것에 대한 회의를 진행하거나, 또는 '**월가점거운동단
체들**Occupy Wall Street groups'에게 민주적인 의사결정방법에 대해 조언하는 세션을
진행하는 것으로 한 주를 마칠 것이다(**사회개혁 관점**social reform perspective). 또한 같
은 수업에서 각기 다른 시점에 이러한 다섯 가지 관점에 대해서 가르칠 수도
있다. 최근 프랫의 「**교수 관점 목록**teaching perspectives inventory」(Collins & Pratt, 2011)

---

13) Saint Ignatius of Loyola(1491~1556): 스페인의 성직자이자 신학자—역자 주

에는 "효과적으로 가르친다는 것은 상황에 따라 다르다."라고 기록되어 있다 (p. 259).

지금까지는 이러한 모든 사건이 5일 내에 일어난 적이 전혀 없었다. 그러나 그 모든 일이 내가 이 글을 쓰는 2~4개월 사이에 일어났다. 그래서 특정한 날 특정한 순간에 내가 가르치는 방법은 내가 달성하고자 하는 목적과 내가 가르치는 사람들에 대한 정보에 강한 영향을 받는다. 잘 가르치기 위해 필요한 가장 중요한 지식이 사람들이 어떻게 자신들의 학습을 경험하는지를 끊임없이 인지하는 것이라는 내 신념 또는 학습자들에게 무엇을 요청하든지 간에 시범을 보여 줘야 한다는 신념과 같은 몇 가지는 사실이다. 하지만 정확히 내가 하고자 하는 것, 그리고 하려는 방식은 상황에 따라 다르다. 이것을 가리켜 펜윅 Fenwick(2006)은 '우리가 작은 관계 속에서 즉석에서 윤리적 행위로 연기하는' '수준 낮은 교육법poor pedagogy'이라고 한다(p. 21). 내가 가르치고 있는 도중에 일어난 어떤 특정한 사건(도발적이고 당황스러운 질문이나 학생의 몸짓언어)으로 그 순간에 내가 가르치는 방식이 급격히 바뀔 수 있다.

그래서 내가 이 책에서 가르치는 것에 대해 말할 때 나는 누군가가 무언가를 학습하게끔 도와주도록 계획된 모든 의도적인 행동에 대해서 말하고 있는 것이다. 이는 당연히 그룹 앞에 나서서 말하는 것도 포함하지만, 대부분의 시간 동안 나는 말하지 않고 가르친다(Finkel, 2000). 어떤 때는 주도적으로 학생들에게 도전적인 과제에 참여하도록 강요하지만, 때로는 뒤로 물러서서 학생들이 학습계획을 세우도록 한다. 가끔 끼어들어 명확한 설명을 해 주거나 도움을 주고, 때로는 학생들이 오랫동안 애쓰도록 내버려 둔다. 내 의도는 항상 학생들이 가장 잘 학습할 수 있는 환경을 능숙하게 준비하는 것이다. 만약 이를 위해 강의가 가장 도움된다고 생각이 든다면, 나는 기꺼이 강의를 할 것이다. 하지만 시작점은 항상 누군가가 배웠으면 하는 것이 무엇인지 나 스스로에게 물어보고, 이를 위해서 어떤 접근법과 활동이 그들이 배우는 데 가장 도움이 될지 생각하는 것이다.

이 책이 교육방법에 대한 것이기는 하지만 나는 가르치는 것이 단지 정규 교육기관에서만 일어나는 것이라거나, 교사·강사·교수라 불리는 사람들만이 행하는 것이라고 암시하고 싶지는 않다(Halx, 2012). 가르침은 친밀한 관계, 가족, 레크리에이션그룹, 지역사회공동체, 사회운동단체, 그리고 모든 종류의 조직 속에서 일어난다. 사실 내가 공동 집필한 두 권의 책은 구체적으로 사회운동 교육에 초점을 두고 있다(Preskill & Brookfield, 2008; Brookfield & Holst, 2010). 교사는 **조력자**facilitators, **지도자**leaders, **교관**trainers, **추진자**animateurs, **카운슬러**counselors, **치료사**therapists, **슈퍼바이저**supervisors 등으로 불린다. 때로는 특히 친밀한 관계에 있는 사람들은 특별한 직함을 가지고 있지 않다. 그들은 그저 인생에 대해 무언가를 배우게끔 도와주는 친구, 파트너, 형제, 또는 연인이다. 그래서 나는 이 책에서 **교사**teacher라는 용어를 포괄적으로 사용하고, 교사란 다양한 상황에서 누군가가 무엇인가를 배우도록 의도적으로 도와주는 사람으로 칭할 것이다.

5. 성인교육의 특징은 무엇인가

이 책에서는 어린이나 청소년을 가르치는 것과 대조해서 성인을 가르치는 것에 대해 다룬다. 따라서 성인을 가르친다는 의미에 대해서 몇 마디 할 필요가 있다. **성인교육방법론**methodology of teaching adults은 어린이나 청소년을 가르치는 것과 본질상 다르지 않다고 생각한다. 특정 상황에서 존재하는 차이점은 정도의 문제이다. 내가 교직에 종사하는 동안, 성인교육의 전형적인 사례로 일컬어지는 것들(학습자의 자기주도성을 강조하고, 대화와 토론을 사용하며, 경험을 활용하여 가르치고, 학습자가 당면한 관심사에 맞추어 교과과정을 구성하도록 하고, 학생들에게 비판적인 질문을 독려하거나, 교실을 민주화하는 것 등)을 어린이나 청소년을 가르치는 교사가 행하는 것을 직접 겪어 보았다. 내가 본 최고의 **대화법**을

사용하여 가르치는 교사dialogic teacher는 단지 여덟 살에서 열한 살의 아이들을 가르쳤으며, 내가 관찰한 가장 민주적인 교실은 미국의 중학교 교실이었다.

성인학습자들에 대해서 이야기하자면, 마치 지구상의 모든 성인이 획일적이고 포괄적인 범주에 속하여 표준화된 교육방법을 만들어 낼 수 있다는 듯이 성인교육에 대해 언급하는 것은 터무니없음이 분명하다. 『2010 성인계속교육핸드북2010 Handbook of Adult and Continuing Education』을 예로 들면, 한스만과 모트Hansman and Mott(2010), 부쿠발라스와 로렌스Boucouvalas and Lawrence(2010)는 성인학습자들을 연구할 때 존재하는 여러 변수variables, 즉 인류의 다양성에 대해 탐구한다. 문화적 전통, 사회계층, 인종적 정체성, 학습방식, 성격유형, 발달단계, 인지과정, 이전의 경험, 사람들의 뇌에 있는 특정 화학물질, 현재의 능력수준, 학습준비성, 이러한 모든 것은 학습자들의 특성이 엄청나게 복잡함을 나타낸다. 그런 다음 스와질란드Swaziland 수감자들의 출소 후 사회통합 프로그램(Biswalo, 2011)에서부터 성인비즈니스스쿨adult business schools의 교육과정(Love, 2011), 뉴펀들랜드Newfoundland 여성들을 위한 온라인리더십프로그램(Clover, 2007), 이라크나 팔레스타인 전쟁지역에 있는 여성들을 위한 평화교육(Mojab, 2010)까지, 학습이 일어나는 다양한 배경을 추가하면 성인학습자들을 유사한 성격을 공유하는 일방적인 집단으로 간주하는 것은 근본적으로 모순된 것임이 분명하다. 잉글리시와 메이요English and Mayo(2012)는 "무한한 범위의 학문과 학제 간 연구가 성인교육의 대상에 포함된다."(p. 5)라고 적절하게 표현했다.

그렇다면 성인교육방법에서 우리가 공통점이라고 말할 수 있는 것이 존재하는가? 나는 존재한다고 믿는다. 첫째, 성인교육방법은 경험과 관련이 있다. 대체로 지구상에서 시간을 많이 보낸 사람일수록 더 많은 일을 경험하고, 이에 대해서 더 많이 해석하고 더 많은 의미를 부여한다. 즉, 성인학생들이 보통 어린 학생들보다 더 폭넓고 깊은 경험을 가지고 있다는 의미이다. 하지만 이것마저도 명백한 고정불변의 진실은 아니다. 학교 중퇴 후 마약거래를 하며 형제자매 부양책임을 맡은 열세 살 소년이나 문화가 다른 외국의 거리에서 살아남아

야 하는 십대의 전쟁난민은 한 지역에서 계속 살면서 무난하게 학교를 졸업하고, 같은 공동체에서 일자리를 얻고, 자신의 신념을 온전히 간직해 온 마흔 살의 사람보다 훨씬 더 다양한 경험을 하였다.

성인교육의 특징 중 하나는 학습자들이 교실에 가져오는 다양한 경험에 의도적으로 초점을 맞추는 것이다. 성인교육자들은 새롭게 학습할 내용 또는 개발하고자 하는 새로운 기술과의 연결고리를 만들기 위해 되도록 어디에서나 학습자들의 이전 경험을 이용하는 것이 중요하다는 점을 잘 알고 있다. 물론 아이들과도 이것을 할 수 있지만, 성인들이 겪은 굉장히 다양하고 강렬한 경험은 이전 경험을 이용할 기회가 더 많다는 것을 의미한다.

둘째, 다양한 학습환경에서 성인들을 가르치는 대부분의 교사는 학습자들을 존중하는 분위기를 만들려고 노력한다. 성인교육 분야의 동료들로부터 자주 듣는 말 중 하나는 학생들을 성인으로 대하려고 노력한다는 것이다. 학생들을 성인으로 대한다는 것이 어떤 것이냐고 반문하면, 동료들은 보통 "학생들에게 함부로 말하지 않는다." "학습자들의 의견을 진지하게 받아들인다." 또는 "내가 가르치는 것보다 학생들이 나에게 가르치는 것이 훨씬 더 많다."와 같은 대답을 한다.

물론 존중하는 분위기에 대해 말하는 것은 대단히 어렵다. 예를 들자면, 존중하는 행동으로 여겨지는 것은 문화나 조직 상황에 따라 엄청나게 달라진다. 나는 누군가가 말할 때 끼어드는 것이 무례한 행위이며, 좋은 대화는 일련의 독백과 같은 것이라고 배우며 자랐다. 하지만 앨리스 워커Alice Walker는 아프리카계 미국인들이 대화할 때 "검보 야 야Gumbo ya ya"(Ampadu, 2004)라고 하면서 끊임없이 서로 끼어드는 형태를 보인다고 설명한다(Ampadu, 2004). 여기서 끼어든다는 것은 말 도중에 즉각적인 반응을 보임으로써 주의 깊게 듣고 있다는 신호이다. 이는 이들의 존중하는 반응방식이다. 유교권의 교실에서(Lee, 2011; Sun, 2008; Wang & Farmer, 2008; Zhang, 2008) 학습자들을 존중하는 방식은 학습자들이 교사가 의도한 그대로 기술을 배우도록 공을 들여서 개인차가 거의 없이

그대로 모방하거나 재연할 수 있도록 하는 것이다.

셋째, 성인학습자들에게 어떤 교육과정을 가르쳐야 할지에 대한 대부분의 영어 언어분석에서는 성인의 역할과 과업이라는 측면에서 이 문제를 제시한다. 그래서 **성인교육과정**adult curriculum은 어떤 특정 집단이 성인기에 실현하는 특별한 역할과 과업이라고 주장하는 것을 중심으로 구성된다. 이것은 분명히 문화에 따라 다르다. 나는 성인기의 주된 과업은 사람들이 서로를 배려하고 공정하게 대하도록 격려하는 시스템을 만들고 유지하는 법을 학습하는 것이라고 믿는다. 그래서 나의 경우에 성인교육과정은 (설령 아주 특정한 기술을 배우는 것을 도와주는 것에 중점을 둔다고 할지라도) 모든 이가 동등하게 이용 가능해야 할 자원을, 대표되지 않은 소수집단이 과도하게 통제하는 것을 방지하는 시스템을 개발하는 것과 어느 정도 연결된다. 이러한 관점에서 보면, 제대로 된 성인교육과정은 사람들이 **참여경제**participatory economics(Albert, 2004, 2006)나 **민주적 사회주의**Democratic Socialism(Brookfield & Holst, 2010)를 어느 정도 추구하는 데 필요한 기술을 가르치는 것이다. **실버와 모합**Silver and Mojab(2011)이 기록하였듯이, 이 관점을 가르치는 기회는 왠지 비애국적인 것으로 소멸되었다. 만약 당신도 나와 마찬가지로, 성인생활의 상당 부분은 권력이 어떻게 작동하는지, 지배이데올로기가 당신에게 '당연한' 것처럼 보이는 '상식적인' 사고방식 형성에 어떤 영향을 끼쳤는지, 그리고 이 이데올로기 조작 과정을 약화시킬 방법이 무엇인지를 이해하는 것이라고 믿는다면, 당신의 교육과정의 대부분은 권력에 대해서 가르치는 데 초점을 두어야 할 것이다.

넷째, 앞에서의 요점과 연결해서, 내 경우에 성인교육은 항상 사람들이 스스로 권력을 행사하는 법을 배우게끔 도와주려는 뚜렷한 목적을 가지고 있다. 이것은 아마 영어권 성인교육 분야에서 가장 존중받는 전통일 것이다. 마일스 호튼[14]의 연구(Horton, 2003)와 테네시Tenessee에 있는 **하이랜더 시민학교**Highlander Folk School, 브라질과 칠레에서의 파울로 프레이리[15]의 **문해운동**literacy work(Freire, 2011)은 자주 언급되는 사례들이다(McCormack, 2008; McDermott, 2007 참조).

여기에서 가르치고자 의도하는 것은 학습자들이 스스로 이미 얼마나 많이 알고 있으며, 비판적이고 집단적으로 분석된 경험이 어떻게 지역사회, 조직, 운동단체 속에서 직면하는 문제들에 대응하는 방법을 제시해 줄 수 있는지를 이해하도록 돕는 것이다. 하이랜더 참가자들과 진행한 인터뷰의 예를 들자면, 에버트, 버포드, 브라이언Ebert, Burford and Brian(2004)은 참가자들이 지역사회 문제의 원인을 분석하고 자신들의 투쟁에 도움이 되는 대응책을 만들기 위해, 자신들의 경험을 어떻게 끌어 모았는지를 묘사하였다. 워크숍 조력자들은 가끔 질문을 통해서 끼어들었지만, 참가자들 스스로가 무엇을, 어떻게 탐구할지를 결정하였다. 하이랜더는 전문가들만이 타당한 지식을 갖고 있다는 개념에 도전하고, '사람들이 가지고 있는 스토리텔링, 연극, 그림, 대중의 지식 등 소위 시민의 지혜folk wisdom라고 불리는 표준사회과학standard social science에 의해 인정받지 못한 또는 잊힌, 지식의 유형'을 탐구한다(Hoagland, 2011, p. 97).

　"성인교육의 특징은 무엇인가?"라는 질문에 대한 이 네 번째 답변은 이 책에 특별한 여운을 남긴다. 이 책의 초점이 권력에 대해 가르치는 것이기 때문에 우리가 탐구해야 할 주제 중 하나는 사람들이 스스로 권력을 행사하는 법을 학습하는 방법과 이 과정에서 교사들의 역할(만약 조금이라도 있다면)이다. 학생들의 이러한 권력행사는 다양한 형태로 드러난다. 때때로 교사는 의도적으로 교실 환경을 민주화 과정과 유사하게 조성한다. 학생들은 이것에 잘 반응할 수도 있고, 교사가 어떤 게임을 하려는지 호기심을 갖고 의심하며 볼 수도 있다. 교사들이 학습자들의 이익을 위해 사용되는 것이라고 아무리 주장해도, 때때로 학습자들은 교사가 권력을 임의적으로 사용한다고 여기면 그에 맞서 싸우고 교사의 권위를 부정할 것이다. 이 장에서는 학습자들에게 권력을 불어넣는 이 과정의 모순을 밝혀내기 위해 노력할 것이다.

---

14) Myles Horton(1905~1990): 미국의 교육학자, Highlander Folk School의 공동 설립자—역자 주
15) Paulo Freire(1921~1997): 브라질의 교육철학자, 비판교육(critical pedagogy) 옹호자—역자 주

자기주도 행동 또는 협력적인 행동을 통해 독립적으로 행동하고 자유로운 선택을 할 수 있는 능력을 개발하기 위해to develop agency 학습자들에게 권력을 불어넣는 것은, 나 자신을 포함하여 성인교육자들의 입에서 무비판적으로 자주 튀어나오는 문구이다. 아치볼드와 윌슨Archibald and Wilson(2011)은 성인교육에서 권력 불어넣기와 관련하여 "권력 불어넣기의 개념이 널리 퍼져 있는 것이 문제가 되는 것은 아이러니하게도 권력 불어넣기에 관한 토론에서 흔히 권력이 빠지기 때문이다."라고 지적했다(p. 22). 앞으로 보게 되듯이, 모든 권력 불어넣기 철학 실행을 위한 진정 어린 시도는 곧 외부의 위계적인 권력이라는 현실과 마주하게 된다. 수잔 체이스Susan Chase(1995)의 여성 교장들에 대한 고전적인 연구인 「애매모호한 권력 불어넣기Ambiguous Empowerment」에서는, 왼손으로 주어진 자유가 조용히 오른손에게 빼앗기게 됨으로써 권력 불어넣기에 대한 미사여구가 어떻게 남성 권력의 현실과 부딪히는지를 보여 준다.

6. 그렇다면 파워풀한 방법이란 무엇인가

권력의 편재성[16]과 복잡성에 대해 논하였으므로, 파워풀한 방법의 정확한 구성요소에 대해 내가 이해한 바를 더욱 솔직하게 나눌 필요가 있음을 느낀다. 이 책에서 계속 사용하는 용어인 파워풀한 방법은 네 가지 요소로 구성된다. (1) 권력역학을 고려한다. (2) 학습자들이 권력을 찾아가도록 도와준다. (3) 권력이 작동하는 법을 밝힌다. (4) 교사의 권력을 투명하게 하고 비판에 개방적이도록 한다.

---

16) 널리 퍼져 있음-역자 주

1) 파워풀한 방법은 권력역학을 고려한다

첫째, 파워풀한 방법은 모든 성인학습 환경에서 존재하는 권력관계를 고려한다. 무엇을 가르쳐야 하는지, 어떤 지식이 타당한지, 어떤 학습과정을 허용할지, 어떻게 평가해야 할 것인지 등을 고민한다. 파워풀한 방법은 교사와 학습자 간, 그리고 학습자들 간에 존재하는 권력역학을 인식하는 데 사용된다. 이러한 관점에서 보면, 파워풀한 것은 본질적으로 방법이 아니고 사용자의 의도이다. 따라서 방법이 권력역학과 상호작용하는 법을 이해하기 위해 의도적으로 노력하면서 그 방법을 사용할 때 그 방법은 파워풀해진다.

그래서 강의와 같은 전통적인 방법이 지배적인 아이디어에 도전하기 시작하거나 권력과 권위를 약화시키는 활동을 탐구하게 되면 파워풀한 방법이 된다. 마찬가지로 교사가 강단을 떠나 학생들이 무리지어 모여 있는 강당 뒤에 걸어가서 그곳에서 강의를 진행하면 전통적인 방법을 파워풀한 방식으로 실행하는 것이 된다. 아이라 쇼어[17]Ira Shor(1996)는 이를 '시베리아Siberia에서의 강의'라고 한다. 그는 대부분의 고등교육교실에는 교사로부터 가장 멀리 떨어진 지점인 시베리아 구역이 있다고 지적한다. 학생들은 교사의 눈에 띄지 않도록 그곳에 앉아 참여를 피한다. 교사인 당신이 시베리아에 자리 잡음으로써 당신은 교실에서의 전통적인 권력관계를 무너뜨린다.

파워풀한 방법은 언제나 권력역학의 현실에 순응한다. 예를 들면, 권력이 어떻게 교실에서 그리고 교사와 학생들 사이의 관계에서 작동하는지를 이해했을 때에만 토론방법은 효과적이다. 학생들 간의 권력역학을 알아차리지 못한 채 토론을 진행하는 교사는 학생들의 주목을 끌지 못하고 형식적인 일련의 대화행위만 주재하게 될 수 있는데, 이렇게 되면 자동적으로 가장 자신감이 넘쳐 나고 외향적인 학생들이 선두에 나서서 다른 학생들을 눌러 버리게 된다.

17) Ira Shor(1945~): 미국의 교육이론가, 비판교육학(Critical Pedagogy) 옹호자－역자 주

또는 의식적이든 무의식적이든 지도자가 원하는 방향으로 대화를 끌고 가는 토론은 패터슨Paterson(1970)의 표현에 따르면 **가짜 토론**counterfeit discussion이다. 이 두 사례 모두 권력에 대한 인식부족이 토론방법의 효과를 손상시킨다는 것을 보여 준다.

2) 학습자들이 권력을 찾아가도록 도와준다

둘째, 권력 불어넣기라는 용어와 관련한 이전의 경고에도 불구하고, 파워풀한 방법은 사람들이 자신의 권력을 찾아가리라고 기대되는 방법이다. 다시 말하면, 파워풀한 방법은 사람들의 에이전시 감각을 키워 주고 학습자로서의 능력에 대한 자신감을 고조시킨다는 것을 의미한다. 파워풀한 방법은 깜짝 놀라게 한다든지, 매력적이거나 강제로 밀어붙여서(많은 교재에서 이 용어를 사용함)가 아니라, 학습자들이 스스로가 파워풀하다는 것을 더욱 잘 깨닫고 인정할 수 있도록 돕기 때문에 파워풀한 것이다. 킬고어Kilgore(2004)는 파워풀한 지식이란 '개인들에게 권력을 불어넣고 사회를 변화시키는 지식'이라고 하였는데, 이는 내가 한 이야기가 의미하는 바를 잘 포착하고 있다(p. 48). 그래서 성인학습철학의 많은 부분이 학습자들에게 권력을 불어넣을 필요성에 초점을 두고 있으며, 이 책도 이러한 초점을 특정교육방법과 명시적으로 연결한다.

하지만 내가 이미 지적했듯이 이것은 결코 간단하고 명백하게 실행할 수 있는 것이 아니다. 권력 불어넣기를 실현하는 데에는 권력의 현실을 표면으로 드러내는 모순과 긴장이 있다. 학습자들에게 권력을 불어넣는 것의 뿌리에는 이것을 결코 교사가 직접적으로 행할 수 없다는 사실이 자리 잡고 있다. 교사가 할 수 있는 최선은 학습자들이 자신의 권력을 찾아가는 데 있을 걸림돌을 제거하도록 노력하는 것이고, 또한 앞에서 언급한 대로 학습자들이 자신의 권력을 찾아가고 사용할 수 있는 환경을 조성하게끔 노력하는 것이다. 모두가 말할 수 있는 기회를 조성하는 **토론규칙**discussion protocols을 사용하는 것이 그러한 접근법

중 하나이다. 다른 하나는 학생들 앞에서 교사 자신의 아이디어에 대한 자기비
판적인 분석을 시범적으로 보여 주는 것이다.

　때때로 학습자들은 교사가 반대하는 방향의 권력을 요구한다. 예를 들어,
내가 가르치는 학급에서 학생들이 내가 사용하는 참여적인 접근법에 대해 반
대하며 강의를 요구한 적이 종종 있다. 또한 학생들은 내가 학생들에게 비판적
으로 생각하라고 요구하는 것을 중지하고 답을 알려 주고, 올바르게 이해하는
법에 대해서 말해 줄 것을 요청하였다. 이런 것들이 자신의 권력을 찾아가는
사례라는 이유로 학생들의 이러한 요구에 응해야 할까? 아니다. 난 응하지 않
는다. 그러면 가짜 또는 위조 사례와 대비해서 바람직한 진짜 권력 불어넣기를
어떻게 판단해야 할지에 대한 의문이 생긴다. 이 책에서 나는 언제 어떻게 교
관들trainers, **지도자들**leaders, 그리고 **교사들**teachers이 그들의 **계획**agendas을 주장할 필
요가 있는지, 자유롭게 진행되는 것처럼 보이는 토론에 끼어들 필요가 있는지,
또는 학습자들의 집중적인 저항을 견뎌 낼 방법이 무엇인지 살펴봄으로써, 이
러한 긴장을 해결하고자 한다. 또한 학습자들에게 권력을 불어넣는 시도가 나
타내는 정반대의 효과에 대한 사례들을 밝히고자 한다.

3) 권력이 작동하는 법을 밝힌다

　셋째, 파워풀한 방법은 학습자들이 좁게는 일상적인 관계 및 실천, 그리고
넓게는 그들이 살고 있는 조직, 공동체, 운동단체 속에서 권력이 어떻게 작동
하는지 이해하도록 도와주는 것이다. 『비판이론의 힘』이라는 책에서는 이 주
제만 다루었는데, 그 책에서 나는 성인들을 도와주는 비판이론 접근법이 다른
무엇보다도 이데올로기에 맞서는 방법, 권력의 정체를 드러내는 방법, 민주주
의를 실천하는 방법을 배우게끔 도와주는 것이라고 주장하였다. 그 책은 마지
막 장에서만 약간의 교수사례에 대해 다루었으며, 의도적으로 이론적 분석에
치중했다. 어떤 면에서 당신이 지금 읽고 있는 책은 『비판이론의 힘』의 실천서

workbook이다. 왜냐하면 이 책은 성인들에게 권력의 제약과 가능성에 대해서 이해하도록 가르치는 법을 탐구하기 때문이다.

앞으로 알게 되겠지만, 권력이 작동하는 법을 학습하는 것에 대해 저항하는 사람들은 단지 교육계의 문지기들gatekeepers과 현 교육상태를 고수함으로 인해 혜택을 보는 사람들만이 아니다. 흔히 학습자들 스스로가 권력을 학습함으로써 겪게 되는 감정적이고 정치적인 회오리바람을 기피한다. 실제로 이런 종류의 교육방법에서 가장 연구가 안 된 부분은, 교사가 학생들의 지속적인 적대행위에 직면했을 때 어떻게 냉정을 유지하고 해결하는가 하는 점이다. 소머스Somers(2011)는 "교사의 주장에 대해 학생들이 인신공격으로 맞서는 것을 경험하고, 학습자들이 자신들의 감정적인 반응을 교사에게 향하게 하는 것, 교사로서의 자질이 미흡하다고 느끼는 것, 문제를 교사 개인의 것으로 치부하는 것, 벗어나는 법을 배우는 것, 학생들이 배우고 있다는 사실에 신이 나는 것, 자신이 전반적으로 보호받고 있다는 느낌이 필요한 것, 이 모든 것은 교사들이 직면하는 환경에서 공통적으로 나타나는 이해할 수 있는 인간의 반응이다."라고 기록한다. 이 책의 마지막 장에서는 구체적으로 권력에 맞서 가르칠 때 감정을 조율하는 방법에 대해 주안점을 둔다.

4) 교사의 권력을 투명하게 하고 비판에 개방적이도록 한다

마지막으로 파워풀한 방법은 교사의 권력이 투명하고 비판에 개방적일 수 있도록 하는 것이다. 이 말은 교사가 모든 관련자와 명백하게 의사소통하면서 이해를 얻는 방식으로 권위를 행사하고 있음을 의미한다. 성인교육에서 교사들은 존중하지 않는다거나 비민주적이거나 권위적인 것처럼 보일까 봐 두려워서, 보통 자신의 권력을 인정하거나 계획을 수행하고 있다는 점에 대해 인정하는 것을 회피한다. 우리(여기에 나 자신도 포함된다.)는 지시적인 사람이라는 인상을 주고 싶어 하지 않는다. 대신에 우리는 학생들과 같고, 우리가 우연히

교사가 된 것은 일종의 역사적인 사고 때문이라고 혹은 순전히 복불복이라고 믿고 싶어 한다.

우리가 권력을 가지고 있다는 사실을 스스로에게 감추는 방법 중 하나는 언어를 사용하는 것이다. 우리는 우리를 조력자로 묘사하고, 킬고어Kilgore(2004)는 "학생들을 존중하기 위하여 마치 학생들이 교사의 교육학적 권모술수의 영향을 전혀 받지 않는 것처럼 학습자라고 부른다."라고 기록하였다(p. 49). 물론 이 '학습자'들은 이 속임수의 정체를 알아챈다. 내가 개설을 도왔던 민주적인 학생자치를 강조하는 박사과정 프로그램 학생 중 한 명이 나에게 "당신이 말하는 민주주의는 위선적이다. 왜냐하면 당신은 언제나 우리를 탈락시킬 수 있으니까."라는 코멘트를 함으로써 문제의 정곡을 찔렀는데, 이 코멘트는 이안 뱁티스테와 내가 공동으로 쓴 계급적인 기관 내의 프로그램에서 민주적으로 연구하는 데 내재하는 모순들을 탐구한 논문의 제목이 되었다(Baptiste & Brookfield, 1997).

학생들이 교사로부터 무엇을 찾는지에 대해 연구한 자료들을 살펴보았을 때 가장 중요한 두 가지 행동이 (1) 교사의 기대치, 기준 및 계획을 정기적으로 전부 공개하는 것, (2) 교사의 행동과 결정을 뒷받침하는 근거를 밝히는 것이라는 점은 흥미롭다. 이 두 가지 모두 교사가 자신의 권력을 투명하게 하는 것을 수반한다. 나는 이를 『능숙한 교사』에서 자세히 다루었다. 따라서 여기서는 더 이상 상세히 다루지 않겠다. 그러나 그 연구를 통해서 내가 확실하게 알게 된 것은, 대부분의 상황에서 성인학습자들은 교사가 사용하는 권력을 완전히 인식하고 있으며, 단지 교사가 자신의 권력에 대해 솔직하게 말하고 정직하기를 바란다는 것이다. 우리(여기서는 나를 말함)는 우리가 학생들을 동등하게, 존경스럽게, 우호적으로 대하고 있다고 자축할 수 있지만, 학생들은 우리가 학생들의 운명을 손에 쥐고 있다는 사실을 어느 정도는 분명하게 잘 알고 있다. 왜냐하면 우리는 학생들이 학과목을 통과할지 말지를 결정하고, 특정 학점을 부여함으로써 학생들이 얼마나 똑똑한지를 판단하기 때문이다.

내 경험에 의하면 학생들은 교사의 편견과 계획을 일찌감치 알아차리는 데 능숙하고, 교사가 좋아할 것이라고 생각되는 무엇이든 간에, 이에 대해서 **피드백**feed back을 하는 데 능숙하다. 이는 모든 의견을 환영하며 어떤 의견이라도 배제하지 않겠다는 말과 함께 회의를 시작한 후에 비언어적 제스처(눈 맞춤, 머리 끄덕임, 툴툴거림)를 통해서 어떤 의견이 적절한 것이고, 어떤 의견이 수용 가능한 범위를 벗어난 것인지를 확실하게 의사 전달하는, 파워풀한 인물에 의해 주도되는 **태스크포스**task force 또는 위원회의 일원으로서 내가 경험한 역학과 본질적으로 다르지 않다.

과거에 나는 내가 이루고 싶은 계획이 있다고 인정하는 것을 역겹다고 느꼈고, 대신에 내가 어떤 식으로든 학생들이 자신에게 최선이라고 생각하는 것을 배우고자 하는 그들의 열망을 알아차리도록 도와주기 위해서 그 자리에 있다고 믿었다. 사실 가끔은 내가 이런 식으로 가르칠 수 있다. 하지만 이는 단지 그 그룹에 대하여 내가 알고 있는 지식을 바탕으로, 학생들의 전체 프로젝트가 무엇이든지 간에 학생들이 가고 있는 방향을 선호하고 도와주기로 이미 결정했기 때문이다. 대체로 나는 킬고어Kilgore(2004)가 주장한 "성인교육교실에서 우리 앞에 펼쳐지는 것은 대개 우리의 지시 때문이다."(p. 48)와 **정직한 교육**honest pedagogy(비록 그녀는 이것을 **포스트모던 교육**postmodern pedagogy으로 표현했지만)은 "우리를 복종하게 만드는 것들과 우리에게 권력을 주는 것들을 알아내는 데에 관심이 있다."(p. 48)라는 주장에 동의한다.

7. 교사의 권력에 대해 알아내고 명확히 하기

파워풀한 방법은 교사의 권력이 투명하고 비판에 개방적인 것이라는 주장으로 이전 절을 마무리했다. 이 장을 마치면서, 한 사람의 권력에 대해 공개적으로 인정하고 이 권력에 대한 비판을 수용한다는 것은 성인교육 교과내용의

전형적인 구성요소가 아니라는 점을 감안하여 여기에 대해서 좀 더 말하고자 한다. 만약 교사가 학생들에게 정직하다면, 자신이 상당한 권력을 가지고 있다는 점을 인정해야 한다. 교사는 교육과정을 정하고 평가기준을 만들며, 이러한 기준에 따라 학생들의 성과 가치를 결정할 권력을 가지고 있다. 교사는 학생들에게 친근하고 정중하며 협동적인 방식으로 대할 수 있지만, 이런 차이[18]가 없다는 듯 단순히 학생들과 친구인 척하는 것은 안 된다.

가르칠 때 교사의 학습계획과 학생들의 계획에 직접적으로 마찰이 생길 때가 있다. 그러한 경우에 교사가 학생들이 원하는 대로 하기로 동의함으로써 교사로서의 정체성을 부인하는 것은 진실하지 않다. 진실하다는 것은 자신의 계획에 충실하고 이 계획을 공개적으로 정직하게 알리며, 때로는 자신의 권력을 이 계획보다 낮은 자리에 두는 것이다. 이는 많은 복잡한 의문(교사는 윤리적 강요를 실천하면서 진실할 수 있을까? 학생들은 교사를 정직하게 만들기 위한 어떤 권력을 가지고 있을까? 진실성과 권위는 공존이 가능한가?)을 제기한다. 이 절에서 나는 중요한 질문을 탐구하고자 한다(학생들의 적대감에 직면하면서도 진실을 유지한 채로 어떻게 권력을 윤리적이고 책임 있게 사용할 것인가?). 이 탐구를 하기 위해 비판적 전통의 학자로 분류되는 몇몇 교사들, 특히 이안 뱁티스테(2000, 2001), 벨 훅스[19] 그리고 허버트 마르쿠제Herbert Marcuse를 끌어들일 것이다.

그레나다[20]Grenadian에서 태어난 성인교육자 이안 뱁티스테는 권력에 대한 문제와 권위의 정당한 사용에 대해서 오랫동안 숙고한 사람이다. 뱁티스테에게 있어서 성인교육자는, **설득자**persuaders 및 **계획자**organizers[그람시Gramsci(1971)가 이 용어들을 사용한 의미에서]의 역할을 하지만 이를 인정하지 않는 사람이다. 뱁티스테의 관점에서, 성인교육자가 해야 할 일은 편을 드는 것이 아니라는 것과

---

18) 교수자들은 학생들에 비해 상당한 권력을 가지고 있다는 뜻임-역자 주
19) bell hooks(1952~): 미국 흑인 여성주의자(필명을 소문자로 사용함)-역자 주
20) 베네수엘라 근처의 대서양에 위치한 섬나라-역자 주

학습자들에게 계획을 강요하는 것이 아니라는 주장은 순진하고 경험적으로 옳지 않다. 좋아하든 좋아하지 않든(뱁티스테는 우리 대부분은 이것을 인정하기를 좋아하지 않는다고 믿는다.) 성인교육자는 중립 혹은 불간섭을 공언하면서도 지시적인 행동을 할 수밖에 없다.

뱁티스테의 논문에서 가장 논쟁을 불러일으키는 부분은 강요의 도덕성에 대한 주장이다. 그는 성인교육자가 자신이 선호하는 것과 자신의 계획을 학습자들에게 강요할 수밖에 없으며, 어떤 경우에는 강요하는 것이 중요하다고 믿는다. 뱁티스테는 때로는 정당한 계획을 수행하거나 부당한 계획을 수행하는 것을 막기 위해서, 성인교육자가 본능적으로 사용하기 꺼려 하는 단어인, 조작에 반드시 개입해야 한다고 주장한다. 그는 이 주장을 보강하기 위해, 시카고 남부의 여러 지역공동체그룹과 협력하여 오염과 사람들의 이주 때문에 망가진 지역의 복구를 도왔던 상황을 설명한다. 중립적이고 독립적인 조력자로서 그는 어떤 관련 그룹과도 연합하지 않기로 되어 있었다. 그는 자신의 **자유인본주의 감수성**liberal humanist sensibilities을 인용하며, 중립성을 유지하기 위하여 자신이 기울인 노력에 대해 설명했다. "나는 정부 공무원들(그리고 공동체에 속한 그들의 하수인들)의 손에 놀아나는 데만 성공했다. 그들은 공적인 자리에서는 달래는 것처럼 행동했지만 사적인 자리에서는 술책을 부림으로써 나를 바이올린처럼 가지고 놀았다"(p. 47).

나중에서야 그는 그 경험을 통해 '명백한 권력의 불균형이 존재하는 경우, 성인교육자는 억눌린 자로 보이는 쪽의 편에서 비타협적인 입장을 취해야 한다는 것을 배웠다고 주장한다. 이를 실행할 때 중요한 것은 성인교육자가 '어떤 형태의 조작(어느 정도의 방어, 가식, 은폐, 공작, 허위정보, 그리고 상황에 따라 전면적인 속임수까지)에 개입할 필요성'일 것이다(pp. 47-48). 그는 만일 성인교육자가 때로는 조작의 정당성이 필요하다고 인정한다면, 개인의 조작능력을 증진하는 법을 연구하고 연습하는 것이 중요한 학습과제라고 지적한다. 윤리적으로 정당성이 부여된 조작을 연구함으로써, 성인교육자는 '강제적 규제의 사용

을 정당화하고 가르칠 수 있는 이론을 정립'할 수 있다(p. 49).

뱁티스테의 연구는 파워풀한 교육방법에서는 어떻게 자신의 권력을 사용하는지를 투명하게 인정할 필요가 있다는 나의 이전 주장과 관련하여 골치 아픈 문제를 제기한다. 대부분의 교사는 위험을 감수하고 실험하며, 비판적이고 도전적인 방식으로 가르치기 위해 자신의 의도를 고용주에게 감춰야 하는 경우가 있음을 인정할 것이다. 학생들에게 교사의 의도를 숨기는 것이 진실한 것인가라는 문제는 훨씬 더 논쟁거리이다. 그러나 사전에 자신의 의도를 완전히 노출하는 것은 수업에서 불편하고 도전적인 관점을 제기함으로써 비판적으로 가르치려는 교사의 계획에 쉽사리 손상을 줄 수 있다. 이데올로기적으로 대안의 관점을 배제하는 성향이 있는 학생들은 이 대안의 관점을 탐구하는 것이 그 교과목의 한 요소라는 사실을 알게 되었을 때 수강을 포기하기로 결정할지도 모른다. 인종차별과 성희롱에 관한 워크숍에 참석하라는 말을 들은 직원들도 마찬가지이다. 따라서 교육적인 효과를 위해서(즉, 학생들이 대안적이고 골치 아픈 새로운 관점을 고려하도록 하기 위해서는) 교사는 학생들이 이것에 대해 배울 준비가 되었다는 판단이 서는 시점까지는 그 사실을 숨길 필요가 있다.

교사는 또한 학생들의 신뢰를 얻었다고 느낄 때까지 새로운 관점들을 소개하는 것을 미룰 필요가 있다. 하지만 신뢰를 얻었다는 것이 이 이야기의 끝은 아니다. 어떤 교과목이나 프로그램의 초기단계에서 신뢰를 얻었다 하더라도, 교사가 새로운 관점이나 활동을 소개하기 시작하면 이미 얻었던 신뢰가 완전히 무너진다. 이전에 예고되지 않았던 도전적인 교재를 소개할 때, 교사는 학생들이 이것을 근본적이고 놀라운 방향의 변화로 받아들인다는 사실을 발견한다. 이 상황에서 이러한 교사는 말과 행동이 일치하지 않고 지나치게 부적절한 사람으로 비춰진다.

학생들에게 새롭고 도전적인 문제를 다루도록 요구하는 것은 정당하다. 인종차별 또는 성희롱과 관련한 워크숍에 의무적으로 참여해야 할 때, 이를 하찮거나 불필요한 것이라고 공개적으로 주장할 사람은 거의 없다. 실제로 사람들

이 경험하는 가장 가치 있는 학습은, 회피하고 싶어 하는 관점, 정보, 또는 현실에 대해 강제로 고려하게 될 때 종종 일어난다고 주장할 수 있다. 이런 주장은 놀랍도록 모순적인 역학을 예시한다. 즉, 사전에 교사의 계획을 완전히 노출함으로써 신뢰 구축과 투명성 확보에 조심스럽게 집중하는 것(이것은 새로운 학습에 대한 학습자의 개방성을 증가시키기 위한 것이다.)은 때로 학습계획에 대한 중요한 정보를 정당하게 숨길 필요성(학습자들이 중도에 이 활동을 그만두는 것을 피하기 위함)에 의해 효력이 사라진다. 다시 말해, 교사는 학습자들이 어려운 과제에 맞설 준비가 될 때까지 교사의 학습계획을 숨길 필요가 있다. 따라서 교사가 학습계획을 공개해야 한다는 의무는 약화된다.

여기에는 진실성에 대한 학생들의 판단에 영향을 미치는 또 다른 모순된 역학이 있다. 학생들에게 진실성의 주요 지표 중 하나는 교사가 그들의 관심사에 명확한 반응을 보이는 것이다(Brookfield, 2006). 그러나 학생들의 장기적인 지적 발달을 위해 때때로 학생들의 요구를 거절할 필요가 있는데, 이는 학생들이 원하는 것에 반응하지 않는 것처럼 보일 위험이 있다. 예를 들면, 학생들이 비판적으로 생각하도록 어떤 이슈에 대해 어떤 견해를 가지는 것이 올바른지, 또는 특정 상황에서 어떤 가정을 따르는 것이 올바른지 말해 달라는 학생들의 요청을 때때로 거절해야 한다는 것을 나는 알고 있다. '적절한' 사고방식을 학생들에게 말해 주지 않는 것(실제로는 정답을 알려 달라는 요청에 응하지 않는 것)은 **반응성의 조건**condition of responsiveness에 모순되는 것처럼 보인다.

허버트 마르쿠제(1965)는 이 역학을 탐구한 이론가이다. 마르쿠제는 학습자들이 필요성을 느끼지 못하더라도, 때로는 반대되는 대안의 이데올로기와 관점에 학습자들을 노출시키는 것이 교육적으로 중요하다고 주장한다. 그에게 이것은 억압적 관용이라기보다는 해방을 실천하는 것이다. 마르쿠제는 학생들이 특정 문제를 둘러싼 모든 옵션, 관점 또는 이데올로기에 대해 알지 못한 상태에서는 자신들이 더 깊이 탐구하고 싶어 하는 방향에 대하여 참된 정보에 근거한 판단을 할 수 없다고 주장한다. 교사가 학생들에게 학습방향에 대한 결

정권을 허용함으로써 학생들을 존중하는 것으로 보일 때, 마르쿠제가 찾아낸 한 가지 까다로운 문제가 발생한다.

마르쿠제는 학생들이 이 결정권을 가지면 보통 교육과정과 학습활동을 자기들에게 친숙하고 편안한 쪽으로 선택할 것이라고 주장한다. 이러한 방향과 활동은 사실상 학생들의 과거 이력과 경험에 의해 이데올로기적으로 이미 결정된 것들이다. 학생들은 널리 퍼져 있는 이데올로기를 뒷받침하고 확인해 주는 학습프로젝트를 선택할 것이며, '정상에서 벗어난다든지' 또는 '좌익left field'으로 느껴지는 학습프로젝트는 피할 것이다. 만일 우리가 학습자들이 이용 가능한 모든 정보와 관점에 노출될 필요가 있고, 그래서 학습자들이 무엇을 배울지에 관한 정보에 근거한 선택을 할 수 있다는 것에 동의한다면, 교사의 역할(마르쿠제에 따르면)은 학생들이 회피했을 아이디어와 활동들을 학생들에게 드러내 보이는 데에만 상당한 시간을 들이는 것이다. 이것이 교사가 학생들에게 특정 문제에 대한 모든 관점과 의견을 활용하게끔 할 수 있는 유일한 방법이다.

미국의 흑인 여성주의자인 벨 훅스 또한, 학생들의 요구에 즉각 응답해야 한다는 우려와 교사 권력의 불가피함이 살짝 부딪히는 방식에 대해서 할 말이 많다. 그녀에게 교사의 권력 사용은 때로는 불가피하고 필연적일 만큼 대립적이다. 그녀의 판단으로 교사의 지위는 '다른 사람들 위에서의 권력을 가진 지위'이며, 그 결과로 생긴 권력은 '축소 또는 강화된 방식'이 공개적으로 사용된다 (hooks, 1989, p. 52). 그녀는 사람들에게 자신들이 무비판적으로 지배이데올로기를 받아들이거나 실천하는 것에 대항하게끔 강제하는 권력을 사용하는 것이 때로 많은 위험을 수반한다는 점을 인정했다. 다른 사람들로부터 배워야 할 학생들의 의무를 강조하기 위해서 그녀는 학생들의 부실한 출석률이 학점에 부정적인 영향을 준다는 점을 알렸다. 또한 학급토론에 모두 참여할 것을 요구하고, 때로는 자신이 쓴 것을 소리 내어 읽도록 하여 토론에 참여하도록 하였다.

그녀는 이러한 실천행위로 불가피하게 학생들로부터 부정적이고 비판적인

코멘트를 받았고, 이 사실을 받아들이기 어려웠다고 인정했다. '많은 학생이 이 교육법은 어렵고 두렵고 부담이 크다는 것을 알았기'(hooks, 1994, p. 53) 때문에 이 방법을 사용하는 교사는 학생들의 저항에 부딪히며, 심지어 반감을 사기도 할 것이었다. 또한 학생들은 교과목 수강을 포기하기로 결정할 수도 있다. 이것은 학생들이 강의실이 안전하고 긍정적이며 화기애애한 학습환경이라고 깨닫도록 인본주의적으로 강조하는 것이 항상 교사의 능력을 평가하는 좋은 기준은 아니라고 훅스가 주장하는 이유이다.

물론 나쁜 평가를 받아서 재임용을 거부당하거나 실적수당을 받지 못하거나 승진이나 종신고용을 거부당할 수 있다. 만일 이런 경우라면 교사는 학생들이 즐거워하고 익숙한 방식으로 가르쳐야 한다는 제도적인 압력을 받는다. 반면에 교사가 자신의 주장을 굽히지 않고 학생들이 피하고 싶어 하는 활동과 아이디어에 참여하도록 요구한다면, 교과목 평가에서 잘해 봐야 반응이 없는 교사로, 최악의 경우에는 적대적이거나 능력이 없는 교사라는 딱지가 붙을 위험이 있다. 이러한 상황에서 교사가 최선을 다해서 할 수 있는 것은 자신의 계획을 고집하고 학생들의 요구에 응하지 않는 이유를 학생들에게 충분히 알리는 것이다. 결국 부분적이라도 신뢰를 얻을 수 있는 방법은 교사의 계획과 신념에 대한 아이디어를 되도록 솔직하게 제시하는 것이다. 따라서 단기적으로는 학생들이 교사의 교육방향에 강하게 반대할지라도, 자신이 추구하는 방향에 대한 이유를 분명히 밝힌다면 학생들은 교사가 정직하고자 한다는 점을 믿게 될 것이다.

학생들이 이전에 무시했거나 조롱했던 아이디어나 활동을 기꺼이 고려하도록 설득할 때, 비판적인 교사로서 자신의 계획에 진실하고도 충실해야 한다는, 보다 근본적이고 본질적으로 해결할 수 없는 모순이 발생한다. 앞에서 주장했듯이 여기에는 때때로 당신의 의도를 서서히 밝히는, '조용하고 합리적인' 접근법이 필요하다. 이러한 접근법을 사용할 때, 학생들이 새롭고 위협적인 아이디어를 다루도록 요구받기 이전에 수강을 포기할 수도 있으므로 교사는 자

신의 의도를 초기에 전부 다 밝히지 않을 필요가 있다. 이 경우 진실성(완전히 밝히는 것을 의미한다면)과 지적 발전을 위한 교육(학생들이 선택하지 않았을 방향으로 끌고 가는 것으로 이해된다면)은 직접적으로 상충하게 된다. 40년간 이 모순을 해결하기 위해 노력한 후, 나는 이 문제가 해결될 수 있는 문제가 아님을 깨달았다. 즉, 교육기관들이 가르친다는 것(미리 정해진 목적을 달성하기 위해 학생들이 배우는 것을 순차적으로 질서 있게 관리하는 것이라 정의된다.)은 언제나 모호한 부분이 없는 척하더라도 우리가 견뎌야 할 존재론적이고 실질적인 모순 중의 하나라는 것을 깨달았다.

8. 요약

이 장에서 나는 교사에 의한 공식적인 평가가 없고 수업 참여에 강제성이 없는 학점 비인정 수업에서조차도, 성인교육자라면 권력역학이 끊임없이 개인학습 및 그룹학습과 교차하는 법을 이해할 필요가 있다고 주장했다. 이 책에서 사용할 용어에 대해 정의하였고, 가장 비지시적이고 계급이 낮은 조력자들조차도 항상 권력을 사용한다는 것을 보여 주려고 노력했다. 다음 장에서는 교사의 권력을 때로 최대한 사용할 필요가 있는 일반적인 성인학습과정(비판적 사고 학습)에 대해 살펴볼 것이다. 또한 비판적 사고 학습은 학습자들에게 권력을 불어넣는 것과 명백히 연관된 교육접근법이라는 내용을 다룰 것이다.

제2장

비판적으로 사고하는 법 가르치기

파워풀한 행동의 중심에는 비판적 사고가 있다고 오랫동안 믿어 왔다. 당신 자신이 어떤 가정을 가지고 있는지 알고, 다른 관점들과 대안들 또한 알고 있어야만, 당신 자신의 진정한 관심사를 어느 정도 달성 가능하도록 행동할 수 있다. 이와 같은 방식으로 행동한다는 것은 권력이 불어넣어진 중요한 지표 중 하나이다. 게다가 당신이 지닌 가정을 자각하고 다양한 견해를 알게 되는 것은 집단 안에서 가장 잘 나타나기 때문에 비판적 사고는 필연적으로 타인이 관여되는 **사회학습**[1]social learning 과정으로 이해된다. 이는 비판적 사고가 끊임없이 권력과 교차한다는 것을 의미하는데, 그 이유는 모든 집단에는 끊임없이 변화하는 권력관계가 나타나기 때문이다.

사람들이 비판적으로 사고할 때는 자신의 사고와 행동을 결정하는 가정들을 확인하려 하고, 이러한 가정들이 얼마만큼 정확하고 타당한지를 파악하려한다. 이렇게 하는 가장 좋은 방법은 다양한 관점에서 자신들의 생각과 결정을 (지적 · 조직적 · 개인적) 살펴보는 것이다. 나는 사람들이 이것에 기초하여 정보

---

[1] 다른 사람들에게 배우는 것—역자 주

를 갖고 행동에 옮기기를 바란다.

비판적 사고의 형태와 수행방식은 삶의 여건과 학문 분야에 따라 다양하게 나뉜다. 『비판적으로 사고하는 법 가르치기』에서 나는 분석철학과 논리analytic philosophy and logic, **자연과학**natural science, **실용주의**pragmatism, 정신분석학psychoanalysis, 그리고 **비판이론**critical theory의 다섯 가지 관점에서 그 절차를 간략하게 서술하였다. 그 책의 나머지 부분에서는 다양한 접근법과 활동에 대해서 살펴보았다. 이번 장에서는 비판적 사고의 목적을 비판이론에 기초해서 살펴보고, 그 방법은 주로 실용주의에 기초해서 설명할 것이다. 전형적인 비판적 사고의 순서에 따라, **시범적으로 보여 주기**modeling에서 시작해서, **시나리오 분석**scenario analysis exercise, 그리고 '비판적 대화규칙 활동'으로 마감하고자 한다.

가르침의 다른 측면들과 마찬가지로, 잘 가르치기 위하여 가장 필요한 지식은 학생들이 학습을 어떻게 경험하는지에 관한 철저한 이해이다. 비판적 사고 학습과 관련한 성인들의 경험에 대해 조사한 결과를 살펴보면, 다섯 가지 주제가 반복해서 나타난다. 첫째, 학생들은 교사가 비판적 사고의 과정을 시범적으로 보여 줄 때, 그리고 그것이 학생들의 관심을 끌게 할 때 도움을 받는다고 말한다. 따라서 교사의 책임 있고 적절한 권력사용 중의 하나는 당신 자신의 비판적 사고 과정을 학생들 앞에서 설명해 줄 뿐만 아니라 학생들에게 당신에 대한 비판을 허락하는 것, 즉 학생들이 자기 자신에게 권력을 불어넣는 것으로 느낄 수 있는 접근법인 것 같다.

둘째, 학습자들은 학우들이 비판적 거울이 되어 그동안 한 번도 확인해 본 적이 없는 가정을 밝혀내고, 이전에는 고려하지 않았던 새로운 관점들을 소개하는 모습을 보여 주는 소그룹 활동에서 비판적 사고가 가장 잘 발달된다고 말한다. 학생들은 주로 사회학습과정을 통하여 비판적 사고를 경험하는 것처럼 보인다. 이미 언급했듯이, 이것은 비판적 사고와 권력역학이 끊임없이 교차함을 의미한다. 만약에 당신이 숨겨진, 암시적 또는 암묵적인 가정들을 드러내기 위해 그룹프로세스[2]를 도입할 책임이 있다면, 그리고 학생들이 다양한 견

해와 해석을 내놓기를 바란다면, 당신은 집단 주위 또는 내부에서 흐르는 권력의 흐름에 부딪히면서 가르치고자 하는 것이다.

셋째, 학생들은 사례연구case studies, **주요한 사건**critical incidents, **모의실험**simulations, 그리고 시나리오scenarios를 통한 구체적인 경험이 비판적 사고 훈련에 도움이 된다고 말한다. 모의실험을 고안하는 것은 학생들에게 도움을 줄 수 있는 교사의 노골적인 권력사용이다. 게다가 시나리오 자체가 권력사용에 초점을 둔다면 다음과 같은 다층적인 상황에 처하게 되므로, (a) 학생들이 탐구하는 내용은 권력이며, (b) 교사의 권위를 반영하여 교재를 만들고, (c) 그러한 교재를 효과적으로(그리고 파워풀하게) 가르치기 위해서는 교사가 집단의 권력역학에 대해 이해해야 한다.

넷째, 성인들은 비판적 사고가 발생하는 가장 중요한 순간은 예상치 못한 사건이나 아이디어idea로 인해 **전환학습 이론가들**theorists of transformative learning이 '혼돈의 딜레마[3])disorienting dilemma(Mezirow & Taylor, 2009)'라고 말하고, 비고츠키Vygotsky(1978)가 '**근접발달영역**[4])zone of proximal development' 너머로 사람들을 이동시키는 것이라고 지칭한, 안전지대comfort zone 밖으로 밀쳐 내는 때이다. 이러한 불협화음의 순간을 만드는 것은 교사의 명백한 권력사용이며, 특히 학생들이 회피하려고 하는 개념이나 문제를 강제로 다루도록 할 때 그러하다. 예를 들면, 많은 학생은 일부 백인 성인들(나 자신 포함)이 자신들의 무의식적인 계급 · 인종 · 성 차별 행위를 인정하도록 하는 것을 회피하려 한다. 이러한 상황에서 이 문제를 강요하기 위해서는 교사의 제도적 · 지위적 권력을 모두 사용해야 할 것이다.

마지막으로, 학생들은 자신들의 학습여정을 되돌아볼 때, 어떻게 보다 더 비

---

2) 조직의 구성원들이 협력하여 일을 처리하는 방법-역자 주
3) 개인의 세계관에 들어맞지 않는 것을 경험할 때 생기는 딜레마-역자 주
4) ① 학습자가 혼자서 할 수 있는 영역, ② 다른 사람의 도움을 받아야만 할 수 있는 영역, 그리고 ③ 학습자가 할 수 없는 영역으로 구분하였을 때 ②에 해당하는 영역-역자 주

판적으로 사고하는 방법을 학습하였는지에 대한 궤적trajectory을 발달적인 것으로 보는 경향이 있다. 학생들은 비교적 위협적이지 않은 환경에서 비판하는 과정을 연습하고, 점차 이 과정을 자신들의 삶과 경험에 보다 밀접하게 연관시키는 것을 선호한다고 말한다. 한편, 연습의 순서를 고안하고 학생들이 언제 다음 단계로 넘어갈 것인가에 대한 판단은 교사 권력의 또 다른 사용이다.

1. 시범 보이기로 시작하기

학생들이 비판적 사고를 배우는 데 가장 도움이 된다고 대답한 다섯 가지 주제 중에서 가장 나를 놀라게 한 것은, 학생들 앞에서 비판적으로 사고하는 과정을 시범적으로 보여 주는 것의 중요성이다. 교직 초기에, 학생들이 내가 그곳에 있다는 것을 얼마나 알아차리지 못하는지, 그리고 학생들이 내가 그곳에 있다는 사실을 얼마나 잊고 있는지에 따라 교사로서의 성공 정도를 평가할 수 있다고 믿었다. 만일 내가 말을 많이 하지 않는 상태에서 학생들이 배우고 있고, 학생들 대부분이 나의 존재를 무시하고 있다면 나는 최고의 방법으로 가르치고 있다고 믿었다. 나는 지금도 많은 상황에서 이것이 매우 타당하다고 믿고 있으며, 핀켈Finkel(2000)의 용어를 빌리자면 입을 닫고 가르치는 것이 매우 효과적이라고 본다. 그러나 학생들은 비판적으로 사고하는 법을 학습할 때가 되면, 우리가 그 과정이 어떻게 생겼는지 보여 주기를 끊임없이 바라는 것 같다. 게다가 가정을 드러내고 가정에 대하여 의문을 제기하는 것은 때로는 자신의 신상이 드러날 위험이 있기 때문에, 교사가 먼저 자신의 가정을 드러내고 자신의 가정을 탐구하는 방법을 시범적으로 보여 줌으로써 학생들에게 하라고 시킬 권리를 얻는 것이 중요하다. 당신이 먼저 해 보지 않은 것을 학습자에게 하도록 요청하는 것은 본질적으로 잘못된 것이다.

학생들이 고마워하는 교사의 시범행위에는 다양한 형태가 있다. 가장 중요

한 것은 우리가 비판적으로 생각하려고 시도하는 방식에 대해 자신의 사례를 더 많이 들수록 더 많은 학생이 고마워한다는 점이다. 교사가 초기에 자신의 비판적 사고 경험을 공개하는 것은 학생들이 자신의 가정을 탐구할 준비가 되게끔 하는 데 있어서 중대한 영향을 미쳐 개방적인 분위기를 조성할 수 있다. 나는 내 자신의 우울증에 대한 원인과 치료에 관해 내가 가지고 있는 가정에 의문을 갖고 싶어 하지 않았으며, 이 때문에 우울증 치료에 대한 도움을 모색할 수 없었다는 이야기로 비판적 사고에 대한 세션을 시작하곤 했다. 또는 내가 모든 유형의 인종차별·성차별·동성애혐오주의에 빠져들지 않았다는 나의 가정에 의문을 제기하는 것이 얼마나 어려운지를 이야기할 것이다. 최근에 내 자신이 저지른 무의식적인 인종차별과 성차별 행위에 대해서 이야기하는 것은, 학생들이 그들의 삶에서 자신들이 저지른 이러한 무의식적인 차별행위에 대해 기꺼이 말하게끔 독려하기 위함이다.

또한 학생들은 자신들이 오래 간직해 온 가정에 대해서 비판적으로 사고하기를 요청받는 등의 위협적인 활동에 직면하게 되면, 교사가 시범적으로 보여 주는 것이 교사가 위협적인 활동을 하는 명확한 계획과 자신의 행동을 설명해 주는 이유가 있다는 확신을 학생들에게 심어 준다고 말한다. 특정 학급활동을 소개하는 이유에 대해서, 학습형태를 바꾸는 이유에 대해서, 또는 특정 읽을거리를 선택한 이유에 대해서 공개적으로 설명한다면, 당신은 사려 깊고, 아마도 비판적으로 성찰하는 교사라는 것을 학생들에게 보여 주는 것이다. 이런 교사에게 배운다는 것을 알게 되면 학생들은 자신감이 생긴다. 특정 활동에서 자신들을 이끄는 사람이 사전숙고, 이유, 또는 이전의 경험 없이 계속해서 즉흥적으로 대처하는 것을 좋아할 사람은 없다. 비판적으로 사고하는 법을 연습하는 경우와 같이 위험한 학습활동에 교사가 학생들의 참여를 요구하는 경우에는 특히 그러하다. 따라서 당신이 교실에서의 행동과 의사결정 뒤에 있는 논리를 설명하면 학생들의 눈에는 명백하게 책임감 있는 권력의 사용이라고 보일 것이다.

비판적 사고를 시범적으로 보여 주는 데 있어 두 가지 일반적인 요소(자신의

사례를 이용하고 당신의 행동에 대한 이유를 설명하는 것)에 대해 설명하였으므로 학생들이 몇 년에 걸쳐 도움이 되었다고 선정한 몇 가지 특정 시범사례들을 살펴보겠다. 이 모든 사례는 가정을 밝혀내고 확인하거나, 지식과 기술을 다양한 관점에서 살펴보는 방법을 보여 주기 위해 고안된 것들이다.

1) 다양한 목소리로 말하기

이 활동은 학생들에게 동일한 아이디어idea, 사실facts, 기술skills, 또는 내용content이 다양한 방식으로 해석될 수 있다는 것을 보여 주기 위해 고안되었다. 이는 교실 여러 곳에 당신이 고찰하고 싶은 만큼의 다양한 관점에 상응하는 표지판을 세움으로써 시작한다. 예를 들어, 비판적 사고에 관한 지적 전통intellectual tradition에 대해서 강의하려고 한다면 다섯 개의 표지판(분석철학, 과학적 방법, 실용주의, 정신분석학 그리고 비판이론)을 세울 것이다. 교실 한가운데 서서 일반적으로 이해되는 방식으로 내용을 검토하면서 이 활동은 시작된다. 따라서 강의계획서에 있는 비판적 사고의 정의를 살펴보고, 세인트토머스대학교(내가 재직 중인 학교이다.)가 비판적 사고를 대학의 사명에 어떻게 포함하였는지 살펴봄으로써 시작할 것이다.

그리고 나서 첫 번째 표지판으로 이동해서 첫 번째 표지판의 관점에서만 생각해 온 사람인 것처럼 내용을 설명한다. 분석철학의 표지판에서는 비판적 사고를 명제의 구성과 해체 이론construction and deconstruction of arguments, 논리적 오류 찾아내기detection of logical fallacies로만 설명한다. 그다음 두 번째 표지판으로 이동해서 두 번째 표지판의 관점에서만 관심이 있는 것처럼 설명한다. 과학적인 방법 표지판에서는 가설hypotheses의 설정generation과 검증testing 및 왜곡가능성의 원칙the principle of falsifiability을 적용하여 비판적 사고에 대하여 설명한다. 이 과정은 다른 표지판으로 이동할 때마다 계속된다. 학생들은 간단한 공간적 차이를 도입함으로써(교실에서 다른 표지판에 서 있을 때 다른 이론적 패러다임 언어로 이야기하는 것) 동일

한 정보에 대해 다양한 관점을 취할 수 있다는 것을 깨닫는 데 도움이 된다고 말한다.

이 연습을 좀 더 변형하여 각 표지판에서의 간단한 설명이 끝난 후 학생들에게 설명한 주제에 대해 질문하도록 한다. 그러고 나서 두세 개의 표지판으로 이동한 후 각 표지판의 관점에서 대답하는 사람의 목소리로 응답함으로써 동일한 질문에 다양한 방식으로 응답할 수 있다. 마지막으로, 교실에서 이 연습을 몇 번 반복한 후에 더 복잡한 것을 추가할 수 있다. 이번에는 학급을 그룹으로 나눈 후 각 그룹을 다른 표지판에 서도록 한다. 이후 그 주제에 대해 질문이나 쟁점을 제기하고, 각 그룹에게 자신들이 서 있는 표지판의 관점에서만 어떻게 질문에 답할지 또는 쟁점에 응답할지, 몇 분간 브레인스토밍brainstorming할 시간을 준다. 각 그룹이 응답내용을 요약함으로써 이 연습은 끝난다.

2) 가정목록 만들기

이 연습에서는 학생들 앞에서 가정목록을 만들기 위해 프레젠테이션을 중단하는 습관이 몸에 배게 된다. 가정목록 만들기는 간단히 말해서, 아이디어, 이론 또는 개념에 대해 당신이 방금 설명한 방식의 정보를 얻을 수 있는, 당신이 지닌 가정들을 살펴보는 것이다. 가정목록 만들기는 다음과 같이 거의 모든 주제에 적용 가능하다.

- 방금 당신이 제시한 수학문제와 문제풀이 방식의 근거 논리 설명하기
- 속도를 측정하기 위해 어떻게 실험계획을 수립하였는지 설명하기
- 시poem에서 사용된 특정 유추analogies의 의미를 어떻게 파악하였는지 설명하기
- 일련의 역사적 사건에서 확인한 인과 고리causal chain 요약하기
- 교실에서 배운 기술들을 어떻게 실생활에 적용할 수 있는지 검토하기

- 다양한 이론 중 특정 이론을 특정 현상에 대한 가장 좋은 설명으로 선택한 이유 밝히기

적절한 시점에 멈춰서 당신의 주장에 대한 정보를 제공하는 명시적 가정과 묵시적 가정을 구분하고, 각각의 가정에서 가장 설득력 있는 증거의 예를 제시한다. 또한 가정에 대한 의문점을 확인한다. 아마도 어떤 가정은 다른 가정에 비해 증거에 기반을 덜 두었을 수도 있고, 어떤 가정들은 제대로 도전받은 적이 없었을 수도 있다. 또한 당신의 가정이 어떻게, 왜 변화했는지 설명하고, 어떤 가정을 가장 확신하고 어떤 가정을 가장 덜 확신한다고 느끼는지 설명할 수 있다.

3) 주장과 반박

이 활동은 팀티칭[5]team-teaching 수업에서만 가능하다. 본질적으로 주장과 반박은 두 사람 이상이 눈에 띄게 다른 관점에서 하나의 아이디어를 분석하거나 내용의 일부에 대해 비판하는 것이다. 나는 보통 일 년에 한 번 팀티칭을 하는데, 주장과 반박의 순간은 학생들이 그 교과목에서 가장 열심히 참여하는 활동 중의 하나이다. 주장과 반박은 교사들이 각자의 위치에서 상대방을 존중하면서 반박하고 비판적으로 분석하는 모습을 학생들에게 보여 주는 활동이다. 이 활동은 당신이 학생들에게 소그룹 토론의 일부로서 해 보도록 요청하는 경우 굉장히 도움된다.

주장과 반박을 시범적으로 보여 줄 때, 특정 유형의 상호작용들을 보여 주는 것이 중요하다. 아마도 가장 중요한 것은 판단적인 요소[6]를 포함하지 않고 증

---

5) 여러 교사가 함께 가르침-역자 주
6) 자신의 의견이 가미된 질문-역자 주

거를 요구하는 질문을 제기하는 방법을 학생들에게 보여 주는 것이다. 이러한 질문의 예로는 "~에 대해서 더 말해 주시겠습니까?" "왜 그렇다고 생각하십니까?" "그 견해에 대한 가장 설득력 있는 증거는 무엇입니까?" "당신의 입장에 도전하는 스미스의 분석에 어떻게 응답하시겠습니까?" 등이 있다. 다른 질문으로는 "제가 제대로 이해했다면 당신은 ~와 같이 말하는 것으로 보입니다." 또는 "당신의 주장을 올바로 따라가고 있는지 확인해도 되겠습니까?" 등의 설명을 요구하는 것이 있다.

또한 주장과 반박은 당신이 당신의 공동교사의 코멘트를 통합하거나 이용하려는 노력을 보여 주어, 결국 학생들에게 경청의 중요성을 강조한다. 공동교사가 당신에게 질문을 제기하면, 그 질문에 대하여 되도록 완벽하고 분명하게 답하려고 노력하고, 당신이 대답할 말이 없을 때나 또는 말하고자 하는 것에 대해서 충분히 생각할 시간이 필요할 때에는, 그 사실을 인정할 준비가 되어 있어야 한다. 당신이 공동교사의 분석에 동의하지 않을 때 또는 어떤 내용에 대해서 전혀 다르게 이해할 때, "나는 이것을 아주 다르게 보는데, 내가 이런 식으로 생각하는 이유는 이렇다." 또는 "나의 접근방식은 당신이 다루는 것을 중요하게 여기지 않는다. 내 분석은 이렇다."라고 말할 수 있다. **주요한 사건 질문지**Critical Incident Questionnaires: CIQ의 기록을 살펴보면, 학생들이 가장 즐거워하는 순간은 두 명의 교사가 공개적으로 어떤 것에 대한 의견을 달리할 때이다. 이런 순간에 학생들은 관심이 고조되고 정신이 번쩍 들게 된다.

4) 의도적으로 반대의견 말하기

의도적으로 반대의견 말하기는 혼자서 하는 주장과 반박이다. 당신이 발표하는 프레젠테이션의 한 부분으로, 당신 자신의 주장과 배치되는 주장을 펼칠 시간을 마련한다. 드라마틱한 접근법은, 강의실 내의 한곳에 서서 첫 번째 입장을 논한 후 다른 곳으로 이동한 다음, 이전에 서 있었던 자리를 돌아보면서

그곳에 서 있던 사람(당신 자신)에게 말하는 것처럼 두 번째 코멘트를 내놓는 것이다. 여기서 당신은 의도적으로 다른 견해를 언급하거나 다른 연구 패러다임이나 다른 이론체계를 통해서 당신이 방금 설명한 아이디어를 분석한다.

　의도적으로 반대의견 말하기는 당신이 방금 말한 것에 대해서 다른 관점으로 논리정연하게 설명하거나 질문을 제기하는 것이다. 당신은 "이 아이디어를 다른 관점에서 바라볼 때 우리는 ~라는 것을 알 수 있습니다." 또는 "이 주장의 가장 핵심이 되는 가정에 의문을 제기하는 전혀 다른 해석이 여기 있습니다."라는 등의 말을 한다. 당신은 기본적으로 칼 포퍼[7]Karl Popper(1959/2002)가 설명한 **오류의 원칙**principle of falsifiability을 사용해서 반론을 제기함으로써 비판적 분석을 시범적으로 보여 줄 수 있다. 이렇게 할 때, 당신은 가상으로 내세운 또 다른 당신에게, "스티븐, 당신이 말한 것에 빠진 부분은……." 또는 "물론, 스티븐 당신이 ~라고 주장한다면 당신은 아주 다른 추론방식을 따르는 것입니다."라는 등의 말을 한다.

5) 질문으로 강의와 토론 마무리하기

　교사들은 효과적인 강의의 **황금률**golden rule은 '학생들에게 말할 내용을 말해 주고, 말하고, 그러고 나서는 말한 내용을 말해 주는 것'이라는 말을 자주 듣는다. 이 규칙의 문제점은 지식을, **사실**facts이나 개념concepts을 깔끔하게 묶은 패키지처럼 상품화한다는 것이다. 이렇게 하면 지적인 연구, 특히 학생들의 **주제영역들**subject areas과 **학문들**disciplines 간에 연결고리를 만드는 능력발달에 장해가 된다. 더욱더 걱정스러운 것은, 이미 설명한 것을 요약하면서 마무리하면 확정적인 종결의 감각, 즉 그 주제에 대해 설명해 온 것 중 결정판이라는 생각을 심어 준다는 것이다.

---

7) Karl Popper(1902~1994): 오스트리아에서 태어난 영국의 철학자-역자 주

내가 생각하는 훌륭한 강사는 강의내용에 대해 제기된 새로운 질문들을 모두 짚어 주고, 또한 강의를 시작할 때에 제기된 질문 중 어떤 것이 미답으로 남았는지, 혹은 보다 도발적이거나 논쟁을 초래하는 방식으로 재구성되었는지를 지적하면서 프레젠테이션을 마무리하는 사람이다. 이는 학생들에게 '오늘 토론에서 배운 것'을 요약하도록 요청하는 것이 아니라 토론에서 제기된 가장 시급한 질문에 대한 정보를 제안하도록 요청하는 것이며, 학생들이 이와 동일한 방식으로 토론을 마무리하는 연습이 된다. 교사는 가급적 강의 마지막 10분을 할애하여 학생들에게 강의 중 떠올랐던 질문들을 적도록 하고 이를 공개할 방법을 찾는 데 보내야 한다. 학생들에게 자신들의 질문을 학급 전체에 말하도록 하거나 두세 명의 **소그룹**buzz groups별로 공유하도록 한다. 학생들이 질문을 적어서 교사에게 주면 교사는 무작위로 뽑아 이를 소리 내어 읽는다. 휴대용 단말기가 보편화되어 있으므로 학생들은 자신의 질문을 익명으로 학급 화이트보드로 전송하여 검토받을 수 있다. 나는 연설할 때 **파워포인트**Power Point 슬라이드 옆에 있는 대형 스크린에 **트위터 계정**Twitter feed을 투사하여 쏟아지는 코멘트와 질문을 참가자들이 볼 수 있도록 하는 것을 좋아한다.

설령 이런 방법들이 완전히 불가능할지라도, 강의 중에 제기된 새로운 질문들로 강의를 끝내거나 누락된 것, 윤리적 딜레마, 그리고 당신이 방금 설명한 것에 도전하는 반박들을 인정하면서 강의를 마치는 당신의 행위는 시범적으로 보여 주는 파워풀한 행위이다. 그렇지만 학생들은 처음에 이 접근법에 아마도 매우 비판적일 것이다. 학생들은 질문이나 문제를 제기하면서 마무리하는 당신의 행동을, 자신들을 곤란한 지경에 빠트리고 불필요하게 혼란스럽게 만드는 것으로 여길 것이다. 시간이 지남에 따라 당신이 이렇게 일관되게 하는 것이 학생들을 격려하기 위해서 **비판적 실험정신**the spirit of critical inquiry을 시범적으로 보여 주는 최선의 방법이라는 것을 지속적으로 설명하면, 학생들의 좌절감은 줄어들 것이다.

6) 그러면 선생님은 어떻게 생각하시나요?

교실에서 교사가 두려워하는 순간 중의 하나는, "그러면 선생님은 어떻게 생각하시나요?"라고 학생들로부터 질문을 받는 순간이다. 만약 우리가 어떤 주제에 대하여 학생들 자신이 가지고 있는 가정이나 다른 사람들이 가지고 있는 가정에 대해서 비판적으로 생각하게 하고, 학생들 스스로가 **독자적인 지적 판단력**independent intellectual judgements을 개발할 책임을 지도록 격려한다면, 우리는 학생들의 질문에 대하여 우리들의 생각을 답하는 것이 바람직하지 않다고 느낄 것이다. 물론, 학생들은 우리의 생각을 말해 주는 대답을 어떤 주제나 문제에 대한 '올바른' 사고방식에서 비롯된 절대적 진리라고 여길 위험이 있다. 반면에 우리가 학생들에게 하라고 요청한 것을 시범적으로 보여 주고자 한다면, 그것에 대한 우리들의 견해를 밝힐 수 없음은 근본적으로 모순된 것 같다. 어쨌든 우리는 학생들에게 떠오르는 생각을 말해 달라고 요청하는 것이다(학생들은 교사가 교사의 생각을 말해 주기를 기대해서는 안 되는가?).

나는 이 문제를 극복하기 위해 다음의 약간 복잡한 방식을 자주 사용하였으며, "선생님은 어떻게 생각하시나요?"라는 상황에 대처할 수 있었다. 기본적으로 나는 학생들에게 그 질문에 대한 두세 개의 대답을 할 것이라고 말한다. 그중 하나는 그 주제에 대한 나 자신의 진짜 견해이고, 나머지 한두 개는 그럴듯한 견해이지만 내 생각은 아니다. 나는 두세 개의 대답을 짤막하게 설명하고 나서 학생들에게 어떤 대답이 나의 진짜 견해라고 느끼는지 투표하게 한다. 그러고 나서 세 개의 대답 중 각자가 선택한 답변에 따라 학생들을 그룹으로 나눈다. 나는 학생들에게 몇 분간의 시간을 주고 내 견해가 a, b, c 중 하나라고 믿은 이유에 대해서 의견을 나누게 한다.

학급 전체를 다시 모이게 하고, 각 그룹에게 a, b, c가 내 생각을 나타내는 것이라고 생각한 주된 이유가 무엇인지 말해 달라고 요청한다. 학생들에게 특히 내가 가지고 있다고 생각하는 가정에 대해서 말하게 하고, 학생들이 그렇게 선

택하게끔 유발한 증거를 제시하라고 요청한다. 여기가 학생들이 이전 수업에서 내가 인용했던 증거를 되짚어 보거나, 혹은 내 대답 중의 하나와 학생들이 수업교재에서 읽은 내용 간의 일치점을 지적하는 부분이다. 각 그룹의 의견을 들은 후에, 어떤 대답이 내가 실제로 믿는 것인지를 밝힌다.

내가 이 연습을 좋아하는 이유는 학생들과 타협하기 위해서이며, 또한 내 자신의 의견을 숨긴 채 학생들의 의견을 물어보고 나서 내 자신의 신념과 다른 말을 하는 누군가를 걸고 넘어뜨리는 게임을 하는 것이 아님을 학생들에게 보여 주기 위해서이다. 학생들은 내가 믿는 것을 알아내지만, 알아내기 위해 노력해야 한다. 자신들이 생각하는 내 의견이 무엇인지 결론 내리기 전에 내가 이전에 했던 코멘트를 찾거나 수업교재에서 무엇이라고 말하고 있는지를 검토해야 한다. 그런 후에 학생들은 당연히 자신들의 선택을 뒷받침할 수 있는 이유, 가정, 증거를 제시해야 한다. 이 연습은 학생들에게 당신이 생각하는 것을 즉각 말하는 것(당신이 학생들에게 하라고 요구하는 것을 당신이 시범적으로 보여 주는 것이지만 이는 학생들이 당신의 관점을 흉내 내도록 하는 위험을 안는다.)과 학생들의 질문을 완전히 피하는 것(이것은 학생들에게 강요해서 스스로 숙고하도록 하지만, 당신이 학생들에게 하라고 하는 것이 무엇이든 먼저 당신이 시범적으로 보여 줘야 한다는 신념에 모순된다.) 사이에 멋진 균형을 이룰 것이다.

2. 시나리오 분석법

비판적 사고에 대해 공개적이고 명시적으로 교사가 시범적으로 보여 주는 것을 염두에 두면서 시나리오 분석법으로 비판적 사고를 시작할 것을 추천한다. 시나리오 분석법에서는 당신이 가르치고자 하는 내용의 일부를 뽑은 다음, 가상의 인물이 선택한 상상 속의 사건으로 시나리오를 다시 작성한다. 그런 후에 학생들에게 가상 인물의 입장에서 그 인물이 어떤 가정을 가지고 있는

지 확인하도록 요청한다. 학생들은 그 인물이 자신의 가정을 점검할 방법에 대해 제안하고, 그런 다음에 그 인물이 분명히 경험하지 않은 방식으로 시나리오를 바라볼 것을 제안한다. 이러한 시나리오들은 보통 두 단락에서 한 페이지 정도로 짤막하다. 시나리오 분석법은 실제로 매우 짧은 사례연구이며, 짧기 때문에 어떤 수업 시간에라도 적용하기 쉽다.

이 연습에서는 가상의 인물이 내용을 이해하는 방식이나 기술을 연습하는 방식이 올바른지를 판단하는 상황으로 시나리오를 작성함으로써 거의 모든 주제나 화제에 적용될 수 있다. 따라서 예를 들면, 당신은 시나리오를 다음과 같이 작성할 수 있다.

- 특정 화학반응의 인과관계를 이해하려는 가상의 화학자가 자신이 그럴듯 하다고 느끼는 가설hypothesis을 검정test하기 위해 실험을 준비한다. 학생들에 게 그 화학자가 특정 가설을 선택한 이유를 알아내도록 하고, 그 화학자가 선택했을 수도 있는 다른 가설을 제안하게 한다.
- 수학적인 증명을 공식화하려는 가상의 수학자가 학생들에게 친숙한 절차를 채택하여 방정식을 만든다. 학생들이 수학자가 그 절차를 채택한 이유를 알아내도록 하고, 다른 방법을 이용한 방정식 작성을 제안하게 한다.
- 학습장애가 있는 아이를 연구하는 가상의 심리학자가 그 아이가 자폐증이 있다고 결론을 내린다. 학생들에게 심리학자가 그 진단을 내렸을 때 가지고 있던 가정을 확인하고, 심리학자가 이 가정을 어떻게 알아낼 수 있었는지 확인하라고 한다. 그런 후에 학생들은 시나리오에서 제공된 정보를 근거로 가상의 심리학자가 내릴 수 있었던 또 다른 진단을 제안한다.
- 온실가스 배출물을 연구하고 있는 가상의 기후학자가 빙하의 움직임에 대한 연구기록을 통해 지구온난화가 거짓(또는 진짜 위협)이라는 결론을 내린다. 학생들은 가상의 기후학자가 가장 심각하게 여긴 증거를 알아내려고 한다. 학생들은 그 기후학자가 다른 정보에 초점을 두었더라면 내렸

을 지구온난화의 존재에 대한 다른 평가방법을 제안한다.
- 일손이 부족한 응급실에서 근무하는 가상의 **부상자분류간호사**[8]triage nurse가 환자로부터 수집한 정보에 근거해서 환자 상태의 상대적인 심각성을 결정한다. 학생들은 간호사의 진단에 가장 많은 영향을 줬다고 느낀 정보를 알아내려고 한다. 학생들은 가상의 간호사가 만약 다른 정보에 초점을 두었더라면 내릴 수 있었던 그럴싸한 다른 진단을 제안한다.

시나리오 분석연습이 어떤 것인지 설명하기 위해 **리더십 훈련**leadership training에서 내가 사용한 예를 들겠다.

1) 시나리오 분석연습: 반인종차별 대화규칙

데이비드David는 유럽계 백인 미국인이 90%를 차지하는 캠퍼스에서 일하는 백인 대학교수이다. 최근 몇 개월간 캠퍼스 내에서 인종증오범죄가 많이 발생했다. 십자가들이 불탔고 유태인 남자기숙사에 나치당 표시가 붙었으며 소수 **민족학생센터**minority students center가 있는 빌딩의 옆면에 인종차별주의자들의 욕설이 스프레이로 쓰였다. 이러한 사건들에 대한 조치로 학교 당국은 영향력 있는 캠퍼스 **지도자**leaders로 인정받는 학생들을 참여시켜 반인종차별 워크숍 프로그램을 시작했다. 학교 당국이 바라는 것은 이 지도자들이 워크숍에 참가한 후에 인종차별 행위를 비판하고 방지하는 시도에 앞장서는 것이었다.

학교 당국은 이러한 워크숍을 자원해서 이끌어 줄 교수들을 찾았다. 데이비드는 비록 이 분야에 경험이 없지만 도움을 주고 싶어 지원했다. 데이비드는 그가 과거에 이끌었던 인종과 인종차별의 역학에 대한 몇 안 되는 토론경험을 통해 순식간에 논쟁을 불러일으키는 상황이 발생할 수 있다는 것을 알고 있었

8) 병원에서 부상자의 치료 우선순위를 정하는 간호사—역자 주

다. 인종차별 행위를 줄이기 위해 고안된 토론이 실제로는 인종차별 행위를 조장하고 이로 인해 소수민족 학생들이 수업을 포기한 것을 보아 온 것이다.

이처럼 반인종차별 워크숍이 상황을 더 악화시키는 형태로 흘러가지 않도록 데이비드는 그가 주재할 워크숍에서 대화를 이끌 대화규칙을 만들기로 결정한다. 그의 대화규칙은 유색인 학생이 인종차별적 말이나 행동의 대상이 되었던 경험을 폭로할 때, 백인 학생들은 인종차별 행위가 실제로는 없었는데 그 유색인 학생이 그 상황을 오해했었다고 설득하려고 하면 안 된다는 것이었다. 워크숍에서 제기되기로 한 주제 중 하나는 무의식적인 인종차별 행위(유색인들이 인종차별 행위라고 느끼지만 백인들은 그렇게 인식하지 못하는, 백인들이 나타내는 감지하기 힘든 작은 제스처, 말, 행동)이다. 데이비드는 백인 학생들이 그들이 직면하게 된 인종차별 행위의 사례를 묵살하지 않기를 바라고, 또한 이것이 유색인 학생들의 머릿속에만 존재한다고 치부하지 않기를 바랐다. 그는 백인 학생들이 유색인 학생들에게 자신들로부터 인종차별 행위를 당했다고 믿지 않도록 설득하려고 애쓰면 안 된다는 대화규칙이 무의식적인 인종차별 행위에 대한 논점을 계속해서 유지하는 데 도움이 되리라고 믿었다.

1. 당신은 데이비드가 이 상황에서 어떤 가정(명시적이거나 묵시적인)을 가지고 있다고 생각하는가? 되도록이면 많이 나열하라.
2. 당신이 열거한 가정들 중에서 데이비드가 간단한 조사나 질의를 통해 확인할 수 있는 가정은 무엇인가? 데이비드는 어떻게 확인할 수 있는가?
3. 이 시나리오를 다르게 해석해 보라. 즉, 주어진 상황과 일치하지만 당신이 생각하기에 데이비드가 동의하지 않을 것 같은 해석을 해 보라.

데이비드가 가지고 있다고 학생들이 믿는 전형적인 가정

1. 워크숍은 증오범죄에 대한 좋은 조치이다.

2. 워크숍에 초대받은 학생들은 **캠퍼스 커뮤니티**broader campus community에서 다른 학생들에게 영향력이 있는 사람들이다.

3. 학생들은 자신들의 인종차별 행위가 지적을 당한다면 행동을 바꿀 것이다.

4. 대화규칙이 추가적인 인종차별 행위로부터 유색인 학생들을 보호할 것이다.

5. 모든 인종의 학생들이 대화규칙을 지킬 것이다.

6. 유색인 학생들은 대화규칙을 환영할 것이다.

7. 백인 학생들은 자신의 인종차별 행위를 인지하지 못한다.

8. 데이비드는 인종차별주의자가 아니다.

9. 데이비드는 대화규칙을 준수하도록 주장할 권위를 가지고 있다.

10. 대화규칙이 백인 학생들의 인종차별적인 생각과 감정을 줄일 것이다.

11. 인종차별 행위에 대한 논의가 차분히 이루어질 수 있다.

12. 백인 교수들은 인종차별에 관한 워크숍을 이끌 최고의 자격을 가진 사람들이다.

학생들이 자주 제기하는 이런 가정들을 데이비드가 점검할 수 있는 방법

1. 다른 대학들의 증오범죄에 대처하는 방식과 반인종차별 워크숍의 개최 효과에 대해 연구한다.

2. 유색인 학생들에게 제안된 대화규칙을 어떻게 느끼는지 질문한다.

3. 캠퍼스 전체 학생에게 가장 영향력 있는 학생 지도자들의 이름을 추천해 달라고 요청한다.

4. 이러한 종류의 워크숍 경험이 있는 교수들에게 이 대화규칙에 대한 의견을 묻는다.

5. 다른 대학에서 진행한 반인종차별 워크숍을 검토하여 어떤 활동과 접근 방식이 가장 좋았는지 알아본다.

6. 당해지역의 커뮤니티 지도자들에게 기업과 정부기관에서의 인종차별 행
   위에 대해 어떻게 대처했는지 물어본다.
7. 대화규칙이 의도대로 효력을 발휘하는지 알아보기 위해서 계속해서 익명
   으로 평가한다.
8. 유색인 동료교수들에게 대화규칙에 대한 의견을 구한다.

학생들의 다른 해석사례 Alternative Interpretations Students Often Give

1. 대화규칙은 백인 학생들이 토론에 기여할 기회를 갖기도 전에 인종차별주
   의자라는 낙인이 찍혔다는 느낌을 줄 것이다. 대화규칙으로 백인 학생들
   은 더욱더 분개하고, 워크숍을 더 진지하게 받아들이지 않게 될 것이다.
2. 유색인 학생들은 무의식적인 인종차별 행위의 사례를 지적할 때 정해진
   대화규칙이 유색인 학생들 스스로 옹호할 능력이 없다는 것을 암시하기
   때문에, 자신들을 깔보고 이 규칙을 만든 것이라고 느낄 것이다.
3. 대화규칙 자체가 무의식적인 인종차별이다. 왜냐하면 대화규칙은 백인
   들이 유색인들의 '구원자들 saviors'이라는 불명확한 가정에서 출발하였기 때
   문이다.
4. 대화규칙은 주로 데이비드의 자기만족과 자만심 강화를 위해 만들어졌
   다. 그는 자신이 정의로운 반인종차별주의자임을 뽐내기 위해 이 규칙을
   만들었다.
5. 유색인 학생들은 이 워크숍에 참여하더라도 피해를 입지 않도록 고안된
   이미지 조작[9] image manipulation에 대한 활동으로 생각하고 참석하였지만, 실제
   로는 이 워크숍이 홍보 public relations(PR) 활동이라고 인식할 것이다.

---

9) 사진이나 비디오에 찍힌 원래 모습과는 다른 모습으로 변형하는 것-역자 주

시나리오 분석법에 대한 몇 가지 소견이 있다. 첫째, 시나리오 분석법은 학생들이 그룹을 이루어 다양한 관점으로 가정을 바라봄으로써 가정을 드러내고 점검하고자 하는 사회학습 활동이다. 비록 이 활동은 학생들이 개별적으로 시나리오에 관한 세 가지 질문에 답하는 것으로 시작하지만, 실제 학습이 일어나는 것은 그룹이 이 질문들을 공유할 때이다. 학생들은 자신들이 놓친 것들을 보기 위해서는 다른 사람의 도움이 필요하다는 것을 깨닫게 되는데, 이는 앞에서 사회학습을 통한 비판적 사고 학습이 중요함을 강조한 주된 이유이다. 이 연습은 급우들이 깜짝 놀랄 만한 가정을 알아낼 때와 시나리오에서 일어날 만한 것들을 다양하고 폭넓게 설명할 때 가장 효과적이다.

둘째, 목표는 학생들의 구체적인 경험을 결합하여 학생들 스스로 비판적 사고를 가장 잘 배우는 방법을 제시하는 통찰력을 이용하는 것이다. 이 시나리오는 구체적인 상황에 초점을 맞추며, 학생들은 탐구할 구체적인 경험이 있을 때 가정을 찾아내는 것이 훨씬 쉽다는 것을 알게 된다. 여러 개의 **옵션**options 중에서 자신들 스스로 다양한 인물을 추가하고, 이 옵션에 미묘한 정보를 추가함으로써 더 복잡한 방식으로 시나리오를 만들 수 있다. 셋째, 어떤 질문에 대해서도 정답이 없다는 점을 강조하는 것이 중요하다. 시작단계에서 이 점을 알려주면 학생들의 압박감이 훨씬 줄어든다. 그렇게 하면 학생들은 시나리오에 대해 적절하게 또는 '옳게' 이해했는지 염려할 필요가 없다.

실제로 나는 학생들에게 가정과 해석이 많을수록, 그리고 가상의 인물들이 이 가정과 해석을 확인하는 방식이 다양할수록 더 좋다고 말한다. 이 연습의 목적은 가정에 대해 다양한 시각으로 살펴봄으로써 학생들이 가정을 파헤치고 알아내는 **비판절차**critical protocol를 체험토록 하는 것이다. 학생들 자신의 **추론**reasoning이 위험에 처한 것이 아니기 때문에, 그리고 모든 관심은 가상 인물들의 가정과 해석에 집중되기 때문에, 학생들 자신이 살아오면서 겪은 사례를 이용하는 것보다 참여에 정신적으로 더 자유롭다. 설령 시나리오가 학생들이 경험한 것과 비슷할지라도 그 사실을 밝혀야 할 압박감이 없다. 학생들은 오로지

가상 인물의 사고에 대한 정신적인 탐정이 될 것을 요청받는다.

시나리오 분석법에서 교사의 역할은 무엇인가? 교사는 대개 짤막한 글을 쓰고, 연습을 통제하고, 토론에서 그룹들이 제시하는 다양한 응답을 조정한다. 연습의 후반부에 교사는 결론을 내리고 불명확한 것들을 명확하게 설명한다. 학생들이 시나리오 등장인물이 가지고 있는 가정의 정확성을 확인할 수 있는 다른 방법을 제시할 때 이 방법은 가능한 범위 내에 있어야 한다. 학생들이 시나리오에 대해 다른 방식으로 해석할 때 왜 그렇게 해석하였는지 캐묻고, 그렇게 해석하게 된 시나리오상의 정보를 요청하는 것은 교사의 역할이다.

실제로 이 세 번째 부분(다른 해석을 제시하는)이 학생들이 가장 마무리하기 어려워하는 부분이다. 보통 학생들은 주어진 간단한 사실과 일치하는 상황에서 일어났던 일을 다르게 해석하기보다 등장인물들이 어떻게 다른 식으로 행동했어야 하는지를 권고한다. 나는 시나리오 분석을 할 때 학생들이 해서는 안 되는 것은 가상의 인물들에게 그들의 상황을 다른 식으로 풀어 가라고 충고하는 것임을 강조한다. 이렇게 강조하는 것은 내 입장에서는 매우 의도적이다. 어떤 충고도 해서는 안 된다고 구체적으로 분명히 밝히지 않는다면, 학생들은 데이비드가 해야 하는 것에 대해서 토론하는 데 많은 시간을 보낼 것이다. 이 연습에서 이런 가능성을 없애는 것은 학생들이 가정과 해석에 관심을 집중하리라는 것(적어도 이론적으로는)을 의미한다.

한마디 추가하자면, 교사들에게도 동일한 역학이 적용된다. 교사들이 함께 모여 커피, 차 또는 맥주를 마시는데, 그중 한 사람이 교사들이 직면하고 있는 문제를 끄집어내고 도움을 요청하자마자 다른 교사들은 먼저 곤경에 처한 교사가 어떻게 해야 하는지 말하기 시작한다. 여기서 빠뜨린 점은 교사가 어떻게 그 문제를 구성했는지, 그 문제가 신경을 쓸 만한 실제적인 문제인지 여부와 그 문제를 이해하고 해결하기 위해 교사는 어떤 가정을 가지고 있는지, 그리고 문제해결을 위해 취할 수 있는 다른 접근법들에 대해 비판적으로 살펴보는 것이다. 이것이 비판적 대화그룹들이 문제해결을 위하여 브레인스토밍에 초점

을 맞추는 것이 아니라, 교사 자신들의 문제에 대해 가지고 있는 가정을 이해하는 데 초점을 맞추고, 이런 문제에 대해 다른 식으로 이해할 수 있는 방법을 찾는 데 초점을 맞추는 이유이다.

3. 비판적 대화규칙 활동

비판적 대화규칙 활동은 복잡하고 시나리오 분석법보다 훨씬 더 위협적인 경험이 되므로 비판적 사고 프로그램의 마지막 부분쯤에서 실시해야 한다. 비판적 대화는 다음과 같이 누군가가 도움을 받는 데 중점을 둔 대화이다.

1. 자신이 가지고 있는 가정을 알아내기 위해
2. 이러한 가정들이 충분한 근거가 있는지 조사하기 위해
3. 다양한 관점에서 자신의 **추론**reasoning과 행동을 살펴보기 위해
4. 자신의 미래의 행동과 사고에 관해 대화가 암시하는 점을 생각해 보기 위해

비판적 대화를 구조화하는 과정에서 나는 학생들에게 세 가지 역할(화자 storyteller, **탐정**detective, **심판**umpire) 중 하나를 담당하도록 한다. 화자는 먼저 자신의 생각, 실천 또는 경험의 일부에 대해서 이야기함으로써 자신이 비판적 대화의 초점이 될 의향이 있는 사람이다. 탐정들은 화자가 자신의 생각, 실천, 경험을 결정짓는 가정과 행동에 대해 보다 완벽한 정보에 기초해서 이해할 수 있도록 도와주는 역할을 하는 사람들이다. 심판은 대화에서 사람들이 개인의 판단이 포함된 의견을 내놓을 때 지적하는 임무를 가지고 대화를 감시하는 역할을 맡기로 동의한 사람이다. 또한 심판은 그룹이 활동의 개별 단계에만 집중하도록 한다.

참가자들은 돌아가면서 이 세 역할을 모두 맡는다. 비판적 대화규칙 활동은

방대하고 복잡하기 때문에 여러 번 실행하게 되지만, 매번 역할을 바꾸기 때문에 참가자들은 적어도 화자 한 번, 심판 한 번, 그리고 탐정 역할은 여러 번 할기회를 가진다. 비판적 대화규칙 활동을 여러 번 수행함으로써 각 역할과 관련된 행위가 점차적으로 습관이 된다는 개념이다.

이 활동은 다섯 단계로 나뉘어 있으며 심판으로 뽑힌 사람은 각 단계가 순차적으로 진행되도록 할 책임이 있다. 심판은 대부분 말하지 않는 역할이다. 심판은 그룹이 궤도를 벗어나거나 누군가가 대화규칙을 어겼다고 판단될 때만개입한다. 비판적 대화규칙 활동은 다음과 같이 진행된다.

1) 화자가 사건을 설명한다(10분)

화자는 학습할 때 어떤 연유로 문제가 되었던 사건을 되도록 명확하고 구체적으로 묘사하면서 대화를 시작한다. 자연과학 분야에서 이 사건이란, 화자에게 재앙을 초래할 만큼 해결하기 어려운 잘못된 실험일 수 있다. 인문학 분야에서 이 사건은 예술, 철학, 문학의 미학적인 활동에 참여한 일일 수 있는데, 여기서 그 학생은 주류에서 벗어난 특정 방식으로 예술작품이나 아이디어를이해한 유일한 사람일 수 있다. 사회과학 분야에서는 학생이 이해할 수 없거나, 한때는 이해했으나 설명하고자 하는 내용에 적용이 불가한 것처럼 보이는 이론적인 인식체계theoretical paradigm일 수 있다. 응용학문 분야에서는 분명한 해결책이 없는 것처럼 보이는 심각한 딜레마에 직면한 간호사나 교사일 수 있다.

학습사건learning incident은 특히 좌절감을 주었기 때문에 상기된 사건이다. 아마도 그 사건은 다층적이고 복잡하여 화자를 다소 당황하게 만들었을 가능성이크다. 화자는 자기 자신의 말로 질문이나 방해 없이 사건을 설명한다. 탐정의역할을 맡은 동료들은 화자의 말을 경청한다. 그들은 목적을 지닌 청중들이다.

탐정들은 화자가 공개하는 문제에 대해서 화자 자신이 올바르게 이해하고있다고 생각하는 명시적이고 암시적인 가정을 확인한다. 이 가정은 신뢰할 수

있는 지식인지 여부를 판단하는 데 사용되는 절차에 관한 것일 수 있다. 또는 훌륭한 학자는 어떻게 행동해야 하는지, 올바른 **지적인식체계**intellectual protocol 혹은 올바른 연구방법이란 무엇인지 등에 대한 가정일 것이다. 또는 설명된 특정 화제, 과제, 행위에 한정된 가정일 것이다. 이런 가정들은 화자의 선택과 화자의 행동과 관련이 있어야 한다. 탐정들은 특히 화자가 합리적인 지식이라고 생각하는 것에 대해서 가지고 있는 가정에 귀를 기울인다. 탐정들은 또한 헤게모니적인 가정, 즉 화자에게 감탄할 만하고 유용한 것처럼 보이지만 실제로는 화자의 이익에 반하여 작동하는 가정을 귀담아든다.

　탐정들은 또한 이야기 속의 다른 연구자들이나 학습자들(만약 있다면)의 입장에서 상상하고 사건을 바라본다. 만약 이것이 단지 교사나 다른 학생들이 아닌 그 학습자만 관련된 사건이라면, 탐정들은 화자가 느끼는 혼란을 해결하는 데 도움이 될 수 있는 그 분야의 다른 학설에 대해서 생각해 본다. 탐정들은 되도록 화자의 이야기 내용에 부합하지만 화자가 놀랄 만하고 그럴듯한 다른 해석을 기억해 두거나 적어 둔다.

2) 탐정들이 사건에 대해 질문한다(10분)

　화자가 이야기를 끝내면, 탐정들은 침묵을 깨고 화자가 방금 설명한 사건들에 대한 어떠한 질문도 할 수 있다. 탐정들은 화자가 가지고 있는 가정을 드러내는 데 도움이 될 정보를 찾는다. 그들은 또한 화자의 시각에서, 이야기 속 다른 참가자들의 눈을 통해서 묘사된 사건들을 회상하는 데 도움이 되거나, 만약에 처음 이야기에서 제공되지 않은 자세한 정보가 있다면 그 정보를 찾는다. 이것은 탐정들이 다른 참가자들의 관점에서 사건들을 이해하는 데 도움이 될 것이다.

　탐정들이 준수해야 할 대화규칙은 화자에게 질문하는 방식과 관련된다. 탐정들은 자신들의 판단을 전달하는 질문(당신은 정말로 ~라고 생각하나요?, 도대

체 당신은 왜~?)이 아닌, 정보를 요청하는 질문(~에 대해서 더 말해 줄 수 있습니까?, 왜 그렇게 결정했는지 다시 한번 설명해 줄 수 있습니까?)만 할 수 있다. 탐정들은 사건의 세부내용을 명확히 할 목적으로만 질문할 수 있다. 탐정들은 아무리 도움이 될 것이라고 생각하더라도 자신의 의견을 말하거나 제안하면 안 된다. 탐정들은 한 번에 한 가지만 질문해야 하고, 정보를 얻기 위해 하나의 질문으로 가장한 여러 가지를 질문해서는 안 된다. 화자가 어떻게 행동했어야 했다는 충고를 해서도 안 된다.

화자는 탐정들의 질문을 듣는 동안, 되도록 충분히 그리고 정직하게 대답해야 한다. 화자 또한 탐정들에게 왜 그러한 질문을 하였는지 물어볼 기회를 갖는다. 심판은 탐정들의 판단이 포함된 질문, 특히 그 상황에 대처하는 더 좋은 방법을 찾았다는 것을 암시하는 질문을 지적한다. 이런 질문의 예는 "당신은 ~라고 생각하지 않으셨나요?"로 시작하는 것이다.

심판은 탐정들이 말뿐만 아니라 말투와 몸짓언어로 화자를 수세에 몰아넣어 위험에 빠지게 하지 않도록 상기시킨다. 본질적으로 심판은 화자의 편에 서서 화자가 공격당한다고 느끼기 시작할 수 있는 상황에 대비해서 감시한다.

3) 탐정들이 화자의 설명 속에서 발견한 가정들을 보고한다 (10분)

사건에 대한 설명이 끝나고 탐정들의 질문에 화자가 대답을 마치면, 대화는 가정을 보고하는 단계로 옮겨 간다. 여기서 탐정들은 화자에게, 화자의 이야기와 탐정들의 질문에 대한 화자의 대답에 근거하여 화자가 어떤 가정을 지니고 있다고 생각하는지를 알려 준다.

이것은 보고하는 활동으로서 가급적 판단이 포함되지 않게끔 진행된다. 탐정들은 화자의 가정이 옳고 그르다고 판단하는 것이 아니라, 오직 화자의 가정이 무엇인지에 대한 자신들의 생각만 명확하게 진술한다. 탐정들은 "~한 것처

럼 보인다." "당신이 가지고 있는 한 가지 가정이 ~인지 궁금하다." 또는 "당신이 ~라고 가정했을 가능성이 있나요?" 등의 문구를 사용해서 이런 가정들을 잠정적으로, 서술적으로, 그리고 개인적 판단을 피해서 설명해야 한다. 탐정들은 한 번에 한 가지 가정만 말하고 화자가 이해했어야 하거나 설명된 사건에 화자가 대응했어야 하는 방식에 대해 어떠한 충고도 하지 않는다. 심판은 탐정들이 개인적인 판단을 넣어 가정에 대해서 보고한다고 생각할 때 개입하여 그것을 지적한다.

4) 탐정들은 사건을 다르게 해석한다(10분)

탐정들은 이제 다른 참가자들의 관점에서, 또는 다른 지적 패러다임을 통해서 사건을 다르게 해석한다. 이러한 대안적 해석은 화자가 탐정들에게 설명한 사실과 일치한다는 점에서 그럴듯해야 한다. 되도록 탐정들은 자신들의 다른 해석 속에서 어떻게 권력이나 헤게모니가 약화되었는지 설명해야 한다.

탐정들은 이렇게 해석할 때 자신의 판단을 포함하지 않아야 한다. 탐정들은 사건 속 관련자들이 어떻게 이 사건을 바라보았을 것인지를 설명할 뿐, 관련자들의 인식이 정확한지 그렇지 않은지에 대해 말해서는 안 된다. 탐정들은 학습사건을 다른 지적체계에서 바라보았을 때 어떻게 보이는지 짐작하는 것이며, 화자가 사용했어야 하는 지적체계라고 말하거나 어떠한 충고를 해서는 안 된다.

화자는 이런 다른 해석을 듣는 동안 탐정들에게 자리를 내어 주고, 탐정들은 자신들의 경우를 가능한 한 충분하게 설명한다. 탐정들이 다른 참가자들의 눈을 통해서 상황을 살펴보거나 다른 지적 관점에서 바라보면 그 상황이 어떻게 보일지를 설명한 후, 화자는 이런 해석에 의문을 던질 수 있는 추가적인 정보를 제공할 수 있다. 또한 화자는 탐정들에게 그렇게 해석한 이유에 대해서 혼동되는 부분을 자세하게 설명해 달라고 요구할 수 있다. 탐정들이 제공한 어떤

해석에도 화자가 동의할 것을 기대해서는 안 된다.

5) 참가자들은 경험에 근거해서 점검한다(10분)

마침내 대화규칙은 효력이 종료되고, 탐정들은 어떤 조언이든지 할 수 있다. 화자들과 탐정들은 대화에서 배운 것, 새롭게 인식하게 된 통찰insights, 놓쳤거나 더 탐구할 필요가 있는 가정, 대화를 통해서 다르게 이해하게 된 것, 그리고 그들의 성찰이 미래의 행동에 어떤 의미를 가지는지에 대해서 말한다. 심판은 참가자들이 보여 준 정중한 청자와 화자로서의 자질에 대해 개략적으로 설명하고 이야기에 대한 자신의 관점 또한 알려 준다.

비판적 대화규칙 활동은 지나치게 구조화된 인위적인 활동이지만, 의도하는 바는 이런 성향들을 내면화하여 결국에는 앞에서 요약한 대화규칙이 불필요하도록 하는 것이다. 그리고 비록 나는 이 활동을 깔끔하고 순차적인 다섯 단계로 제시했지만, 실제로는 당연히 그렇지 않다. 지정된 질문시간이 지났더라도, 탐정들은 화자의 가정이 무엇인지 찾아내고, 화자에게 새로운 관점들을 제안하기 위해 필요한 정보를 찾는 데 도움이 되는 새로운 질문들을 생각해 낸다. 그래서 가정을 제시하는 시간과 대안의 관점을 보고하는 시간에는 언제나 질문이 넘쳐난다.

이 방법을 수천 명의 다른 참가자들과 함께 사용해 본 내 경험에 따르면, 심판의 역할이 가장 빈번하게 개입되는 경우는 사람들이 질문을 하거나 가정을 보고하거나 또는 다른 관점을 제시하는 것처럼 가장하여 충고를 할 때이다. 우리들은 질문을 받는 순간 즉시 해결책을 제시하는 문화에 젖어 있기 때문에, 비판적 분석의 중간단계들을 완전히 잊어버린다. 하지만 우리가 시간을 할애해서 논쟁 중인 문제가 진정한 문제인지, 혹은 현재의 문제가 해결되는 것이 누구의 이익을 위해서인지를 아무도 질문하지 않을 때처럼 문제해결은 무비판적으로 마무리될 수 있다. 비판적 문제해결은 누군가가 어떤 것을 문제로 생

각하는 이유를 결정짓는 가정을 찾아내고, 그 문제를 해결하기 위해 사람들이 어떠한 가정하에서 행동하는지를 알아내고 이전에는 고려하지 않았던 다른 관점들을 끊임없이 탐구하는 것이다.

나는 다양한 환경에서(참가자들이 피곤할 정도로 익숙한 문제에 대응하는 새로운 방법을 찾도록 도와주기 위한 수련회에서, 학교, 대학, 신학대학의 교수진 대화 동아리에서, 지역사회행동단체들에서) 비판적 대화규칙 활동을 적용해 보았다. 비판적 대화규칙 활동은 간호교육훈련 및 기업의 리더십 워크숍에서 사용되었다. 나는 또한 이것을 토론모임들을 변화시키는 데 사용했다. 대화규칙을 확실하게 이해하고 시행한다면, 비판적 대화규칙 활동은 무한하게 적용 가능하고 실제로 사용법이 아주 간단하다.

하지만 한 가지 주의할 점이 있다. 나는 수업에서 조력자,[10] 심판, 그리고 화자의 역할을 실연하여 비판적 대화규칙 활동과정이 어떻게 작동하는지를 보여 주지 않고서는 결코 사용하지 않을 것이다. 비판적 대화규칙 활동과정을 보여 줄 때 세 개의 다른 야구 모자를 준비한다. 심판 역할을 할 때는 빨간 모자를 쓰는데, 탐정들이 화자에게 자신의 판단이 포함된 질문들을 퍼붓고 충고하는 것을 중지시키기 위해서 빨간 신호등을 켤 필요가 있기 때문이다. 화자 역할을 할 때는 초록색 모자를 쓰는데, 이는 이야기를 할 수 있는 입장인 초록 신호등을 받았기 때문이다. 그리고 조력자 역할을 할 때는 주황색 모자를 쓰는데, 이는 활동 진행에 관련된 질문을 받기 위해 멈추거나, 활동의 다음 단계를 설명하거나, 대화규칙 시안을 만드는 등을 알리는 입장에 있기 때문이다. 학생들에게서 받은 '주요한 사건질문지'의 응답내용을 보면 학생들은 일관되게 교사가 가르치는 방법을 보여 주면 복잡한 절차를 이해할 수 있고 무엇을 경계해야 하는지 알 수 있기 때문에 매우 유용하다고 기술하고 있다. 또한 당연히 이 교수활동은 비판적 사고가 어떤 것인지를 교사가 학생들 앞에서 시범적으

---

10) 교사를 지칭함. 탐정의 역할은 질문을 하는 것이므로 실연을 통해 보여 줄 필요가 없음-역자 주

로 보여 주는 것의 중요성에 대해 학생들이 교사에게 남긴 의견과 일치한다.

4. 요약

　비판적 사고란 대부분의 교사가 학생들의 용기를 북돋아 주기 위해서 하려고 한다고 말하는 그 무엇이다. 비록 교사가 어떤 지적 전통체계에 치중하는가에 따라 이 과정을 정의하는 방법이 정확히 결정되지만, 성인교육 분야에서는 **인문주의와 급진주의 전통**liberal and radical tradition에서 이 과정을 강조한다. 나는 교사가 학문 영역의 경계를 초월하여 자신의 권력을 사용하여 비판적 사고를 시범적으로 보여 줄 수 있는 방법을 개략적으로 설명하였고, 내가 보기에 다양한 화제와 주제에 적용할 수 있을 것 같은 초급 및 고급 활동사례들을 제시하였다. 분명한 것은 비판적 사고가 사회학습과정이라는 점이다. 결과적으로 학습 그룹 내에서 모습을 드러내는 권력역학을 다루는 것은 비판적 교육방법으로 가르치려는 교사에게 특히 중요하다. 다음 장에서는 성인교육에서 토론의 위치를 보다 더 상세하게 살펴보고, 성인교육자가 학생들을 **인지적으로**cognitively만이 아니라 **감정적으로**emotionally 참여시키기 위해 토론을 어떻게 사용할 것인가를 설명할 것이다.

제3장

토론방법 사용하기

강의가 아닌 토론은 가장 무비판적으로 사용되는 성인교육방법이다. 내가 관찰해 온 교사들에게 토론을 사용한 이유를 물어보면, "글쎄요, 내가 얼마간 강의를 했으니까 이제 학생들을 토론에 참여시킬 때가 되었어요."와 같은 말을 종종 한다. 이 '말을 위한 말'의 이유를 나 역시 채택해 왔다. 또한 학생들에게 말할 기회를 부여함으로써 교사의 권력이 대체되어 이제 어느 정도 민주주의가 자리를 잡았다는 느낌이 막연하게 든다. 물론, 학생들은 교사의 권위가 여전히 존재한다는 것을 알고 있으며, 이제는 학생들 간의 권력역학이 작동하고 있다는 것을 알고 있다. 한편으로 강의 중에는 강의를 수동적으로 듣기 때문에 묘하게도 평등하다는 느낌이 든다. 그러나 토론에서는 인종적 정체성, 사회계층, 문화적 배경, 성별, 성격의 다양성으로 인한 학생들 간의 권력 차이가 순식간에 모습을 드러낸다. 다른 사람들이 익숙한 침묵에 빠져드는 동안, 흔히 있는 대개 지배문화 출신이며 학문적인 어휘라는 문화자본을 소유한[1] 외향적인 용의자들이 앞장서서 대화를 주도한다. 잉글리시와 메이요English and Mayo(2012)

---

1) 고급스러운 어휘를 사용하는—역자 주

는 "누가 누구와 대화하는지와 누가 권력을 가진 위치에서 대화하는지, 혹은 종속된 위치에서 대화하는지가 문제가 된다."라고 서술하였다(p. 62).

나는 학창시절의 경험을 통해서, 학급토론은 권력이 없는 지대가 아니라 정신역학의 감정적인 전쟁터라는 것을 아주 잘 알고 있다. 이것이 나 혼자만의 경험이라고 생각하지 않는다. 너무나 많은 사람이, 자유롭고 개방적이라고 선전되고 있지만 사실은 조력자가 미리 정해 놓은 결말로 이끌리는 토론에 참여함으로써 열받아 왔다. 어떤 사람들은 통제되지 못하고 주제를 크게 벗어난 토론에 너무 많은 시간을 낭비했다고 느끼는데, 이는 아마도 한 사람이 교사의 제재 없이 그룹에 폭력을 행사했기 때문일 것이다. 성인들에게 토론으로 넘어가겠다고 하면, 눈앞에 다가올 토론 참여에 대한 뜨거운 기대로 토론을 환영하기는커녕 순간적으로 낙심하면서 어깨가 축 처지는 것을 자주 목격한다.

비대칭의 권력관계와 좌절된 에너지의 모습이 그려진 이 그림은 대부분의 성인교육의 토론분석에서는 나타나지 않는다. 대신에 토론은 교육적인 이유와 정치적인 이유가 혼합되어 찬사를 받고 있다. 교육적으로, 토론은 학습자들이 고려하는 토픽을 보다 깊이 이해하도록 도와주는 참여 학습에 학습자들을 끌어들이기 위해서 시작된다. 정치적으로, 토론은 민주화 과정과 유사한 것, 즉 모든 사람의 의견이 동등하게 존중받는 공간을 제공할 것으로 기대된다. 지난 20년간 성인교육자들은 하버마스의 이상적인 담화장면(많은 사람이 공개토론에서 서로를 존중하면서 합리적으로 담화하는 전형적인 사례로 제시함.)을 훌륭한 성인교육실천의 핵심적인 개념으로 자주 인용해 왔다.

1. 권력으로 가득 찬 토론의 현실

토론에 참여하는 것이 해방과 민주화의 경험을 쌓는 것이라고 공언한 말을 들었지만, 학습자로서 나는 거의 그런 경험을 하지 못했다. 오히려, 나는 토론

을 다윈의 적자생존처럼 말 잘하는 사람이 살아남는 시련의 장에서 벌어지는 경쟁으로 경험했다. 토론 참여는 일련의 권력놀이와 언어폭력으로 변형되었다. 토론 참여는 가장 말을 많이 하거나, 가장 훌륭하고 명료하며 통찰력 있는 의견을 제시한 사람들이 승리를 주장하는 일종의 지식경쟁이다. 우리는 스스로가 학계 칵테일파티에서 인지도와 명성을 얻기 위해, 잘 아는 사람인 양 유명 인사들의 이름을 들먹이면서 손님들의 시선을 끄는 상황과 동일한 상황에 처해 있음을 알고 있다. 우리들은 교사에게 우리가 똑똑하다는 인상을 남기기 위해서 되도록 자주 그리고 지적으로 말함으로써 토론에 참여한다. 우리가 공동으로 지식을 창조하는 데 관여한다는 생각은 전혀 들지 않았다. 또한 토론을 잘한 사람들은 그 순간에 적절한 문화자본(폭넓은 어휘, 자신감 있는 태도, 대중 앞에서 말할 때의 편안함, 경청하면서 진지하게 받아들일 것으로 예상됨)을 가져온 사람들이 분명하다.

1970년대 영국에서 성인교육자로서 첫발을 디뎠을 때, 나는 토론을 가장 높게 평가하는 교수철학을 철저히 훈련받았다. 프레이리Freire의 「억눌린 자들을 위한 교육학2)Pedagogy of the Oppressed」(1970)에서부터 패터슨3)의 「토론의 개념The Concept of Discussion」(1970)에 대한 논문에 이르기까지 내가 이수했던 성인교육 학위과정의 다양한 이데올로기 색채를 띤 독서 자료들에 따르면, 조만간 모든 훌륭한 성인교육자는 토론을 자연스럽게 방법론으로 선택할 것임을 암시하고 있었다. 캐나다와 미국의 성인교육 분야에서 일하면서, 나는 대화식 접근법이 각 나라의 위인들인 모세스 코디4)Moses Coady, 마일스 호튼Myles Horton, 에드워드 린드만5)이 남긴 유산들과 비슷하게 존중받고 있고, 관련이 있음을 알게 되었다.

성인교육 분야에 헌신하는 사람으로서, 나는 불만족했던 토론의 기억들을

---

2) 한국어로 '페다고지'로 번역되어 출판되었음—역자 주
3) Ronald William Keith Paterson(1933~): 영국의 철학자, 성인교육자—역자 주
4) Moses Michael Coady(1882~1959): 영국의 가톨릭 성직자, 성인교육자—역자 주
5) Eduard C. Lindeman(1885~1953): 미국의 철학자, 교사, 사회개혁가—역자 주

무시하고 토론방법을 받아들였다. 이렇게 토론방법을 받아들인 것에 대한 내 가정 중의 하나는 토론운영에 대한 경험이 많으면 많을수록 내 토론수업은 더 창의적이고 즉흥적으로 되리라는 것이었다. 나는 시간이 지나면 성인교육환경에 더 잘 적응하고 그룹의 분위기를 감지하여 즉석에서 예리하고 매우 도발적인 질문들을 던질 것이라고 생각했다. 교육에 대한 나의 열정으로 인해 어떤 수업도 잘 진행할 것이므로 준비할 필요가 없을 것이다. 내 상상 속의 미래의 이 동화 나라에서의 토론수업에서는 권력이 추한 머리를 내민 적이 없다.

정반대의 현상이 나타났다. 내가 토론방법을 더 오래 사용할수록 나는 더 많은 계획을 세우고, 더 많이 준비하고, 더 많은 대화규칙을 만들어 내야 했다. 토론구조에 대해 이렇게 깊이 강조하는 이유는 내가 관여된 모든 토론그룹에서 권력이 어떻게 퍼져 나가는지를 깨달았기 때문이다. 일반적인 성인교실에는 표면적으로 민주주의가 자리 잡고 있는 것처럼 보인다. 의자들이 원형으로 배치되어 있어서 모든 사람이 서로를 볼 수 있다. 교사의 의자는 원의 일부이기 때문에 한눈에 교사를 알아낼 수 없다. 사람들이 말하고 있으므로 개방적인 대화를 나누고 있는 것처럼 보인다. 그리고 교사가 거의 말하지 않는다면, 학생들이 교사가 그 자리에 있다는 사실을 잊어버렸다고 추측할 수 있겠는가? 꼭 그렇지만은 않다. 내가 교사로서 배워야 했던 가장 어려운 교훈 중 하나는, 내가 아무 말을 하지 않더라도 모든 토론에서 내 권력은 항상 결정적인 영향력을 가지고 존재한다는 점이다.

미셸 푸코Michel Foucault(1980)의 유명한 권력의 미세-역학micro-dynamics에 대한 연구는 토론세션에서 권력이 어떻게 작용하는지를 더 잘 이해하는 데 도움이 되었다. 푸코는 인간 상호작용의 모든 영역에서, 정상적인지 아닌지를 판단하는 사람들[6]judges of normality은 적절한 행위기준standards for behavior과 진리체제regimes of truth(어떤 지식이 타당한지 결정하는 절차)가 적절하게 작동하고 있는지 확인하려고 행위

---

6) 이런 행동은 정상이고 저런 행동은 해서는 안 되고 등을 교사가 판단한다는 의미-역자 주

과정을 감시한다고 주장했다. 토론에서 학생들은 정상적인지 아닌지를 판단하는 사람(토론 지도자)이 참가자들이 적절한 방식으로 대화에 참여하고 있는지 확인하기 위해 항상 자신들의 행동을 주목하고 있음을 알고 있던 것이다.

교사들은 어떤 것이 적절한 참여인지, 그리고 적절한 참여가 어떤 식으로 인정될 것인지를 여러 가지 방법을 통해 암묵적으로 표현한다. 교사들은 승낙한다는 신중한 눈 맞춤으로 특정 학생이 코멘트를 할 수 있다는 메시지를 전달한다. 찬성한다는 고개 끄덕임을 통해 어떤 학생이 특히 통찰력 있는 코멘트를 하였다는 것을 각인시키고, 다른 코멘트에는 얼굴을 찡그림으로써 명백하게 터무니없는 것으로, 말없이 눈에 띄게 비난한다. 교사들은 토론 참가자들의 노력에 대해 승인 또는 거부를 표현하는 다양하고도 미묘한 무언의 행동을 하는데, 이는 토론규범이 무엇인지 명확히 알려 주는 역할을 한다. 찡그림, 미소, 좌절이나 연민의 한숨, 동의하는 웅알거림, 터무니없는 특정 코멘트에 대한 불신의 숨 들이쉬기를 통해서, 학생들이 언제 이 규범과 가까워지고 언제 멀어지는지를 알린다.

학생들이 대화에 불쑥 끼어드는 것을 방지하기 위하여 교사가 어떤 특별한 조치를 하지 않는 한, 학습자들은 일반적으로 교사의 관심을 끌고 자신들이 자주 토론에 기여하는 사람이라는 사실을 각인시키기 위해서, "참여하라."는 교사의 지시를 말할 기회가 생길 때마다 대화에 불쑥 끼어들어야 한다는 의미로 해석한다. 참여는 대화로 하는 유혈스포츠가 되고, 가장 자신감 넘치고, 우수한 지적자본을 가진 학생들이 가장 큰 권력을 휘두른다. 참가자들은 지식이 많고 해박한 것처럼 보이려고 필사적인 노력을 하면서, 실제로 대화를 증진하든지 말든지 상관하지 않고, 용어, 개념, 이론, 이름들을 토론 속으로 던질 것이다. 교사가 학생에게 질문을 던지면, 그 학생이 교사의 질문에 대답하기 위해 생각하는 동안 침묵하는 것은 드문 일이다. 침묵하는 것은 지적으로 준비되지 않았거나 인식이 느리다는 표시로 보일 수 있기 때문에 너무나 위험하다. 나는 토론에서 학생이 교사의 질문에 대답하기 위해서 1분 정도의 생각할 시간을

달라고 요청하는 것을 본 적이 없지만, 이는 분명히 합당한 요구이다. 좋은 질
문에는 응답을 준비할 시간이 필요하다.

2. 교사 권력의 작동사례: 무의식적인 강권

얼마 전에 나는 구조화된 지배형태가 드러나는 것을 방지하기 위해서 의도
적으로 개입하지 않는다면, 참가자들의 인종, 사회계층, 성별에 의해 구조화된
지배 형태가 토론그룹에서 드러날 수 있음을 인식하면서 토론 중심 교과목을
맡고 있었다. 나는 누구라도(특히, 남성, 백인, 중산층 학생들) 말하는 시간을 독
차지하기를 원하지 않았기 때문에 학기 초에 이 쟁점을 제기하였다. 학생들은
토론에 기여할 기회를 동등하게 가질 필요성에 대해 동의하는 것 같았고, 동등
하게 기회를 부여할 많은 방법을 제안했다. 예를 들면, 각 수업세션이 시작될
때 정중한 담화를 위한 헌장을 벽에 게시하거나, 각 세션마다 서로 다른 학생
을 임명하여 말하고 싶어 하지만 주목받지 못하는 학생들이 있는지를 살피게
하거나, 정규적으로 돌아가면서 말하는 연습을 하는 것이다. 나는 누군가 발
언을 하면 적어도 다른 세 사람이 말하기 전에는 다시 발언하지 않는다는(그룹
의 다른 구성원이 당신이 말하도록 명백하게 요청하지 않는 한) 취지의 '세 사람 규
칙'을 아무 생각 없이 제안들 속으로 던졌다. 학생들이 이 세 사람 규칙에 대해
별 반응을 보이지 않자, 나는 이 아이디어를 철회했다.

6~7주 후에, 나는 평소처럼 익명으로 작성된 그 주의 수업에 대한 '주요한
사건질문지(CIQ)'의 응답을 읽고 깜짝 놀랐다. 완성된 18개의 응답 중 5개의
글에서, 학생들은 그룹에서 말하는 것이 점점 더 어려워지고 있음을 표현했고,
교사인 내가 끊임없이 토론을 제지하고 있는 것 같다고 언급했다. 나는 비틀거
렸다. 지금까지 나는 반민주적 담화의 덫과 민주화 과정에 대해서 잘 알고 있
다는 자부심을 가지고 있었다. 그러나 이것은 내가 완전히 그 반대의 상황을

연출한 것처럼 보였다. 학생들은 참여에 편안함을 느끼기는커녕, 내가 교사의 권력을 임의로 휘둘러서 자신들이 말하는 것을 제지했다고 여겼다.

그다음 수업세션에서, 나는 학생들에게 일부 학생들이 CIQ에 적었던, 말하는 것을 제지당했다고 느낄 만한 이유를 제시해 달라고 요청했다. 몇몇 학생들은 내가 무심코 제안했던(이후 거절당했다고 생각했던) 세 사람 규칙을 그 시간 이후로 계속 노예처럼 따르고 있던 것으로 나타났다. 그 즉시 거절당했다고 믿었던 즉흥적인 제안이 학생들에게는 교사의 명령인 강권으로 들렸던 것이다. 결과적으로 학생들은 자기 자신의 발언을 열심히 모니터링해 오면서, 내가 그들의 참여 형태에 부과했던 제약으로 인해 좌절감에 빠져 있었던 것이다.

이 짧은 이야기는 토론 중심 수업에서 교사의 **권력 지도**power map가 학생들이 보는 것과는 완전히 다를 수 있음을 보여 준다. 이번 장의 나머지 부분에서는 가장 말을 많이 하고 가장 똑똑한 것처럼 보이는 사람들에게 **토론 트로피** discussion trophies가 주어지는 규범에 도전하고, 토론 참여 민주화를 위해 의도적으로 고안한 몇 개의 토론사례를 소개한다. 나는 토론이 학생들이 경험하는 일상적인 권력관계를 일시적으로 뒤집는 기회를 제공한다고 믿으며, 또한 교사는 학생들에게 참여 기회를 동등하게 주기 위해서 지혜롭게 자신의 권력을 사용할 수 있다고 믿는다.

3. 상향식 대화규칙 만들기

대화규칙을 만든다면, 사람들이 말을 너무 많이 한다든지, 토론이 궤도를 벗어난다든지, 오래 지속되는 침묵으로 인하여 불편해하는 등 전형적으로 토론을 방해하는 많은 문제점이 다소나마 해결될 수 있다. 이것은 내 경력 초기에 강사/계획자organizer(그 당시 내 공식 직위)로서 공동체 단체들과 함께 일할 때부터 명료하게 알게 되었다. 모든 공동체에는 **권력브로커**[7]power brokers, **여론주도자**[8]opinion

leaders, **현존하는 역사가**[9]living historians가 있기 마련인데, 만약 의도적으로 이들이 지닌 권력의 영향력을 막지 않으면, 자동적으로 이들이 공동체의 의제를 결정할 것이다. 이런 의미에서 공동체들은 사람들에게 인정받는 자신감 넘치고 성격이 강한 사람들이 앞에 나서는 정규학교와 다를 것이 없다.

다음에 있는 것은 다양한 **공동체**communities, **조직**organizations, **운동단체**movements가 자신들의 **대화지침**conversational road map을 만들기 위해서 토론 참가자로서 자신들의 이전 경험분석을 할 수 있도록 도움을 주기 위해 고안된 연습이다.

참가자들을 위한 지시문

1. 이전에 참여했던 토론 중에서 최고의 토론을 생각해 보자. 어떤 점 때문에 그 토론에 그토록 만족하게 되었나? 몇 가지 사항을 적어 보라. (5분)
2. 이전에 참여했던 토론 중에서 최악의 토론을 생각해 보자. 어떤 점 때문에 그 토론에 그렇게 불만족하게 되었나? 몇 가지 사항을 적어 보라. (5분)
3. 동료 세 명과 함께 토론이 잘 진행된 이유에 대해서 차례대로 말해 보자. 잘 진행되었던 토론이 어떤 것인지에 대한 공통주제와 서로가 공유하는 경험에 귀를 기울여서 들어 보자. (10분)
4. 그런 후에 집단토론이 잘 안 되었던 이유는 무엇이었는지 이야기해 보라. 다시 한번 공통주제와 서로 공유하는 경험에 대해 귀를 기울여서 들어 보라. (10분)
5. 당신이 공감하는 좋은 토론의 각 특징이 가능한 한 많이 나타나도록 그룹에서 시도할 수 있는 것 한 가지를 제안하라. 되도록 구체적이고 명확하게 제안해 보라. 예를 들면, 좋은 토론이란 이후에 나오는 주제는 앞서 나온 주제를 다시 언급함으로써 내용이 누적되고 연결되

---

7) 권력 분배에 영향을 미치는 사람들−역자 주
8) 여론 형성에 영향력이 있는 유명인사들−역자 주
9) 연장자들−역자 주

는 것이라고 느낀다면, 토론참가자들이 매번 앞의 코멘트와 어떤 관련이 있는지 혹은 앞의 코멘트에서 어떻게 비롯되었는지에 대해 설명한 다음에야 새로운 코멘트를 시작할 수 있다는 규칙을 제안할 수 있을 것이다. (10분)

6. 당신이 공감하는 나쁜 토론의 각 특성을 가능한 한 피할 수 있도록 그룹에서 시도할 수 있는 것 한 가지를 제안하라. 될 수 있으면 구체적이고 명확하게 제안해 보자. 예를 들어, 나쁜 토론이란 한 사람의 목소리가 점령하고 있을 때라고 느낀다면, 적어도 한 번 말한 사람은 다른 세 사람이 코멘트할 때까지 또 다른 코멘트를 할 수 없다는 규칙(세 사람 규칙)을 제안할 수 있다. (10분)

7. 전체가 한 그룹으로 다시 모여서, 자신들이 제안한 대화규칙을 게시하거나 발표할 수 있다. 그러고 난 후에, 어떤 규칙을 시도해 볼지 결정한다.

4. 참여점수 부여기준

형식교육환경에서 교사들이 사용하는 전형적인 토론 진행방법 중의 하나는 토론 참여를 점수화해서 학점에 반영하거나 표창한다고 공식적으로 알리는 것이다. 이 방법은 높은 점수를 받으려는 학생들을 적극적으로 말하게끔 유도하지만, 민주적 토론과는 거의 관련이 없다. 대신에 이 방법은 앞에서 언급하였듯이 참가자들은 교사로부터 인정과 동의를 얻기 위해서 토론장을 결판이 날 때까지 말로 싸우는 검투사들의 경기장처럼 바꾼다. 때로는 학생들이 말하는 빈도(말의 명료성과 관련성과는 거의 관계없이)가 참여 판단기준이 된다. 게다가 처음 두 번의 토론에서 교사가 이런 참여패턴을 의도적으로 개입하여 조절하지 않는다면, 세 번째 미팅에서는 서열이 확고하게 자리 잡는다. 이 서열은 파워풀한 **자기충족**self-fulfilling이다. 학생이 오랫동안 침묵하면 할수록 더 주눅이 들고, 말할 가능성은 점점 더 줄어든다.

형식교육환경에서는 학생들의 행동이 학점을 쫓아 결정되기 때문에 나는

이를 이용하여 학생들에게 내 자신의 토론규범을 가르치기 위해 토론 참여점수 부여기준을 만들었다. 나는 학생들이 참여에서 가장 중요한 점은 말하는 것이 아니라 듣는 것이라는 점을 일찍 깨닫기 원한다. 좋은 토론 참여자는 토론 내용을 연결하고, 다른 사람에게 질문하고, 다른 의견에 덧붙여 말하고, 질문을 제기하는 사람이다. 나는 말함으로써 주목을 받는다는 참여의 의미규범을 바꾸려는 희망을 가지고 토론 참여점수 부여기준을 강의계획서에 명시한다.

학생들에게 주는 지시문

이 과목에서 토론 참여의 학점 반영비율은 20%이다. 토론 참여란 자주 말하거나, 다른 사람들에게 당신이 알고 있는 것 또는 당신이 많이 공부한 것을 보여 주는 것이 아니다. 좋은 토론 참여란, 다른 사람들의 의견을 기반으로 하고, 다른 사람들의 의견을 종합하고, 다른 사람들이 기여한 것에 감사를 표하는 것이 포함된다. 또한 좋은 토론이란, 다른 사람들이 생각하고 있는 것에 대하여 더 말해 달라고 요청하는 것이 포함된다. 당신이 할 수 있는 가장 도움이 될 만한 몇 가지는, 조용히 막간을 요구하거나, 교실에 새로운 수업자료를 가져오거나, 관찰한 것을 온라인으로 게재하는 것이다. 따라서 조용한 학습자들이 참여할 수 있는 방법은 다양하다.

다음은 좋은 토론 참여의 구체적인 사례이다.

- 다른 사람의 말에 관심이 있음을 보여 주는 질문이나 의견을 밝히시오.
- 다른 사람이 말한 것을 더 자세히 설명하도록 질문이나 의견을 밝히시오.
- 학습과 관련한 새로운 정보나 관점들을 더해 줄 강의계획서에 포함되지 않은 자료(읽을거리, 웹사이트, 비디오)를 가지고 오시오.
- 두 사람이 말한 것들 간의 연계성을 강조하는 코멘트를 하고, 당신의 코멘트에 이 연계성이 명백하게 드러나도록 하시오.
- 몸짓언어를 사용하여(약간 과장된 방식으로) 다른 사람이 말하고 있는 것에 관심을 보이시오.

- 여태까지의 대화를 요약한 코멘트나, 앞으로 탐구할 새로운 방향과 문제를 제안하는 코멘트를 수업 채팅방에 올리시오.
- 다른 사람의 아이디어가 관심을 끌거나 유용하다는 사실을 알리는 코멘트를 작성하시오. (적절하다면 온라인상에) 왜 그런지를 구체적으로 설명하시오.
- 다른 사람이 말한 것을 기초로 또는 다른 사람이 말한 것에서 비롯된 무엇인가로 기여하시오. 다른 사람의 생각을 기초로 하는 방식에 대해서 명확하게 밝히시오. 이것은 온라인에서도 할 수 있습니다.
- 주요한 사건질문지에 **토론역학**discussion dynamics을 살펴보도록 촉구하는 코멘트를 적으시오.
- 적절한 시점에, 대화의 속도를 늦추어 당신과 다른 사람들이 생각할 시간을 갖도록 잠깐 동안의 침묵의 시간을 요청하시오.
- 누군가가 이미 밝힌 요점을 적어도 부분적으로 다른 말로 바꾸어 코멘트하시오.
- 여러 사람의 의견을 감안하여, 토론에서 반복적으로 나타나는 주제에 관한 요약된 의견을 제시하시오(원한다면 온라인상에서).
- 인과관계에 대한 질문을 하시오. 예를 들면, "만약 이런 것들이 마련된다면 그렇고 그런 일들이 발생할 것이라고 생각하는 이유를 설명해 주시겠습니까?"
- 당신이 토론에서 얻은 깨달음에 대한 감사를 표현할 방법을 모색하시오. 당신이 어떤 것을 더 잘 이해하는 데 도움이 되었던 것이 무엇인지 구체적으로 밝히시오. 이 또한 온라인상에서 할 수 있습니다.

5. 돌아가면서 말하기

토론 중심 수업의 초기에, 토론에 참여할 기회를 동등하게 부여하고, 경청하고, 감사하고, 통합하는 것이 훌륭한 창의적 아이디어를 내어 공헌하는 것만큼 좋은 토론의 요소라는 점을 가르치기 위하여 그동안 고안한 많은 사례를 학생들에게 소개하는 것은 좋은 방법이다. 토론에 익숙하지 않거나 사람들 앞에서

말하는 것을 힘들어하는 내성적인 학생들은 오리엔테이션 기간을 특히 환영한다. 오리엔테이션 기간에 학생들은 참여를 증진하기 위한 대화규칙이 명확하고 즉석에서 기여해야 한다는 위협적인 요구가 제거된 상태에서 일련의 절차를 배운다.

돌아가면서 말하기 Circle of voice는 학생들이 첫 수업에서 배울 수 있는 규칙 중 하나로서, 학생들을 민주적 토론에 참여하도록 이끄는 데 도움이 된다. 이는 내가 가장 좋아하는 토론규칙 중 하나이며, 함께 모여서 하는 그룹 활동시간의 초기에 많이 사용한다. 돌아가면서 말하기는 두 가지 기본 목적을 가지고 있다. 첫째, 조기합의가 있기 전에 모두에게 토론주제에 기여할 기회를 제공하는 것이다. 둘째, 적극적으로 듣는 것의 중요성을 가르침으로써 토론이 거듭해서 앞선 의견들을 되돌아보고, 보강하고 확장하여 유기적으로 전개되기 위함이다.

참가자들은 다섯 명씩 한 조가 되고, 토론용 질문이 공개된다. 모든 조에게는 각자의 생각을 정리하고 문제에 대한 답변을 준비할 최대 3분의 침묵의 시간을 준다. 이 시간에 참가자들은 돌아가면서 말하기가 시작되었을 때 자신이 그 주제에 대해 무슨 말을 할지를 생각한다. 이 침묵의 준비시간은 돌아가면서 말하기와 비판적 사고를 유발하기 위한 다른 많은 토론에서 중요하다. 그러나 일반적인 토론수업에서는 질문을 던지고선 즉각적인 응답을 요구한다. 사람들이 가정을 밝히거나 새로운 관점을 개발하는 등의 복잡한 활동을 하게 될 때면, 조용히 준비하는 시간이나 침묵하며 명상하는 시간을 정기적으로 가질 필요가 있다.

이 침묵의 시간이 지난 후, 한 사람당 1분 이내로 방해받지 않고 말할 시간이 주어지며 토론은 시작된다. 이 시간에 각 토론자들은 현재의 주제에 대해 말하고 싶은 것은 무엇이든 말할 수 있다. 각 사람이 말하는 동안 아무도 방해할 수 없다. 사람들은 원을 따라서 차례대로 이야기하는데, 이는 다른 학생이 이야기를 마치고 나면 자신이 끼어들어야 할지 말아야 할지를 고민해야 하는

스트레스를 없애 준다.

　돌아가면서 말하기가 한 바퀴 돌아 모든 참가자가 방해받지 않고 발언을 마치고 나면, 토론은 보다 자유로운 형식으로 진행된다. 이때 두 번째 대화규칙이 적용된다. 참가자들은 앞서 말할 때 공유된 다른 참가자의 아이디어에 대해서만 말하도록 허용된다. 참가자들은 자신의 아이디어를 부연해서 대화에 뛰어들 수 없고, 첫 번째 라운드에서 다른 사람이 말한 것에 대한 자신의 반응에 대해서만 이야기할 수 있다. 이 대화규칙에 대한 유일한 예외는 누군가가 그룹 구성원에게 자신의 아이디어에 대해서 부연해 줄 것을 직접적으로 요청하는 경우이다. 이 두 번째 대화규칙은 사람들의 눈길을 끌려는 경향을 방지하는데, 때로는 몇몇의 표현을 잘하고 자신감 넘치는 참가자들에게는 괴로운 것이다.

　나는 이 연습을 공식조직 내의 그리고 사회운동단체 내의 다양한 환경에서 사용했다. 대개 사람들은 이렇게 지도하는 것을 고맙게 생각하는데, 주된 이유는 평소에 소신을 말하지 않는 사람들에게서 이야기를 들을 수 있기 때문이다. 외향적인 사람들 또한 이 연습을 통해 자신들이 의식하지 못한 채 얼마나 많은 대화를 주도했는지 깨닫게 해 준다고 종종 이야기한다.

6. 돌아가면서 응답하기

　돌아가면서 응답하기Circular Response 연습은 토론 참여를 민주화하고, 대화의 연속성을 장려하며 사람들에게 정중하게 듣는 노력을 하게끔 한다. 이것은 1930년대에 에드워드 린드만Edward Lindeman에 의해 개발되었는데(Brookfield, 1988), 커뮤니티 그룹 간의 대화를 민주화하고, 다양한 의제를 추구하기보다는 두세 가지의 공유된 주제에 집중하기 위한 노력의 일환이었다. 돌아가면서 이야기하기와 약간 비슷하지만, 시작단계에서 참가자들은 이전 발언자의 발언에 대해 즉각적으로 응답해야 하기 때문에 또 다른 복잡한 측면이 추가된다.

이 연습은 토론 지도자가 토론을 위해 그룹에게 문제를 제기하거나, 그룹 구성원이 토론주제를 제안하고 난 다음, 그룹이 그 문제나 주제에 동의하는 것으로 시작된다. 참가자들은 열 명 내지 열두 명으로 구성된 원을 형성하고, 한 명의 자원자가 1분 이내로 주제와 관련된다고 생각하는 어떤 말을 함으로써 토론이 시작된다. 1분의 시간이 경과되면 첫 번째 발언자의 왼쪽에 앉아 있는 사람에게 발언권이 넘어가고 1분 정도 말하게 된다. 그러나 두 번째 발언자는 마음대로 말할 수 없다. 두 번째 발언자는 첫 번째 발언자의 메시지message에 대해 언급한 후 발언해야 하고, 이를 자신의 발언의 도약으로 사용해야 한다. 이것은 반드시 동의하는 발언일 필요는 없다(이전 발언자의 의견에 반대하는 표현도 가능하다). 또한 이는 두 번째 발언자가 첫 번째 발언자의 발언 내용을 혼동하여 이해하기 어렵다는 표현일 수도 있다. 두 번째 발언자는 첫 번째 발언자의 코멘트가 자신이 익숙지 않은 분야를 포함하기 때문에 말할 수 없다거나, 첫 번째 발언자의 코멘트가 자신의 경험과 사고와는 완전히 상충한다고 말할 수도 있다.

1분 정도 지난 후, 두 번째 발언자는 말을 멈추고, 왼쪽에 앉아 있는 사람이 앞 발언자 메시지의 어떤 면을 자신의 발언의 도약판으로 언급하는 동일한 대화규칙을 따르는 세 번째 발언자가 된다. 이 패턴대로 토론은 원을 따라 한 바퀴 돈다. 각 발언자는 자신의 발언 근거를 앞사람이 말한 내용의 일부와 관련시켜야 한다. 이 과정은 출발점인 첫 번째 발언자에서 끝난다. 오직 이때만 첫 발언자가 앞서 말한 사람의 코멘트에 대해 응답한다. 이 첫 번째 라운드의 대화가 종료되면 그룹은 더 이상 대화규칙의 얽매임 없는 개방형 대화를 시작한다. 처음 발언자가 말한 것, 명확한 설명이 필요하거나 제시된 것 또는 새롭게 소개된 아이디어에 관해서 질문할 수 있다.

이 연습에서 흥미로운 점은 열한 번째 또는 열두 번째 발언자가 첫 번째 또는 두 번째 발언자보다 근본적으로 유리한 점이 없다는 것이다. 열두 번째 발언자는 열한 번째 발언자가 말하기 전까지는 그가 어떤 말을 할지 전혀 알 수 없기 때문에 자신이 할 말을 미리 연습하면서 사치스러운 사색에 잠겨 앉아 있

을 수가 없다. 이 연습을 할 때마다 항상 첫 번째 라운드의 대화에서 자신의 말에 다른 사람들이 어떻게 반응하는지 보기 위해 사람들이 머리를 기울이는 것을 보게 된다. 이것은 실시간으로 일어나는 **온라인 토론활동**online-threaded discussion을 **면대면 교실**face-to-face classroom로 옮겨 놓은 것과 같다. 그러나 온라인 강의실과 다른 점은 누군가가 당신의 의견이 무엇인지를 알아내는 데 몇 시간 혹은 며칠을 기다릴 필요가 없다는 점이다.

돌아가면서 응답하기는 내 의견으로는 기초적인 토론연습이 아니다. 흔히 다른 사람의 말에 즉각적으로 응답해야 한다는 큰 불안감이 있다. 이러한 불안감을 줄이는 데 도움을 주기 위해서, 나는 발언자들에게 잠깐 응답을 생각할 시간을 가질 수 있다고 늘 말한다. 앞사람이 말을 멈춘 후 곧바로 말할 필요가 없다. 또한 앞사람의 코멘트에 응답할 것이 생각나지 않는다고 말해도 좋다는 점을 분명히 밝히지만, 이 경우에는 왜 앞의 발언과 연결하는 것이 어려운지 그 이유를 밝혀야 한다. 앞에서 말한 사람과 맞아떨어지는 경험이 없기 때문인가? 사용된 언어나 용어가 당신에게 익숙하지 않아서인가? 앞사람의 주장의 일부를 따라가기 어렵기 때문인가?

7. 대화역할 부여

학생들에게 역할을 부여하는 것은, 학생들로 하여금 당신이 교사로서 통제하는 권력을 사용하여 대화를 제약하는 것으로 받아들일 수 있다고 생각되는 그 무언가일 것이다. 실제로 학생들의 수업에 대한 **피드백**feedback을 살펴보면, 학생들은 교사가 어떤 종류의 발언행위를 기대하는지에 대한 지침을 제공해줄 때 고맙게 생각한다고 지속적으로 강조하고 있다. 학생들은 토론을 시작하는 시점에서, 자신들이 해야 하는 대화역할에 대해서 알고 있으면 도움이 된다고 말한다. 학생들 자신이 수행해야 할 특정 임무가 있다는 것을 알게 되면, 참

여라는 것이 자신의 지식에 대해서 자주, 그리고 인상적으로 표현해야 하는 것으로 인식되는, 보이지 않는 규범에 의해서 발생되는 수행불안의 일부를 덜어주는 것처럼 보인다. 다양한 대화역할을 연습해 봄으로써 상대적으로 자신감이 떨어지는 학생들에게 말할 기회를 만들어 주며, 이는 그 학생들에게 자신감을 심어 주게 된다. 물론, 어떤 역할이라도 모든 사람이 돌아가면서 해야 한다. 가장 시끄러운 학생에게 매번 가장 조용한 역할을 맡기는 것은 이 연습의 오용이다. 보편적으로 사용되는 대화역할은 다음과 같다.

문제, 딜레마 또는 주제 제기자 Problem, Dilemma, or Theme Poser

이 참가자는 대화 주제를 소개하는 임무를 띠고 있다. 자신의 아이디어와 경험에 의거하여, 다른 사람들이 그 주제에 대한 대화에 참여하게끔 도와준다.

성찰하는 분석가 Reflective Analyst

성찰하는 분석가는 대화과정을 기록한다. 몇 분에 한 번씩 공동 관심사, 회피한 이슈 그리고 새로이 등장하는 공통 주제에 초점을 두고 요약해서 제시한다.

탐색자[10] Scrounger

탐색자는 참가자들이 문제나 상황을 해결하기 위한 방법에 대해서 토론할 때 나왔던 유용한 자원, 제안, 팁을 귀담아듣는다. 탐색자는 이러한 아이디어를 기록하고 세션이 끝나기 전에 소리 내어 읽어 준다.

추측자 Speculator

추측자는 새로운 합의점이 나타나는지를 주의 깊게 귀담아듣는다. 새로운 합의점이 나타나면 지금까지 제기되지 않았던 다른 관점을 제의한다. 이것은

---

10) 원래의 의미는 구걸하는 사람임, 역자가 탐색자로 의역하였음—역자 주

집단사고를 방지하며 참가자들이 다양한 해석을 찾게끔 돕는다.

탐정Detective

탐정은 대화에서 나타나고 있는 인정받지 못하고, 점검되지 않고, 도전받지 않은 편견을 주의 깊게 듣는다. 이러한 편견이 나타나면, 이에 대해서 그룹 구성원들의 관심을 이끌어 낸다. 탐정은 인종, 사회계층 및 성별에 대한 우려사항에 대해서 그룹 구성원들에게 경각심을 일으키는 특별한 책임을 맡는다. 탐정은 문화 실명[11]cultural blindness과 성인지 감수성[12] 결여gender insensitivity로 여겨지는 발언과 권력 및 사회계층 변수variables를 무시하는 발언을 귀담아듣는다.

질문자Questioner

질문자는 토론 중에 나왔던 질문을 확인하고 언급이 안 된 질문을 제기한다.

심판Umpire

심판은 그룹 구성원들이 만든 토론규칙을 위배하는 공격적이고, 모욕적이며, 비하하는 것처럼 들리고, 판단이 섞인 발언들을 귀담아듣는다.

내용 감시자Textual Focuser

현재 논의 중인 내용과 관련 없는 것 같은 주장이 나오면, 내용 감시자는 발언자의 주장이 내용의 어디에 있는지 그룹 구성원들에게 알려 줄 것을 요구한다.

---

11) 새로운 문화를 그 옳고 그름을 알지 못한 채 받아들임—역자 주
12) 성인지 감수성(gender sensitivity): 성별 간의 불균형에 대한 이해와 지식을 갖춰 일상생활 속에서의 성차별적 요소를 감지해 내는 민감성을 말하며, 이러한 문제점을 극복해 낼 대안을 찾아내는 능력까지도 포함한다—역자 주(출처: 시사상식사전)

증거 평가자 Evidential Assessor

증거 평가자는 발언자들이 자명한 것으로 설명하지만 실제로는 발언자들의 의견처럼 보이는 사실에 대하여 일반화할 수 있는 경험적인 증거를 제시하라고 요청한다.

합성가 Synthesizer

합성가는 서로 다른 의견 간의 상호관련성을 강조한다. 이러한 역할들은 보통 수행하기가 매우 어렵기 때문에, 만약에 교사가 각각의 역할을 어떻게 수행해야 하는지 학생들에게 시범적으로 보여 준다면 매우 도움이 된다. 팀으로 가르치는 수업에서는, 교사들이 서로 다른 역할을 돌아가면서 할 수 있고, 특정 순간에 어떤 역할이 수행되고 있는지 학생들이 명확히 알게끔 할 수 있다.

8. 지시문을 이용한 대화활동

대화역할을 할당하는 것에 대한 대안으로 내 교수파트너teaching partner였던 스티브 프레스킬Steve Preskill이 개발한 지시문을 이용한 대화활동Conversational Moves이 있다. 스티브는 3×5인치의 카드에 여러 가지 대화지시문conversational moves을 적은 다음, 토론세션을 시작할 때 참가자들에게 무작위로 배포한다. 내 경우에 이 지시문들은 수업계획서에 있는 좋은 토론 참여기준과 유사하다.

학생들은 자신의 카드에 적힌 지시문을 혼자서 읽고, 이어지는 토론에서 적절한 순간에 자신의 지시문을 실행한다. 하지만 이것은 항상 가능한 것이 아니기 때문에 학생들은 자신의 지시문을 실행하는 것에 집착해서는 안 된다. 그러나 학생들은 속으로 생각하고 있다가 기회가 생길 때 실행에 옮겨야 한다. 토론이 끝나면 참가자들에게 전체 지시문 목록을 배포하여 참가자들은 토론 참여로 인정될 수 있는 다양한 방법을 확인할 수 있다. 원한다면 학생들이 지시

문을 어떻게 실행하려 했는지 검토해 볼 수 있다.

구체적인 지시문 사례

다른 사람이 한 말에 관심이 있다는 것을 보여 주는 질문이나 코멘트를 하시오.

다른 사람이 말한 것에 대하여 더 상세히 설명하도록 독려하는 질문이나 코멘트를 하시오.

두 사람이 말한 것들 간의 연계성을 강조하는 코멘트를 하시오.

몸짓언어body language로 다른 사람들이 말하고 있는 것에 관심을 보이시오.

다른 사람의 아이디어가 흥미 있거나 유용하다는 것을 어떻게 찾았는지 구체적으로 말해 보시오.

다른 사람이 말한 것을 보강하거나, 다른 사람이 말한 것에서 비롯된 무엇인가로 시작하시오.

다른 사람의 생각을 구체적으로 보강하시오.

다른 사람이 말한 요점을 부문적이라도 다른 말로 표현하시오.

여러 사람의 의견을 고려하고 토론에서 반복적으로 논의되는 주제를 관찰해서 요약하시오.

인과관계에 대한 질문을 하시오(예: "만약에 이런 일들이 일어난다면 그렇고 그런 일들이 일어난다는 것이 사실이라고 생각하는 이유에 대해 설명해 줄 수 있으신가요?").

적절한 때에, 대화의 진행속도를 늦추고 사람들이 생각할 시간을 가질 수 있도록, 잠깐 침묵의 시간을 가지자고 그룹에 요청하시오.

토론을 통해서 깨닫게 된 바에 대해 감사를 표현할 방법을 찾으시오. 당신이 어떤 것을 더 잘 이해하는 데 도움이 된 것이 무엇인지 구체적으로 밝히시오.

정중하고 건설적인 방식으로 다른 사람의 의견에 반대하시오.

아직 발표하지 못한 사람을 위해서 말할 기회를 마련해 주시오.

9. 지지 및 반박을 위한 인용문 선택활동

지지 및 반박을 위한 인용문 선택활동Quotes to Affirm and Challenge은 배정된 내용을 학생들에게 미리 읽게 함으로써 토론을 좀 더 쉽게 시작하기 위해 고안된 것이다. 학생들에게 숙제로 내 준 수업교재를 다 읽은 후, 그 교재에서 인용문 두 개를 뽑아서 수업에 가져오도록 한다. 그중 하나는 학생이 지지하고 싶은 인용문이고, 다른 하나는 반박하고 싶은 인용문이어야 한다. 학생들은 소그룹으로 나뉘어, 각자 차례대로 자신이 지지하고 싶은 인용문을 제시하고 그 이유를 설명한다.

지지하는 인용문에 대해서 경험적인 사실이라고 옹호할 필요는 없다. 때로 참가자는 인용문이 자신의 견해를 확인해 주기 때문에 또는 자신의 직관이나 경험에 의해 정확하다고 생각하는 것을 지지해 주기 때문에 그 인용문을 제시할 것이다. 때로 참가자는 그 인용문이 교재에서 가장 중요한 요점이라고 느낀다든지, 혹은 그 인용문이 중요한 새로운 정보나 다른 관점들을 포함하기 때문에 그 인용문을 선택한다. 때로는 인용문이 수사학적으로 열정을 불러일으키기 때문에, 또는 아이디어를 아주 서정적이거나 투명하게 표현하기 때문에 지지한다. 소그룹 내의 참가자 모두가 각자가 지지하는 인용문을 제시하고 나면, 그중 하나를 뽑아서 학급 전체에 보고한다. 학급 전체 토론에서, 각 그룹은 특정 인용문을 선택한 이유를 설명한다.

반박을 위한 인용문 선택활동은 동일한 절차에 따라 진행되는데, 학생들은 자신들이 동의하지 않거나, 모순이 발견되거나, 부정확하다고 믿거나, 비난받을 만하거나, 비도덕적인 것으로 생각하는 인용문을 선택한다. 반박을 위한 인용문은 선택 이유와 함께 학급 전체에 보고된다.

10. 인용문 뽑기활동

인용문 뽑기활동Hatful of Quotes은 되도록 스트레스를 받지 않고 의무적으로 토론에 참여하는 것을 목표로 한다. 교재에 대한 토론에 앞서, 교사는 토론할 교재에서 대여섯 개의 문장이나 구절을 뽑아 여러 개의 복사본을 종이에 인쇄한다. 교사는 이 쪽지들을 모자에 넣은 다음 학생들에게 각자 하나씩 뽑으라고 한다. 학생들은 각자 뽑은 인용문에 대해 몇 분간 생각할 시간을 가진 후, 소리 내어 읽고 코멘트를 한다. 발표 순서는 학생들이 정한다. 말하는 데 두려움이 많은 학생은 보통 마지막 순번을 받아 자신의 의견을 생각하고 제시할 수 있는 시간을 더 많이 가진다. 대여섯 개의 인용문들이 여러 번 사용되기 때문에 나중에 발표하는 학생들은 자신의 인용문과 동일한 내용에 대해서 앞의 학생들이 읽고 코멘트한 것을 들었을 것이다. 따라서 자신의 인용문에 대해 설명할 것이 거의 없다고 하더라도, 급우들이 이미 말한 코멘트를 지지 · 보강 · 반박할 수 있다. 이 연습은 모두에게 편안하게 말할 기회를 주는 좋은 방법이다. 소심한 사람들도 무엇인가 말하게 되므로 다음 토론에서 자신감을 갖게 된다.

11. 눈덩이 토론방법

소그룹에 참여하는 것조차도 불편한 학생들을 눈덩이 토론방법Snowballing으로 알려진 과정을 통해 소그룹 토론에 끌어들일 수 있으며, 그 후에 학급 전체 토론에 끌어들일 수 있다. 이 연습은 혼자서 하는 명상에서 시작하여 학급 전체가 참여하는 토론으로 확장된다. 이 과정은 배정된 토론문제에 대해서 학생들이 혼자서 2분 정도 조용히 자신의 생각을 적는 것으로 시작한다. 이 사색의 시간이 지난 다음, 학생들은 짝 지어 약 5분 정도 각자의 아이디어를 공유하고

토론한다.

5분이 경과한 후에, 각 쌍은 다른 쌍과 합쳐 네 명으로 된 그룹을 구성한다. 이 네 명으로 구성된 그룹은 각 쌍이 제기한 문제, 대화에서 발견한 차이점 또는 새로 배운 것을 공유함으로써 대화를 시작한다. 10분 후에 이 그룹은 네 명으로 구성된 다른 그룹과 합류하여 여덟 명으로 구성된 그룹을 형성한다. 마찬가지로 여덟 명으로 구성된 그룹은 네 명으로 구성된 각 그룹이 제기한 문제, 즉 대화에서 발견한 차이점 또는 새로 배운 것을 공유함으로써 대화를 시작한다. 20분 후 이 그룹은 여덟 명으로 구성된 다른 그룹과 합류하여 열여섯 명으로 구성된 그룹을 형성하고, 문제점, 차이점 또는 새로 배운 것을 공유한다. 약 서른두 명으로 구성된 학급에서는 마지막 토론을 위해 열여섯 명으로 구성된 두 그룹이 합류함으로써 끝난다. 눈덩이 토론방법을 통해 서른두 명으로 구성된 학급에서는, 혼자서 조용한 명상으로 시작해서 결국에는 전체 학급토론으로 마무리된다.

12. 분필대화법

분필대화법chalk Talk은 내가 세인트토머스대학교에서 가르쳤던 조직개발론 수업의 학생 스티븐 리피Steven Rippe가 나에게 소개한 것이다. 그는 이것을 폭스파이어 기금The Foxfire Fund에서 일하는 힐턴 스미스Hilton Smith(2009)에게서 배웠다. 분필대화법은 말없이 토론에 참여하는 조용하고 시각적인 방법이다. 분필대화법은 얼마든지 오래 지속될 수 있다. 나는 주로 분필대화법을 말로 하는 토론을 위한 10분간의 명상적인 준비시간으로서 사용해 왔다. 또한 분필대화법은 **변화를 위한 의제**agendas for change를 설정하기 전에, 다양한 조직 구성원의 우려사항을 발굴하는 좋은 방법이 될 수 있다. 다음은 그 구체적인 방법을 설명한 것이다.

① 토론 지도자[13]는 칠판 중앙의 동그라미 안에 질문을 적는다(예: "우리들의 프로젝트가 순조롭게 시작하기 전에 어떤 권력역학이 방해할 것인가?"). 토론 지도자는 칠판 옆에 몇 개의 분필을 놓는다.

② 그런 후에 토론 지도자는 이것은 말 없는 활동이고, 준비되면 질문에 대한 답변을 칠판에 쓰는 것이라고 설명한다. 또한 다른 사람들이 작성한 것에 대한 답변을 쓰거나, 이미 게시된 의견에 대해 질문을 하거나, 제기된 질문에 답변하거나, 관련된 것처럼 보이는 답변들 사이 또는 동일한 질문에 대해 놀랄 만큼 상이한 답변들 사이에 선을 그리는 것 등을 자유롭게 할 수 있다.

③ 사람들은 준비가 되었다고 느낄 때마다 일어나서 원래 질문 또는 게시된 후속 코멘트에 대한 응답으로 무엇인가를 쓴다. 가끔 게시 도중에 긴 침묵이나 중지가 있다.

④ 조력자는 유사하거나 대조되는 것처럼 보이는 의견들을 선을 그려 연결함으로써, 의견에 대한 질문을 적음으로써 또는 자신의 생각을 추가하는 등의 방법으로 참여한다.

⑤ 어느 정도의 긴 침묵이 지속되면, 조력자는 사람들에게 끝났는지 묻는다. 만약 활동이 끝나면, 학급은 칠판의 게시물들에 대해서 토론을 시작한다.

나는 여러 가지 이유로 분필대화법을 좋아한다. 첫째, 단 한 번도 아주 심하게 잘못된 적이 없었기 때문이다. 둘째, 학급 전체에 질문을 던지고 코멘트를 요청하는 것보다 항상 토론에 훨씬 더 많이 참여했기 때문이다. 학급 전체 토론에서는 토론을 지배하는 학생들 5~10퍼센트가 참여하는 데 비해, 5분간의 분필대화세션에서는 흔히 그룹의 절반 이상이 무엇인가를 게시한다. 또한 분필대화법은 침묵을 존중하고 내성적인 사람들에게 게시하기 전에 생각을 정

---

13) 교사를 지칭함(다음 4번에 나오는 조력자도 마찬가지로 교사를 지칭함)−역자 주

리할 시간을 준다. 물론 이러한 내성적인 사람들은 모두가 지켜보는 가운데 무엇인가를 적는다는 것을 어색하게 느낄 것이다. 그러나 보통 동시에 여러 사람이 칠판에 쓰기 때문에 이것이 그렇게 큰 결점은 아니다.

13. 토론을 멈추고 칭찬하기

토론에서 비판적으로 생각하는 것은(즉흥적으로 말하고, 순간적으로 결정해야 하고, 똑똑한 것처럼 보여야 한다고 생각하는 등의 학생들이 느끼는 수행불안 외에도) 지적으로 부담이 클 뿐만 아니라 감정적으로 기진맥진하게 된다. 이것이 내가 언급하는 마지막 활동(토론을 멈추고 칭찬하기)이 필요한 이유이다.

토론에서 가장 드물게 나타나는 행동 중 하나는 누군가가 우리의 학습에 기여한 것에 대해 감사를 표하는 것이다. **토론을 멈추고 칭찬하기**The Appreciative Pause 는 의도적으로 감사를 표하는 행동에 초점을 맞춘 방법이다. 권력을 찾아갈 수 있다는 자신감을 키우는 한 가지 방법은 가정을 확인하고 점검하고, 폭넓게 이해하고, 다른 각도에서 조사하는 등의 경우에 학생들이 서로서로 동료의 피드백이 도움이 되었다는 것을 보여 주는 것이다.

토론을 멈추고 칭찬하기는 다음과 같이 수행한다. 교사는 모든 토론에서 적어도 한 번 약 1분 정도 토론을 멈출 것을 요청한다. 이 시간에 허용되는 유일한 코멘트는 다른 사람(교사가 아닌)이 토론에서 말한 무엇인가가 학습에 기여한 점을 인정하는 것이다. 칭찬은 흔히 다음을 대상으로 한다.

- 새로운 사고방식을 제안하는 질문
- 그때까지 혼란스러웠던 것을 명확히 설명해 주는 코멘트
- 새로운 사고방식을 향해 길을 터 주는 코멘트
- 가정을 확인하는 데 도움이 되는 코멘트

- 도움이 되는 증거를 제시하는 코멘트
- 해결할 필요가 있는 논리적 공백을 확인해 주는 코멘트
- 이전에 고려되지 않은 흥미로운 새로운 아이디어
- 연결고리가 명확하지 않은 두 가지 다른 아이디어들 간 또는 의견 간의 연결고리를 보여 주는 코멘트
- 어려운 개념의 이해 증진에 도움을 주는 사례

토론을 멈추고 칭찬하기는 온라인상에 학우가 자신들의 학습 향상에 어떻게 도움이 되었는지 요약한 댓글만 게재할 수 있는 감사의 말 게시판을 만듦으로써 쉽게 수행될 수 있다. 댓글은 시간이 지나면서 축적되어 특별히 감사를 받은 학우들이 한 일들이 영원한 기록으로 남는다. 토론을 멈추고 칭찬하기는 새로운 학생들이 학우들의 지원과 비판의 중요성을 알게 하도록 미래의 과정에서 재현될 수 있으며, 교사들이 시도할 수 있는 새로운 활동에 도움이 될 수 있다.

14. 요약

이 장에서 나는 단순히 학생에게 말하게 하는 것이, 성인교실에서 어느 정도 권력관계를 동등하게 한다는 생각에 반대하는 주장을 했다. 나는 성인교육자들이 주의 깊게 듣는 대화구조를 만들기 위해, 그리고 표현을 잘하거나 자기중심적인 참가자들이 대화를 지배하고 조기에 의제를 설정하는 것을 차단하기 위해 개입할 필요가 있다고 주장했다. 나는 성인교육자들은 성찰하는 침묵의 시간을 갖기 위해, 모든 사람이 초기에 말할 수 있는 기회를 제도화하기 위해, 그리고 앞에서 말한 사람들의 의견을 보강하도록 요구하기 위해 자신들의 권력을 사용해야 한다고 믿는다. 이것 때문에 당신은 나를 교사가 **이끄는 토론**

guided discussion의 지지자라고 생각할 수도 있다. 사실, 만약에 교사가 이끄는 토론이 미리 정해진 결론으로 대화를 이끄는 것을 뜻한다면 정반대이다. 그런 종류의 토론은 얄팍한 속임수로서 교사 권력을 행사하는 것이다.

모든 사람이 말할 기회를 갖고 침묵이 존중되고 불편한 관점들이 너무 빨리 파묻히지 않도록 고집함으로써 대화과정을 이끌 필요가 있지만, 미리 정해진 방향으로 토론을 이끄는 것은 패터슨Paterson(1970)이 정의한 위조 토론Counterfeit discussion의 예라고 믿는다. 민주적 토론의 개념에 내재한 아이디어는 당신이 어디로 가고 있는지 혹은 대화가 어디서 끝날지 결코 알지 못한다는 점이다. 대화를 특정 결말로 이끄는 코멘트들만 허용하는 것은 보다 더 명확하고 간단하겠지만, 이렇게 한다면 당신은 토론이 아니라 구조화된 대화 또는 소크라테스의 문답법Socratic questioning에 참여하고 있는 것이다. 이 둘 다 학생들이 특정 방식으로 개념을 배울 수 있도록 도와주는 적절한 교수방법으로 나 자신도 둘 다 사용하지만, 토론과 동일하지는 않다. 진짜 토론은 울타리에 몰아넣어지는 것에 저항하는데, 이것이 토론이 성가시고도 흥분을 유발하는 이유 중의 하나이다.

다음 장에서는 언뜻 보기에는 토론 기반 교육방법과 매우 동떨어진 것처럼 보이는 접근법(자기주도 지원하기fostering self-direction)으로 옮겨 간다. 그러나 알게 되겠지만, 자기주도로 학습하기 위해서는 상당한 협동작업이 필요하며, 토론 기반 접근법도 포함해야 한다. 자기주도학습self-directed learning은 또한 학생들이 권력을 찾아갈 수 있는 조건을 만드는 잠재력을 가지고 있다.

제**4**장

자기주도학습 지원하기

권력이 불어넣어진 학습자들을 생각할 때, 혼자 힘으로 어떤 일을 해내고 자신만의 노력으로 일이 이루어지게끔 하는 사람들을 떠올리게 된다. 나는 자기주도학습도 이와 비슷하다고 생각한다. 즉, 무엇을 배워야 할지를 스스로 결정하고, 가르쳐 줄 사람이 없을 때 혼자 힘으로 배우기 때문이다. 예를 들면, '혼자 힘으로 하라Do It Yourself: DIY'는 펑크[1]punk 윤리의 핵심이다(Furness, 2012). 나는 때로는 한 사람이 혼자 힘으로 어떤 일을 해내는 장면을, 때로는 사람들이 집단으로, 스스로의 힘으로 어떤 일을 해내는 장면을 상상한다. 따라서 나에게는 권력이 불어넣어진 학습자와 자기주도학습자라는 용어가 매우 비슷하게 연상된다. 이것이 파워풀한 교육방법에 관한 책에서 자기주도학습을 다루어야 하는 이유이다.

그러나 '자기주도'의 정의가 '가르치는 사람이 없는 것'이라면 자기주도를 가르친다는 말을 어떻게 할 수 있을까? 이 질문에 대한 답은 두 가지가 있다. 첫

---

1) 펑크(punk): 1970년대 말에서 1980년대 초에 젊은이들 사이에서 유행한 과격하고 정열적인 사운드의 록 음악−역자 주

째, 앞으로 알게 되겠지만, 자기주도학습을 시도하는 학습자가 프로젝트를 추진하기 위해서 자신에게 프로젝트의 특정 부문을 가르쳐 줄 외부교사들의 도움이 필요한 때가 있다. 둘째, 교사들은 교실에서 성인들이 특정 교육과정에 속하지 않는 자기주도학습 프로젝트를 수행할 기반을 마련하도록 도움을 줄수 있으며, 이는 자기주도학습과 권력을 불어넣기 위해 가르치는 광범위한 주제로 연결된다.

1. 자기주도학습이란 무엇인가

이 장을 쓰고 있는 동안 피닉스대학교Phoenix University의 광고가 TV에 방송되고 있었는데, 학습자들이 비행기 안, 버스 안, 공장의 카페, 어린이리그게임a Little Leaguegame의 관람석 등에서 공부하고 있었다. 이것은 흔히 자기주도학습의 모습으로 여겨진다(고립된 개인들이 교육과 훈련을 받기 위해서 탄력적으로 일하면서, 직장, 가정, 지역사회의 요구에 부합하는 맞춤식 공부).

그러나 이것은 자기주도학습이 아니라 학생들이 제도적으로 승인된 목표를 달성할 방법을 결정할 선택권의 일부를 가지는 자기조절학습self-regulated learning이다(Bembenutty, 2011). 자기조절학습에 관한 최근의 간행물에는 자기조절학습이란 학생이 스스로 "목표달성을 향한 성과를 감시하고 반영하는 한편, 가치있는 학문적 목표를 추구하기 위하여 자신의 행동, 사고, 감정을 조절하는 능력"이라고 정의한다(Bembenutty, 2011, p. 3). 나는 이러한 유연성 있는 자기조절학습을 지지한다(학습자들에게 언제 정해진 교재를 읽을지, 언제 과제물을 끝낼지, 언제까지 게시할지 결정할 기회를 주거나, 학습자들의 경험이 제도적으로 규정된 기술과 동등한지 증명할 기회를 준다). 나는 학생들에게 학습 선택권의 일부를 주거나, 교육과정에 대해서 학생들과 협상하는 것을 좋아한다. 그러나 나는 이것을 자기주도학습이라고 부르지 않는다. 자기주도학습은 배워야 할 것, 배우

는 방법, 충분히 잘 배웠는지 판단하는 방법 등에 대한 결정권이 완전히 학습
자의 손안에 있다. 세련된 용어를 사용하자면, 핵심문제는 통제 소재가 어디
에 있는가이다.

만일 자기주도학습이 무엇을, 어떻게 배울 것인지에 대한 중요한 결정이 학
생들의 손에 있는 과정이라고 생각한다면, 자기주도학습은 **교육을 반대하는 것**
antipedagogy도 아니고 본질적으로 고립된 것도 아님이 명백해진다. 의사결정권
이 있는 사람은 학습프로젝트의 특정 요소를 일시적으로 교사의 지도 아래 맡
길 필요가 있다고 결정할 수 있다. 예를 들면, **리드 기타리스트**lead guitarist가 되라
고 강요받았을 때(일시적으로) 나는 밴드의 다른 구성원에게 자문을 구했다. 그
는 나에게 몇 개의 기본 음계 연주법을 배우라고 말했고, 그에 따라 나는 특정
솔로기타 연주법을 선택할 수 있었다. 나는 **유튜브**YouTube에 접속해서 조회 수
가 많은 영상의 지침을 따랐다. 이 사례에서 자기주도란 교사와 동료 모두에게
서 방안을 찾는 것을 의미하지만, 학습의 전반적인 방향이나 실행에 관한 결정
권은 여전히 내 손안에 있다.

미국에서 자기주도 개념이 성인교육자들의 주의를 끈 것은 우연이 아니다.
이 개념은 학습이 최적으로 발생하는 것을 대표하며, 미국의 **개인지상주의**[2]
rugged individualism 이데올로기에 매우 잘 맞는다. 자기주도는 완전히 개인적인 노
력으로 역경을 딛고 자수성가한 사람들에 대한 신화를 강조한다. 이 신화는 사
람들이 모여 이야기하는 자리에서 자신의 자리를 주장할 수 있는, 자수성가한
사람들에게 부여되는 올해의 상을 수상한 성인학습자에 관한 이야기이다. 클
레어St. Clair(2004)는 **기대의 신화**myth of aspiration가 성인교육자에게 미치는 영향력에
대해서 간략하게 설명하였으며, 나는 개척자들이 대담하게 정복한 새로운 학
습 영역의 유럽 중심 경향의 아이디어Eurocentrically inclined idea만큼 강력한 신화는 없
다고 주장한다.

---

2) 사회 및 경제 관계에서 개인의 자유, 독립성, 자립, 자기주도, 자유경쟁을 주장하는 사상-역자 주

성인교육의 중심에는 자기주도학습이 있지만, 자기주도학습의 의미와 이행방법에 대해서는 성인교육 분야의 정책과 관련된 것이 더 많다. 현재 우세한 견해는 자기조절학습의 개념과 호환하여 사용될 수 있다는 것인데, 성인들이 배우는 시기와 배우는 방법을 스스로 조절하게 함으로써 지정된 기술, 지식 및 성향을 얻도록 도와주는 것이다. 자기주도학습은 다양한 이유로 제도권 학급에 참여할 수 없거나 참여를 원하지 않는 학습자들의 개인 사정에 맞춤식으로 적용할 수 있어서 칭찬받고 있다. 이 관점은 『자기주도학습 국제학술지 International Journal of Self-Directed Learning』에 잘 설명되어 있는데, 여기에 실린 논문들은 정해진 기술을 습득하고 정해진 교육과정을 협상하는 데 학습자들에게 도움이 되는 자기주도접근법의 효과를 장기적으로 살펴보고 있다. 전형적인 논문으로는 중고등학교교실(Carmichael, 2007), 노인요양과정(Park et al., 2006; Park, Candler, & Durso, 2006), 사관학교훈련(Gabrielle, Guglielmino, & Guglielmino, 2006), 물리 및 화학 과정(McCauley & McClelland, 2004; Thompson & Wulff, 2004), 그리고 초등학생들의(Mok, Leung, & Shan, 2005) 자기주도학습방법을 탐구한 것들이 있다.

내 관점에서 보면 이것은 자기주도학습이라기보다는 **스스로 진도를 조절하는 학습**self-paced learning이다. 만일 전문가나 교육 당국이 아니라 학습자 스스로가 필요하다고 생각해서 자기주도학습을 시작한다면, 이는 아마도 성인교육 분야에서 가장 급진적인 전통 중 하나일 것이다. 내 견해로는 의미상 이것(교육기관들이 배워야 한다고 말하는 것에 괘념치 않고, 사람들이 무엇을 어떤 식으로 배울지 스스로 결정하는 것)은 무정부적이고 통제 불능이다. 진정으로 자기주도가 된다는 것은 권력이 불어넣어지는 것이다(당신에게 가장 중요한 것과 그것을 어떻게 배우기를 원하는지 그리고 언제 끝낼지에 대해서 스스로가 결정하는 것). 자기주도학습은 학점을 취득하기 위해서가 아니라 사람들이 의미 있는 삶을 이끌어가기 위해 하는 것이기 때문이다.

1) 저자의 사례

자기주도에 대한 내 생각을 보여 주기 위해, 나 자신의 자기주도학습 프로젝트 사례 세 개를 들겠다. 첫 번째는 인종과 인종차별에 대한 학습과 관련된다. 약 20년 전, 백인 동료(엘리자베스 카슬Elizabeth Kasl)가 나에게 성인교육에 대한 나의 이해와 실천에는 인종에 대한 고려가 없다면서 이의를 제기했다. 그녀는 나에게(지금 내가 사용하고 있는 것보다 훨씬 부드러운 용어로) 교사와 학생들의 인종적 정체성은 문제가 아닌 것처럼 가르치는 것은 시야가 좁고 순진한 것이며, 내가 매일같이 무의식적으로 인종차별 행위를 하고 있다고 말했다. 나는 동의하지 않았지만, 그녀의 코멘트는 이후 의심의 씨앗이 되어 계속해서 나를 괴롭혔는데, 이는 내가 그녀를 존경하고 있었고 그녀의 판단이 옳을 수도 있다고 생각했기 때문이다. 그래서 결국은 내가 수행해야 할 자기주도학습 프로젝트로 백인우월주의(백인은 태어날 때부터 뛰어난 지능과 리더십 자질을 가지고 있기 때문에 권위를 차지하기에 가장 적격이라는 믿음)가 내 속에 자리 잡고 있는지, 있다면 어떻게 내 안에 둥지를 틀게 되었는지를 살펴보기로 결정했다.

내가 근무하고 있는 대학에서는 이와 관련한 워크숍이 없었기 때문에 나는 누구와 이야기할지, 무엇을 읽을지 등에 대해 혼자서 해결해야 했다. 내가 사용한 방법 중 하나는 내가 정기적으로 무의식적인 인종차별 행위(유색인 동료나 학생들에게 일상적으로 행하는 배제exclusion, 고정관념stereotyping, 소외marginalizing 등의 작은 행위)를 하는 방식을 탐구하기 위해 『비판이론과 권력의 극소실체critical theory and the microrealities of power』(Brookfield, 2004)에 대한 나의 지식을 이용하는 것이었다. 무의식적인 인종차별 행위에 관한 독서뿐 아니라(Sue et al., 2007), 유색인 동료들과도 상의했다(Peterson & Brookfield, 2007; Sheared et al., 2010).

이것을 자기주도학습의 본보기로 삼는 것은 어떤 것을 그리고 어떻게 학습할 것인가에 관한 결정권이 궁극적으로 나에게 있다는 점이다. 이는 다른 사람들이 관여되지 않았다는 말이 아니다. 어쨌든 이러한 것을 학습할 동기는 엘리

자베스와의 충격적인 대화 후에 생겨났다. 그러나 단지 이것에 대해 읽는 것만
으로는 전적으로 인지적이고 이성적인 분석 수준에서 이 문제를 이해할 수밖
에 없었기 때문에 나는 동료, 친구 그리고 학생들과 긴 대화를 할 필요가 있음
을 느꼈다. 그렇게 해야지만 인종차별 행위가 내 속에 영원히 자리 잡게 된 원
초적인 감정의 요소들과 내 세계가 충돌할 수 있었다. 나에게 유용한 인적 자
원과 물적 자원을 알려 주고, 일반적으로는 인종차별 행위에 대해서, 개인적으
로는 내가 인종차별 행위에 협조하고 있다는 것에 대해서, 내가 학습하고, 학
습하는 것에 대해서 곰곰이 생각하고, 학습하는 것을 이해할 수 있도록 도와줄
사람들이 필요했다. 이 프로젝트에서 가장 힘든 부분 중 하나는 인종차별의 본
능, 충동, 사고가 내 안에 너무 깊이 자리 잡고 있었다는 것으로, 내가 가장 바
라는 바는 이러한 것들이 특정 상황에서 나를 지배하지 않도록 하는 것이었다.

　지난 몇 년간 내가 수행한 두 번째 자기주도학습 프로젝트는 나 자신의 우울
증에 대처하는 방법을 학습하는 것이었다. 나의 우울증상을 상의할 수 있는 우
울증을 앓는 동료들이 거의 없었기 때문에 이것은 나 혼자서 해내야 하는 학습
프로젝트였다. 여기에는 자신의 치부를 드러내는 주제에 대해 이야기하는 대
인관계 능력을 키우는 것뿐만 아니라 기술적이고 감정적인 학습도 포함되었
다(Brookfield, 2011). 나는 많은 자습서를 읽었고 거기에서 권고하는 운동, 명
상, 인지행동치료법 등을 시도해 보았다. 이런 모든 방법이 큰 효과가 없다는
것이 명백해지자 나는 정신의학적인 도움을 받았고 약물치료를 시도하기로
결정했다. 한두 번 정신과 의사를 만난 후 한 의사의 **지시적 접근법**directive approach
을 사용한 치료법이 내 증상에 효과가 있었다. 그 의사의 지시대로 나는 여러
가지 약물을 시도했으며 결국 나를 안정시키는 약들의 조합을 찾았다. 지금은
인지행동치료대본cognitive-behavioral therapy scripts을 이용한 치료법이 나에게 훨씬 잘
맞다. 이것은 학습자가 일정기간 전문가의 권위에 자신을 맡기기로 결정한 좋
은 프로젝트의 예이다.

　마지막으로, 몇 년 전에 내가 활동한 밴드인 The 99ers[3])가 테네시주Tennessee

내슈빌Nashville에 있는 스핀아웃 레코드사[4]Spinout Records를 설득해서 첫 앨범을 낼 수 있는 행운을 얻었다. 우리는 이 앨범을 우리 집의 지하실에서 녹음하기로 결정하였고, 즉시 휴대용 24트랙 녹음스튜디오를 구입하여 이를 사용하는 방법, 적당한 가격의 질 좋은 마이크를 사는 법, 다양한 악기와 목소리를 녹음하는 법을 학습하였으며, 그런 후에 다양한 타악기, 베이스, 기타, 보컬트랙을 함께 연주하는 법을 학습해야 했다. 신기술에 대한 두려움이 상당히 컸었기 때문에 이 프로젝트는 나에게 진정한 도전이었다. 그러나 부지런히 스튜디오의 매뉴얼을 공부했고, 많은 시행착오를 거치면서 학습했으며, 온라인 검색엔진에 구체적인 질문을 올렸다. 또한 지역 디제이DJ들과 상의했고, 디제이들은 엔지니어들을 소개해 주었으며, 엔지니어들은 구체적인 질문에 대답해 주었다.

이 세 프로젝트 모두에서 내가 다른 사람들을 자원 및 자문단으로 이용했다는 것은 나에게는 놀라운 일이다. 내가 이렇게 한 것은, 이 분야에 관련된 연구에 따르면 전형적인 것이다. 피터스와 그레이Peters and Grey(2005)는 자기주도학습에서 다른 사람들과 협력하는 것이 필수요소임을 보여 주는 일련의 연구들을 요약했다. 대학원생들(Davis et al., 2010), 지역사회 지도자들(Phares & Guglielmino, 2010), 교장들(Guglielmino & Hillard, 2007), 자선단체나 비영리단체의 경영진들(Liddell, 2008; Ziga, 2008)의 최근 자기주도학습에 관한 실증연구empirical study들은 모두 학습네트워크의 중요성을 강조하고 진척 상황에 관해서 동년배들을 자문단으로 이용하는 것이 중요함을 강조한다. 공동으로 하는 자기주도학습에 대해서 이야기하는 것은 모순이 아니다(Moore et al., 2005). 자문을 구하고, 진척상황을 점검하고, 문제해결에 도움을 주거나 새로운 방향을 제안해 줄 사람들이 필요하다고 결정하는 것은 전혀 모순이 아니다.

------

3) http://www.the99ersband.com
4) http://spinoutmusic.com

2) 자기주도학습은 권력과 어떤 관련이 있는가

학습이란 무엇이며, 어떻게 학습을 수행하고, 학습을 누가 평가할 것인지에 대한 결정권이 공인된 교사들이나 기관들의 통제를 벗어나면 언제나 공권력에 대한 도전이 생긴다. 근본적으로 자기주도학습은 권력과 통제에 관한 것이다. 즉, 무엇을 배울지, 무엇이 타당한 지식이나 교과과정인지, 그리고 이러한 것들을 탐구하는 방법을 통제하는 권력을 누가 가질지를 결정하는 것에 관한 것이다. 많은 성인교육자에게 자기주도의 아이디어가 먹히는 이유 중 하나는 자기주도가 권위주의와 교육전체주의와의 단절을 의미하기 때문이다. 이는 학습의 의미, 과정, 평가에 대한 통제가 외부 당국이 아니라 학습하고자 하는 사람들에게 달려 있다는 것을 의미한다. 자기주도를 통해서 성인들이 자기 삶에 대해서 점점 더 많은 통제권을 가질 수 있다는 믿음(이것이 비록 순진한 믿음이라고 밝혀지더라도)은 해방의 믿음이다. 이것이 내가 대학원생 시절에 다음과 같은 **겔피의 견해**Gelpi's view(Gelpi, 1979)에 끌린 이유이다. "개인과 집단에 의한 자기주도학습은 모든 억압적인 권력에 대한 위협이며, 우리가 주장해야 하는 것은 이 자기주도에 달려 있다. …… 사회적, 도덕적, 미학적, 그리고 정치적 사안에서의 급진적인 변화는 대개 외부로부터 부과된 교육적 메시지에 반대하는 자기주도학습 과정의 결과이다"(p. 2).

나는 이 주장을 나의 다른 저서(Brookfield, 2000, 2007)에서 보다 광범위하게 다루었기 때문에 여기서는 더 이상 깊게 들어가지 않겠다. 자기주도에 대해서 언급할 때, 권력과 통제에 대한 이슈, 특히 수용할 만하고 적절한 학습활동의 정의와 관련된 이슈는 언제나 고질적으로 나타난다는 점만 말하면 충분하다. 지적인 탐구와 실용적인 탐구의 경계를 누가 정할 것인가는 항상 정치적인 문제이며, 자기주도는 이 결정권을 당당하게 학습자의 손에 둔다. 이것이 하이랜더 시민학교에서의 마일스 호튼이 따른 활동의 기본 원칙이었다(Horton, 1990). 하이랜더 시민학교의 참가자들은 그곳에서 일어날 일에 대한 의사결

정 경험을 통해서 민주화 과정을 배웠다. 호튼은 민주화 과정은 분리될 수 없으며, 즉 이 민주화 과정에는 조력자가 제약조건들을 부과할 수 없고, "학생들이 전체 과정을 통제하기를 원한다면, 학생들로 하여금 통제하도록 할 수 있는 한, 당신은 어느 순간에도 학생들의 손에서 통제권을 빼앗아 오면 안 된다." (p. 136)라고 주장하였다. 자기주도학습에서도 하이랜더의 과정과 마찬가지이다. 성인이 학습하는 방식과 방향을 누가 통제하는가는 교육적 권력과 정치적 권력의 분배가 초점인 정치적 문제이다. 결정할 범위와 유형의 틀을 짜는 데 누가 최종 결정권을 가지는지, 의사결정 절차와 방법을 누가 수립하는지 살펴보면 권력이 실제로 어디에 있는지 상당 부분 밝혀진다.

안드러스케Andruske(2000)의 정치행위로서 자기주도학습에 대한 연구는 이 점을 잘 설명하고 있다. 그녀는 생활보호를 받는 21명의 여성들(흔히 우익인사들로부터 아무 계획 없이 살며 국가에 빌붙는 식객으로 묘사되고 있다.)을 연구했는데, "여성들의 자기주도학습 프로젝트는 여성들이 정치적인 에이전트agent가 되는 결과를 낳는다……. 자신들의 일상세계의 사회공간과 사회구조를 탐색하면서 자신들의 삶을 통제하고 권력을 회복할 길을 찾는다."라고 결론을 내렸다 (p. 14). 안드러스케의 연구 대상자들은 복지공무원 등의 관료 및 정책 관리자와의 직접적인 마찰을 불러온 복잡한 법 연구 및 정책 분석에 관여하였다. 그들은 이러한 공무원들이 관례적으로, 청구인이 상당한 연구를 필요로 하는 복지 수혜자들의 잠재적인 혜택에 대해서 알려 주지 않는다는 것을 짧은 시간 내에 학습했다. 그래서 자기주도의 일부분은 지역사회의 정보의 흐름을 통제하는 구조에 도전하는 것이며, 그들의 삶을 증진하기 위해 필요한 자원에 접근할 수 있도록 싸우는 것이다.

자기주도학습 수행에 필요한 자원 확보를 위한 싸움은 확실히 지배권력에 도전하는 정치적 행동이다. 학습자로서, 어떤 것을 하거나 학습하기 위해서 개발할 필요가 있는 기술에 대해 명확하게 분석할 수 있지만, 필요한 자원을 구하기 위해 내가 접근한 사람이 내 계획은 좋지만 조직과 커뮤니티에 강요

된 예산 삭감 때문에 우선순위가 바뀌어서 내 계획은 쓸모없게 되었다고 거듭해서 말하는 경우가 있을 수 있다. 이 경우, 자원에 대한 접근이 차단된 문제는 관리자 개인의 성격문제(근시안적이고, 까다롭고, 관료적인 관리자가 끊임없이 나를 방해하는)일 뿐만 아니라 구조적인 제약의 문제라는 것도 조만간 깨닫게 될 것이다.

내가 계획했던 자기주도학습 시도에 물리적인 장비가 필요하다면, 그리고 그러한 장비를 소유하고 있거나 통제하고 있는 사람들이 비용문제나 다른 우선순위 때문에 내가 사용할 수 없다고 말한다면, 나는 교육에 필요한 자원을 소유하고 있는 사람이 누구인지 즉각 인지하게 된다. 내가 만약 전문가 그룹(예: 의사들이나 변호사들)의 제도적 헤게모니에 대한 도전과 관련된 자기주도학습 프로젝트를 시작하기로 결정한다면, 나는 의학 전문가들, 법률 전문가들 그리고 그들의 협회가 자신들의 권위적 지위를 유지하기 위해서 내 앞길을 가로막는, 극복하기 힘든 장애물을 놓는다는 것을 알게 될 것이다. 그래서 자기주도가 되면 학습자들이 자신들의 학습 프로젝트를 성공적으로 수행하기 위해 필요한 자원이 차별적으로 배분되어 있으며, 흔히 정보나 시설에 대한 독점권을 포기하지 않으려는 문지기들의 통제하에 있다는 것을 알게 됨으로써, 본질적으로 정치에 관심을 갖게 될 수 있다.

또한 나 자신의 성장을 위해서 필수적이라고 생각하는 것을 학습하기로 결정했지만, 관련된 지식이나 기술이 바람직하지 않은 것들이거나 부적절한 것들이거나 권력과 권위를 약화시키는 것들이라는 답변을 들을 수도 있다. 만약 다른 정치이데올로기를 탐구하는 책들을 '부적합'하다고 하여 공공도서관에서 없애 버렸거나, 아마도 더 가능성이 크겠지만 애초에 주문된 적이 없었다고 하면, 그 정치이데올로기를 탐구하려는 욕구는 의미가 없게 된다. 마조히즘[5]masochism

---

5) 이성으로부터 육체적 또는 정신적으로 학대를 받고 고통을 받음으로써 성적 만족을 느끼는 병적인 심리상태-역자 주

에 심취한 것처럼, 교육자로서 내 교육방법이 무의식적으로 억압적이고 문화적으로 왜곡되었는지 더 잘 이해하기 위한 자기주도학습 프로젝트를 수행하기로 결정할 수도 있다. 하지만 이 프로젝트에 필요한 교재들이 비싸서 나도 그렇고 지역 도서관도 구입할 형편이 안 된다는 것을 발견할 수도 있다. 이 점에서 성인교육에 대한 비판적 분석 서적들이, 그 책들을 읽음으로써 가장 많은 혜택을 얻는 사람들의 주머니 사정을 고려하지 않고, 비싼 가격으로 출판되어 구입을 어렵게 하며 정치적 영향을 효과적으로 거세했다는 점은 아이러니하다[마르쿠제(1965)의 억압적 관용에 대한 아이디어의 한 사례이다].

2. 다섯 가지 경고

이번 장의 첫머리에서 설명한 자기주도학습에 대해 무비판적으로 찬양하는 함정에 빠지지 않도록, 사례를 조사하기 전에 여태까지 이야기해 온 것에 대한 다섯 가지 경고 또는 반대의견을 추가하고자 한다.

1) 통제로서의 자기주도

첫째, 자기주도학습을 내가 설명했던 방식과 전혀 다르게, 보다 통제하는 방식으로 이해하는 것도 가능하다. 푸코(1980)의 규율권력(자신들이 올바르게 행동하기 위해 개인들이 사용하는 권력) 분석에 따르면, 자기주도학습 기술(학생의 학습 계약 등)을 고도로 발달된 감시 형태로 보는 것도 가능하다. 이 관점에서 보면, 학습계약은 교사가 현장에 나타날 필요 없이 학습 내용과 방법을 감시하는 복잡한 수단으로 이해할 수 있다. 자기주도학습을 통해 규율권력의 사용이 더 조장될 수 있다는 점은 **자기주도교실**self-directed classrooms 만들기에 관한 책 속에 '규율의 자기주도계획 …… 교사와 학생 간에 서면으로 협상된 계획'(Areglado,

Bradley, & Lane, 1996. p. 66)은 그 계획에 의해서 '자기주도 행위가 **자기규율**self-discipline이 되는 수단'(p. 63)이라고 설명되어 있다.

2) 가짜 자기주도

둘째, 내 분석에서는 가짜 자기주도에 관한 문제는 다루지 않았다. 다시 말하면, 가짜 자기주도란 당신이 신뢰할 수 있는 프로젝트를 통제하고 있다고 믿고 있지만 실제로는 이데올로기적으로 조작된 욕구를 연출하고 있는 것을 말한다. 예를 들면, 당신의 감정을 조절하는 법을 학습하는 것은(마치 감정이 이성을 방해하는 일탈인 것처럼) 유럽 중심 존재방식에 대한 이해를 의미한다. 많은 사람은 마치 명령에 따라 잠기고 열리는 수도꼭지처럼 자신의 감정을 통제하려고 하는 것은 심리적으로 해롭다고 주장할 것이다. 시장에서 우위를 점하고 경쟁업체보다 더 많이 팔고, 더 좋은 실적을 올리기 위해 경쟁력을 기르는 법을 학습하는 것은 일반적인 조직 프로젝트이다. 그러나 그런 프로젝트는 자본주의를 비판 없이 받아들였다는 것을 나타낸다. 인기를 얻는 법, 영향력을 확대하는 가장 좋은 방법이 무엇인지 알아내는 법, 기쁘게 하는 법을 학습하는 것은 모두 성공이라고 여기는 지배개념을 반영한 것이다. 남자들의 호감을 받기 위해서 자신의 똑똑함을 숨기고, 스포츠에 관심 있는 것처럼 꾸미는 것을 학습하는 젊은 여성은 자기주도학습 프로젝트에 참여하고 있지만, 그것이 그녀가 관심 있어서 하는 것은 아니다. 그래서 자기주도학습 노력에 대한 분석요소 중 하나는 지배이데올로기를 대표하거나 지배이데올로기에 의해 꾸며진 정도에 대해서 질문하는 것, 즉 우리의 진정한 관심사에 반하는 정도에 대해 질문하는 것이다.

3) 자아에 대한 의문제기

셋째, 자기주도학습의 중심에 있는 **자아**self의 개념은 그 자체가 매우 의심스
럽다. 자기주도학습은 현대적 개념의 자아에 기초한다. 자기주도학습자는 매
혹적인 다양한 가능성 중에서 자유롭게 자발적인 선택을 하는 사람으로 여겨
진다. 그 선택에는 학습자 자신의 정체성의 중심에 있는 목표, 꿈, 열망을 실현
하기 위한 욕구가 반영되어 있다. 그래서 자기주도학습은 학습하는 자아의 존
재에 의해 결정된다. 이것은 각 개별 학습자를 자신의 학습목표를 달성하기 위
해 영광스러운 고립 속에서 학습하는 **자족적이며**self-contained **자율적인**internally driven
존재로 본다. 이 자아는 사회, 문화, 정치적인 힘으로부터 분리된 채, 합리적이
고 진실하며 내적으로 일관성 있는 선택을 할 수 있는, 유동적이고 자율적이
며, 의욕적인 에이전트로 간주된다.

에렌라이히Ehrenreich(1990)는 이 개인주의의 개념에서 "각 자아는 나타나는 다
양한 '관계들' 중에서 협상을 가장 잘하기 위해 자신의 가치에 관한 작은 행성
시스템과 동반하는 자신의 궤적을 쫓아가는 것으로 볼 수 있다."라고 기록한
다. 또한 "모든 가치는 자아의 위성들과 같으며, 이 '자아'를 다른 모든 자아의
산물로서 이해할 방법은 전혀 없기 때문에(현재와 역사의 기억 속에서), 우리는
서로를 **도덕적 담화**moral discourse에 참여시킬 방법이 전혀 없으며, 정기적인 정치
적 토론에서는 더더욱 그렇다."(p. 102)라고 언급한다. 비판이론은 이 핵심자
아core self의 개념에 의문을 제기하고, 정체성은 항상 역사와 문화에 뿌리를 내
리고 있으며, 자아는 사회적으로 형성된다고 주장한다(Brookfield, 2004). **포스
트모더니즘**postmodernism 또한 **진정한 핵심자아**core authentic self의 개념을 부인하며, 상
황적인 요인에 따라 변하는 **유연한 위치성**[6]flexible positionalities을 사실로 받아들인다
(Bagnall, 1999). 포스트모더니즘의 원리 중 하나는 (비록 포스트모더니즘 신봉자

---

6) 문화, 민족 또는 성별 문제에서 타인과 비교하여 특정 위치를 점하는 것-역자 주

들은 원리처럼 고정된 모든 것을 거부하지만) 똑같은 사람이 상황에 따라 근본적으로 다르고 모순적인 방식으로 행동할 수 있다는 것이다. 우리 모두는 자신이 처한 상황에 따라 자애로운 성자가 될 수도 있고, 대량학살을 하는 악마가 될 수도 있다.

4) 권력 약화를 위한 자기주도

비록 내가 제시한 자기주도의 사례들이 대부분 긍정적일지라도, 자신을 숨기거나 침묵하는 법을 자기주도로 학습하기로 결정하는 경우도 흔하다. 이민 온 브리티시 캐리비언British Caribbean 여성들이 어떻게 미국 문화와 협상하는 법을 학습했는지에 대한 알프레드Alfred(2001)의 연구에 따르면, 그 여성들이 성인교실에서 오해를 살까 봐 두려워서 침묵하는 법, 가장자리를 찾는 법, 자신의 존재가 드러나지 않도록 숨는 법을 어떻게 학습하였는지에 대해서 설명한다. 내성적인 사람으로서 나는 대학 토론세미나에 참여하는 것을 매우 싫어했고, 멍청하게 보일까 두려워서 입을 닫고 있는 법을 학습했다. 내 '비밀의' 기간에 우울증에 대처하면서(내가 공개적으로 내 자신의 상태를 알리기 전), 나는 진짜 이유를 밝히지 않고, 내가 왜 마감일을 준수하지 못했는지, 콘퍼런스에 참석할 수 없었는지, 여행을 갈 수 없었는지 변명할 많은 속임수 전략을 학습했다. 이러한 경우들에서 사람들은 특정 기술과 지식을 개발하기 위해 자기주도적인 방식으로 노력하지만 이것을 권력 불어넣기로 보는 사람은 거의 없다.

5) 자기주도와 외부주도의 혼합

마지막으로 자기주도학습을 기술과 지식을 개발하는 방법 중 하나로 볼 수 있지만, 자기주도학습자들이 마치 획일적이고 일방적으로 자족적인, 완전히 분리된 범주인 것처럼 말하는 것은 더 문제가 된다. 진실은 우리 모두가 학습

할 때 어떤 때는 더 자기주도적이고, 어떤 때는 더 외부주도적이라는 것이다. 내가 건너가기 원하는 영역의 지형을 알고 있다고 느끼는 분야[7]에서는 완전한 초보자[8]처럼 느끼는 프로젝트에서보다 훨씬 자신감을 가지고 자기주도적이 될 수 있다. 나는 학문적인 글쓰기를 즐겨 하고 글 쓰는 것에 스트레스를 받지 않는 편이기 때문에 출간을 위한 학술적 글쓰기 강좌에 참가할 필요가 없었다. 유사하게, 작사/작곡하는 것은 나에게는 쉬운 것이기에 다른 작사/작곡가들의 기교tricks를 공부하는 데 문제가 없었고, 작사/작곡 워크숍에 참가할 생각을 가져 본 적이 없다.

　　그러나 내가 학생들을 참여시키기 위한 온라인도구의 사용법을 학습하게 된다면, 새로운 소프트웨어 프로그램이나 플랫폼platform에 대해 차근차근 설명해 줄 누군가가 필요하다. 그 도구를 내 강의에 어떻게 통합할지에 관한 결정은 나의 몫이라고 하더라도(즉, 자기주도), 도구의 잠재력과 조작법에 대해 알기 위해서는 초기에 많은 외부 지도가 필요하다. 그래서 대부분의 학습 프로젝트에는 자기주도 또는 외부주도가 번갈아 가며 우세한 부분들이 있다.

3. 자기주도학습 지원

　　이번 절은 학생들이 형식교육기관 밖에서 자기주도학습을 수행할 자신감을 키우고 능력을 개발하도록 도와주고자 하는 성인교실 교사들을 위한 것이다. 나는 학생들이 교육기관 밖에서 무엇인가를 배우는 것을 도와주기 위해 우리가 교육기관 내에서 할 수 있는 것이 있다고 믿는다. 이런 의미에서 성인교육의 일부는 학습자가 어떤 것을 배울 필요가 있다고 결정할 때, 교육기관에 대

---

7) 내게 친숙한 분야-역자 주
8) 내게 낯선 분야-역자 주

한 학생들의 의존도를 줄이는 것을 포함한다. 내가 가르치는 성인들의 교육수준이 어떻든지 간에, 가령 대학진학 준비생이든 아니면 하버드에서 박사학위를 준비 중이든, 내 의도는 그들의 **학습실천분야**repertoire of learning practices를 넓혀 주고 학습자로서의 강점과 약점에 대한 인식을 높이도록 도움을 주는 것이다. 나는 그렇게 함으로써 그들이 **형식 프로그램**formal program과는 별개로 더 잘 배울 수 있기를 바란다.

1) 자신감 키우기

자기효능감self-efficacy과 자기주도의 연관성에 대한 연구는 상당히 많다. 다시 말해, 자기주도적인 성향은 그러한 학습을 효과적으로 수행할 수 있다는 믿음과 관련되어 있다(Hoban & Hoban, 2004; Ponton et al., 2005a, 2005b). 자기주도 학습을 격려하기 위한 중요한 준비단계 중 하나는 나이("나이 든 사람에게 새로운 것을 가르칠 수 없다.")나 사회적 위치("배운다는 것은 나 같은 사람을 위한 것이 아니야.") 때문에 새로운 기술을 익히거나 복잡한 아이디어를 이해하는 데 적합하지 않다고 느끼는 사람들에게 자신감을 심어 주는 것이다. 일평생 학생을 위해 일하는 교사들은 학생들이 평생학습자가 되도록 돕는 것이 자신들의 실천을 위한 중요한 의제라고 종종 말한다. 그래서 형식교육에서 교사의 책무 중 하나는 학습자들이 중요한 것을 배울 수 있도록 도와줄 교육기관이나 교사가 항상 필요하지는 않다는 것을 느낄 수 있게끔 자신감을 키우도록 도와주는 것이다. 이를 위해 내가 시도하는 방법 중 몇 가지를 다음에 설명하였다.

학습점검

학습점검The Learning Audit은 학생들이 특정 교과목에서 배운 것이 없다고 생각하더라도, 점차 일정 기간에 걸쳐 기술개발과 지식습득을 위한 작은 단계들을 밟아 가고 있음을 알게 하는 장치이다. 학습점검 질문지는 학생들의 수업 참여

에 관해서 정기적으로(보통 2~3주 만에 한 번) 학생들에게 묻는 세 개의 질문으로 구성되어 있다. 질문은 다음과 같다.

- 당신은 이 주제에 대해서 2주 전에 알지 못했던 무엇을 알게 되었습니까?
- 당신은 이 주제에 대해 2주 전에 할 수 없었던 무엇을 할 수 있게 되었습니까?
- 당신은 이 주제에 대해 2주 전에는 말하거나 설명할 수 없었던 것에 대해서 누군가에게 말하거나 설명할 수 있습니까?

학생들이 완성한 질문지를 받고 나서 자신들의 진척에 대해 어떻게 느끼는지 살펴본 후에, 다음 시간에 질문지를 돌려준다. 한 학기 동안 학생들은 자신들의 학습점검 내용을 모은다. 이는 학생들이 수업과정에서 배운 것들을 모은 최종 포트폴리오의 일부로, 학생들에게 학습점검 질문지들을 꼼꼼히 읽고 한 학기에 걸쳐 발전하였다고 생각하는 기술이나 정보의 목록을 만들도록 요청한다.

학습점검의 의도는 학생들이 믿는 것과는 반대로 자신들이 실제로 조금씩 진척하고 있다는 확신을 심어 주는 데 있다. 내가 바라는 것은 학습점검을 통해서 학생 자신이 배울 능력이 없다는 생각을 버리고, 자신들의 실력이 붙고 전진하고 있음을 깨닫도록 돕는 것이다. 학습점검은 학습자로서 자신의 이미지를 만드는 것을 도와주고, 결국 정규교실 밖에서 학습자들이 학습할 수 있다는 믿음을 준다.

학습에 대한 미신 타파하기

학창시절에 자신들이 그저 그런 사람이며 중요한 것을 학습할 자질이 없다는 이야기를 지속적으로 들어 온 성인들에게 학습이라는 단어는 신비한 현상의 분위기, 즉 자신들이 이해할 수 없는 곳에 존재하는 세상의 분위기를 띤다.

그래서 학습을 정상화하고 학습을 자신들의 세계관 속으로 가져오는 과정의 일부는 자질이 있는 사람들만 학습할 수 있다는 분위기를 걷어 내는 것이다. 이를 위해 교사가 할 수 있는 두 가지 방법은 교사의 이력을 공개하는 것과 학습자가 자신의 일상인지[9]everyday cognition 목록을 작성하도록 돕는 것이다.

교사의 이력 공개

교사가 자신의 학습 이력을 공개하는 방법은 이력의 내용에 따라 다르다. 나의 경우에는 여러 가지 접근법을 사용한다. 첫째, 나는 학창시절에 힘들었던 내 자신의 이력을 소개하는 것으로 새로운 교과목이나 프로그램을 시작한다. 『능숙한 교사』에서 대략적으로 설명했듯이, 나는 보통 성적의 그저 그런 학습자였다. 고등학교에서는 열여섯 살 이후 거의 진보하지 못했고, 열여덟 살에는 대학입학시험에 떨어졌으며, 겨우 들어갔던 기술대학에서는 형편없는 학점으로 졸업했고, 석사학위 시험에서 떨어졌다. 교과목의 첫 수업 시간에 이것을 공개하면, 학생들은 자신들의 근심거리를 살펴보는 데 효과적이었다고 지속적으로 말해 주었다. 나 같은 사람이 학생들을 가르칠 자격을 얻은 지위까지 올랐다면, 학생들에게도 희망이 있다.

둘째, 나는 학습자로서 특정 주제에 대해 어려움을 겪었다는 점을 공개하려고 노력한다. 그래서 비판사회이론critical social theory(이해하기 힘든 학문적 용어로 가득한 영역)을 가르칠 때, 이 주제를 이해하는 것이 나에게 얼마나 어려운지, 얼마나 머리가 아픈지, 같은 단락을 다섯 번 넘게 읽어도 의미를 이해할 수 없었던 경험을 지속적으로 알린다. 기초학습기술 교과목basic study skills courses을 가르칠 때, 내가 이러한 학습기술을 개발하기 위해 얼마나 발버둥 쳤는지 알려 준다. 내가 무의식적인 인종차별 행위 인식을 위한 교수회의를 주관할 때, 내 자신의 무의식적인 인종차별 행위 인식을 위해 고투한 것을 설명하면서 시작한다.

---

9) 일상적 상황(육아, 관계, 직장에서의 역할, 지역사회 조직)에서 개발하는 지식과 기술-역자 주

셋째, 새로운 단원을 소개할 때, 항상 그 새로운 단원과 관련하여 내가 가진 지식이나 기술들이 내 인생의 어느 시점에서 쓸모가 없어진 예를 든다. 이것은 학자로서의 내 인생에 관한 것(푸코의 인터뷰를 읽는 것이 푸코의 책을 읽는 것보다 푸코의 사상을 이해하는 데 더 도움이 된 것)일 수도 있고, 내 일에서의 보다 실제적인 예(푸코의 연구를 통해, 내 자신의 활동 일부를 학생들이 감시행위로 경험했는지 이해하는 데 도움이 된 것)일 수 있다.

일상인지 인식: 퀴즈 게임

일상인지Everyday cognition는 로고프[10]와 레이브[11]Rogoff and Lave(1999)가 최초로 대중화한 용어로서 사람들이 일상적 상황(육아, 관계, 직장에서의 역할, 지역사회조직)에서 개발하는 지식과 기술을 일컫는다. 자기주도학습 수행을 위해 필요한 자신감을 길러 주는 한 가지 방법은 학습자들이 지속적인 학습프로젝트에 관여되었다는 것을 의식적으로 알아차리지 못한 채, 자신들이 개발한 실용적인 지식의 진가를 알도록 도와주는 것이다. 예를 들면, 학생들은 제퍼디Jeopardy(미국 TV 쇼)나 마스터마인드Mastermind(영국의 구 TV 쇼) 퀴즈를 통해서 그들의 열정을 공유할 수 있다.

나는 수업 첫날밤에 무엇이든 선택할 수 있는 재능과 자유가 있다면, 어떤 사람이 되고 싶은지 학생들에게 물어봄으로써 그들의 열정(미식축구, 총, 소울뮤직soul music, 옷, 춤, 맥주, 전쟁기념품)을 알아내곤 했다. 그리고 나서 학생들의 응답을 학급 퀴즈게임의 기초로 사용했다. 학급을 팀으로 나눈 후 교과목의 주제에 관한 일반적인 질문과 그들의 열정에 관한 전문가의 질문을 번갈아 한다. 내 의도는 고등학교 중퇴 이후에 어떠한 교육과정을 밟지 않았을지라도, 이미

---

10) Barbara Rogoff(1950~): 미국의 교육자, 미국 캘리포니아 주립대학교-산타크루즈 석좌교수-역자 주
11) Jean Lave: 미국의 인류학자, 현재 미국 버클리대학교의 교육 및 지리학 교수-역자 주

많이 알고 있으며 많은 것을 할 수 있다는 것을 그들 스스로가 깨닫도록 도와
주는 데 있다.

본보기 데려오기

사람들에게 자기주도학습을 수행할 수 있다는 확신을 심어 주는 매우 유용
한 방법은 본보기exemplars를 교실로 데리고 오는 것이다. 여기서 본보기는 해리
엇 터버만[12]Harriet Tubman, 로사 파크스[13]Rosa Parks, 수전 B. 앤서니[14]Susan B. Anthony, 넬슨
만델라[15]Nelson Mandela, 또는 왕가리 마타이[16]Wangari Maathai 등의 유명 인사가 아니라,
자기주도학습 프로젝트를 수행했던 사람 중에 학생들과 비슷한 경험을 한 사
람들을 말한다. 이런 사람들을 수업에 초청하여 그들이 지식을 얻고 기술을 얻
은 방법을 이야기하도록 함으로써, 접근 가능하고 이해할 수 있는 모델을 학생
들에게 보여 줄 수 있다. 자신들과 비슷한 사람들이 자기주도학습을 수행했다
는 것을 보면 학생들도 할 수 있다는 확신을 가질 수 있다. 본보기를 교실로 데
려올 수 없다면, 온라인상에서 실시간으로 그들의 코멘트를 듣는 것도 한 방법
이다.

2) 본능적으로 선호하는 학습양식과 학습습관 이해하기

교사가 학습자들의 자기주도학습 수행 준비를 도울 수 있는 또 다른 방법은
학습자들 자신이 본능적으로 선호하는 학습양식과 학습습관을 알게 되도록 도
와주는 것이다. 나는 학습스타일learning style이라는 용어 대신에 이 용어들을[17] 사

---

12) 흑인노예 출신의 미국 흑인해방운동가(1820~1913)-역자 주
13) 미국 흑인 여성 시민운동가(1913~2005)-역자 주
14) 미국 여성 참정권, 노예제도 폐지 운동가(1820~1906)-역자 주
15) 남아프리카 공화국 최초의 흑인 대통령, 흑인 인권운동가(1918~2013)-역자 주
16) 케냐 여성 환경운동가(1940~2011)-역자 주

용하는데, 이것들은 학습자 개인의 선택과 행동의 이력과 관련이 있기 때문이다(나는 학습스타일을 정보처리와 뇌 화학[18]brain chemistry을 다루는 용어로 여긴다). 구글리엘미노[19] 등Guglielmino and others(2005)은 학습프로젝트를 방해하는 장벽과 관련하여 매우 자기주도적인 성인들과의 인터뷰에서 학습습관이 학습을 멈추게 하는 데 중요한 요인이라는 것을 탐구했다. 나는 형식교육과정 밖에서 학습할 때 틀에 박힌 습관을 피하고자 한다면 당신이 선호하는 학습양식과 학습습관을 아는 것이 중요하다고 생각한다.

당신의 학습양식과 학습습관을 이해하는 데 필요한 몇 가지 요소는 다음과 같다.

- 어떤 학습방법이 당신에게 최선인지 알아야 한다.(이는 좋은 출발점이 무엇인지 결정하는 데 도움이 될 것이다.)
- 당신이 어떤 종류의 과제들을 가장 힘들어하는지 알아야 한다.(이는 당신이 그런 과제에 직면했을 때 미리 포기하는 일을 막아 줄 것이다.)
- 본능을 믿어야 할 때와 무시해야 할 때를 알아야 한다.(예: 혼자서 모든 것을 다 해낼 수 있다고 믿기 때문에 전문가의 도움이 필요 없을 때)
- 학습 프로젝트를 수행할 때의 전형적인 리듬을 이해해야 한다. [이것은 일시적인(영구적이 아닌) 좌절을 인지하는 데 도움을 준다.]

주요한 사건질문지

성인교육자가 학생들 스스로 선호하는 것들과 습관을 알아내도록 도울 수 있는 한 가지 방법은 학생들이 여러 주에 걸쳐 작성한 주요한 사건질문지CIQ를

---

17) 본능적으로 선호하는 학습양식과 학습습관을 말함—역자 주
18) 신체의 움직임, 말하기, 생각하기, 듣기, 신체 시스템 조절 등의 일상적인 기능을 수행할 수 있도록 뇌에서 일어나는 화학적 기능을 말함—역자 주
19) Lucy M. Guglielmino: 미국의 성인교육자—역자 주

검토하도록 하는 것이다. CIQ는 내 홈페이지[20]에서 무료로 다운로드할 수 있으며 응용사례들도 실었다. CIQ는 학생들이 한 주간 학급에서 겪은 경험들에 대해 다섯 가지 질문이 들어 있는 한 쪽짜리 질문지이다. 익명으로 작성되기 때문에 나는 기명으로 된 질문지보다 CIQ를 더 신뢰한다. 쉬는 시간에 내가 차를 마시기 위해 강의실을 나가 있는 동안, 학생들에게 책상 위에 올려놓은 응답지를 되찾아 가게 한다.

학기말에 학생들에게 자신의 모든 CIQ를 다시 살펴보고 공통의 주제를 찾도록 한다. 학생들에게 가장 관심을 끌거나 거리감을 느끼게 한 학급활동은 무엇이었는가? 내가 혹은 급우들의 어떤 행동이 가장 도움이 되었거나 이해하기가 어려웠는가? 무엇이 학생들을 놀라게 했는가? 그런 다음 나는 학생들에게 자신들이 작성한 열 개 내지 열다섯 개의 CIQ를 검토한 다음, 학습자로서 자신에 대해 무엇을 배웠는지 간단히 적어서 제출하도록 한다. 학생들은 어떤 종류의 학습활동에 끌리고 어떤 활동을 회피하는가? 어떤 과제들을 어려워하며, 어떤 과제들을 쉽게 달성하는가? 학생들이 더 마음에 들어 하는 특정 교재들이 있는가? 학습에 대한 학생 자신의 감정적인 반응에 대해서 무엇을 배웠는가? 학생들은 실망과 마음고생에 어떻게 대처하는가? 학생들은 자신들이 도움을 요청할 필요가 있을 때를 어떻게 판단하는가?

자기성찰에 관한 이 단락은 학생들이 기말에 제출해야 하는 포트폴리오의 필수요소이다. 만약에 제출하지 않으면, 그 학생의 성적은 자동적으로 보류된다. 여기서 내가 계획하는 바는 내 권력을 사용해서 학생들이 학습자로서의 자신들에 대해서 더 잘 알도록 함으로써 그들이 클래스 밖에서 중요한 자기주도학습을 수행하기로 결심할 때, 자신들이 습관적으로 선호하는 것이 무엇인지 더 잘 인식하면서 자기주도학습을 수행하는 것이다. 자신들이 어떤 것들을 잘하고 어떤 것들을 못하는지 알면 알수록, 학생들은 프로젝트를 계획할 때 더

---

20) http://www.stephenbrookfteld.com

유리한 위치에 있게 된다. 학생들이 자신의 감정적 반응과 리듬에 대해 잘 알면 알수록, 좌절의 순간이나 사기저하의 감정기복을 더 잘 견뎌 내고, 열정을 다시 찾는 방법을 알게 된다.

두 번째 자신에게 보내는 편지

두 번째 자신에게 보내는 편지Letter to a Second Self는 마치 자신이 다른 학생인 것처럼 여기고 자기 자신에게 편지를 쓰는 학기말 활동이다. 학생은 자신의 삶과 상황을 다른 사람의 관점에서 객관적으로 바라보고, 새로운 학습을 수행하는 최선의 방법에 대해 가상의 두 번째 자신에게 조언한다. 이는 현재의 교과목 학습과정에서 자신이 선호하는 것과 습관에 대해서 알아낸 것에 근거를 두고 있다. 나는 편지 작성을 위해 학생들에게 다음과 같은 글머리 부분들을 제공한다. 몇 가지 예를 살펴보면 다음과 같다.

- 당신이 주의해야 할 것들은⋯⋯.
- 당신에게 가장 도움이 될 만한 접근법 몇 가지는⋯⋯.
- 당신이 벽에 부딪혔다고 느낄 때 시도하고 싶은 것은⋯⋯.
- 당신에게 가장 잘 맞는 것은 아마⋯⋯.
- ～을 확인하라.
- 우울하거나 사기가 저하되었을 때는 ～을 해야 한다.
- ～는 하려고 하지 마라.

CIQ 성찰과 마찬가지로 내가 의도하는 바는 학생들이 자신의 학습에 대한 큰 그림에 대하여 생각하도록 하는 것이다. 나는 학생들이 자신들을 숙련된 학습기술자로서, 자신들의 강점에 기반을 두고 실천적인 자기주도학습을 가장 잘 수행하는 방법을 알고 있는 성인으로 여기기를 원한다. 그러나 나는 또한 학생들이 일종의 **감성지능**emotional intelligence을 개발해서, 불가피한 학습의 기복을

어느 정도 냉정하게 바라보기를 바란다.

포스터 활동시간: 나의 학습여정

성인의 자기인식[21]self-awareness 개발을 돕기 위한 좀 더 시각적인 접근방법은 학생들이 한 학기 동안 경험했던 여정을 시각적으로 묘사하는 포스터 활동시간을 갖는 것이다. 나는 학생들이 학습활동을 다룬 방법을 최소한의 단어와 이미지(추상적인 이미지 포함)를 사용하여 표현하기를 바란다. 학생들이 그릴 수 있도록 큰 종이와 다양한 색의 마커펜, 펜, 자, 가위, 테이프를 제공한다. 또한 학생들이 원한다면, 멀티미디어 콜라주 창작물mixed-media collage creation을 만들기 위해서 잡지사진, 천 조각, 기타 질감 있는 소재도 제공한다. 추상적인 그림도 괜찮다는 것을 학생들이 아는 것이 중요하다. 나는 이 활동이 미술시험으로 변하기를 원치 않는다.

그런 후에 학생들의 포스터를 벽에 걸고 각각의 포스터 옆에 빈 종이를 둔다. 학생들에게 교실을 돌아다니면서 모든 포스터를 살펴보고 포스터에서 본 이미지에 대한 어떤 질문이라도 적게 한다. 학생들은 또한 이미지에 대한 코멘트나 해석을 추가한다. 시간이 좀 지나면 학생들은 자신의 포스터로 되돌아가서 다른 사람들이 뭐라고 썼는지 살펴본다. 그런 다음 나는 이 활동에 대한 토론을 시작하고 이 활동에 대한 학생들의 반응을 볼 것이다. 토론의 주제는 '학습자로서 자신이 누구인지에 대해서 내 포스터는 나에게 무엇을 가르치는가?'이다. 우리는 미래에 자기주도 방식으로 어떻게 학습할지에 대해서, 포스터가 의미하는 것이 무엇인지에 대해 이야기한다.

분필대화: "나는 ∼할 때 가장 잘 학습한다."

분필대화Chalk Talk exercise는 교사로서 내가 좋아하는 활동 중 하나인데, 그 이유

---

21) 자신의 성격, 감정, 동기 및 욕구에 대한 의식적인 지식-역자 주

는 분필대화가 참여활동을 신속히 민주화하고, 어떤 이슈에 대한 한 집단 사람들의 입장을 그래프로 표현하기 때문이다. 제3장에서 이 과정이 어떻게 진행되는지 설명했다. 학생들은 "나는 ~할 때 가장 잘 학습한다."라는 글머리 제시와 함께 분필대화를 시작하면, 칠판은 매우 다양한 응답으로 금방 채워진다. 보통 10분 후 칠판은 꽉 차며, 나는 활동이 끝났음을 알린다. 그런 다음 학생들에게 먼저 비슷한 응답들을 찾게 하고, 이 응답들이 우리에게 무엇을 알려 주는지에 대해서 논의한다. 다음으로, 아웃라이어들outliers(중요하지만 유사한 답변이 없는 코멘트)을 살펴보고, 아웃라이어들이 어떻게 우리가 조사할 필요가 있는 대안들을 대표하는지 토론한다. 내 의도는 학생들이 학습에 관한 활용 가능한 잠재적인 접근법들의 범위를 이해하는 것이다. 드러난 다양한 접근법에 대한 장단점을 토론하면서 학생들이 다음에 자기주도학습을 수행할 때 새로운 방법들과 새로운 전략들을 통합하는 방법에 대해서 생각해 보도록 한다.

3) 정보 활용능력 개발

인터넷의 폭발적인 사용과 인터넷의 자기주도학습 자원으로서의 유용성은 인터넷이 제공하는 기회와 도전에 관심을 이끌어 냈다(Rager, 2006). 하임스트라Hiemstra(2006)는 인터넷이 농촌지역의 자기주도학습을 어떻게 바꾸었는지 분석한 글에서 어떻게 농촌지역 사용자들이 웹페이지를 평가하고 검색엔진을 사용하는 데 숙련되었으며, 어떻게 인터넷 사용이 그들의 인생에 대한 의사결정에 핵심이 되는지 설명하고 있다. 아마도 교외와 도심지역 사용자들에게도 똑같은 말을 할 수 있을 것이다. 우리는 이제 시민참여의 기회로서 소셜 미디어social media와 인터넷에 대해 생각할 필요가 있다(Black, 2012).

기본적인 정보 활용능력교육은 컴퓨터 사용을 넘어 모든 종류의 정보검색(도서관, 타인들, 대중매체 등으로부터)을 망라하는 것이다. 형식교육시스템에서 일하는 성인교육자들은 형식교육시스템 밖에서 자기주도학습을 수행하는 학

습자들에게 유용한 정보 활용능력을 어느 정도 가르칠 기회가 있다. 내가 성인들에게 교재를 비판적으로 읽는 방법을 어떻게 가르치는지에 관심이 있다면, 『비판적으로 사고하는 법 가르치기』의 6장을 읽기 바란다. 다음에서는 인터넷 분석에 초점을 둘 것이다.

검색엔진 선정

첫 번째 활동은 학습자들에게 흥미 있는 주제(예: 시험통과방법)를 주고, 다양한 검색엔진을 사용하여 이 주제에 대한 정보를 생성해 보라고 말한다. 학생들은 두세 개의 검색엔진(구글Google, 야후Yahoo 등)을 사용하고 나서, 그중 가장 유용한 링크를 생성한 검색엔진을 선정한다. 학생들의 투표 집계가 끝나면 다양한 검색엔진이 차례대로 논의된다. 각각의 검색엔진을 지지하는 학생들은 특정 엔진이 가장 유용하다고 결정한 이유(응답속도, 링크의 개수, 사용편리성ease of negotiation, 링크설명자의 명확성, 조회 수가 많은 것의 관련성relevance of top hits, 검색의 너비[22] breadth of links open to retrieval 등)에 대해서 설명한다. 그런 다음 교사는 검색엔진 유틸리티[23] search engine utility를 판단하기 위해 어떤 기준을 사용하는 것이 학생들이 가장 이해하기 쉬운지, 그리고 그 기준이 형식교육과정과 전혀 관련 없는 자기주도학습 프로젝트에 어떻게 적용될 수 있는지에 대해 학생들과 함께 논의한다.

웹 신뢰성: '평가기준전시관'

또 다른 활동은 스트레스를 다루는 등의 관심 있는 일반적인 주제를 선택하고, 그 특정 주제 또는 문제를 탐색하는 네다섯 개의 웹페이지를 제시하는 것이다. 그 네다섯 개의 웹페이지 중에서, 학생들이 혼자 힘으로 주제에 대한 조

---

22) 검색 알고리즘에는 너비 우선 검색 방법과 깊이 우선 검색 방법이 있는데, 너비 우선 검색 방법을 사용하는 특정 검색엔진의 너비의 크기를 말함-역자 주
23) 검색 시 사용하는 컴퓨터 프로그램-역자 주

사를 수행하는 데 도움을 줄 가장 유용한 웹페이지로 어느 것을 선택할지 평가한다. 학생들은 5분간 개별적으로 작업하고 웹페이지 하나를 선택한다. 그러고 나서 소그룹으로 모여서 서로 선택한 것과 특정 웹페이지가 자기주도학습에 가장 도움이 되리라고 느낀 이유를 공유한다. 학생들은 특정 웹페이지 선택에 대해서 그룹에서 동의한 서너 개의 주된 이유를 종이에 적거나, 또는 한 사람만이 선택한 웹페이지를 선정한 이유 한두 가지를 게시한다.

게시물들을 벽에 쭉 붙여 놓으면 결국 '평가기준전시관'이 된다. 학생들은 학습을 가이드해 줄 웹사이트를 사용하기로 결정할 때, 급우들이 가장 흔히 사용하는 평가기준 및 제안된 일부 아웃라이어 선정이유를 살펴본다. 그리고 나서 학급 전체가 모여서 다음과 같은 다양한 자기주도학습 프로젝트에 대한 웹사이트의 유틸리티를 평가할 때, 어떤 것이 사용하기에 가장 정확한 기준인지를 토론한다.

- 유방암 치료법에 대한 학습
- 도시계획구역 지정 결정에 반대하는 방법
- 테라리엄[24] terrarium 설치법
- 회교문화가치에 기반을 둔 차터스쿨[25] charter school 설립방법
- 대규모 시위 준비하는 법
- 선인장 정원 만드는 법
- 'Occupy Anytown'[26] 커뮤니티 회원모집 방법

---

24) 식물을 기르거나 뱀·거북 등을 넣어 기르는 데 쓰는 유리 용기−역자 주
25) 미국에서 공립학교가 안고 있는 문제에 대한 대응의 일환으로 1990년대부터 생겨난 자율형 공립학교이다. 정부에서 비용을 지불하지만 교사들이나, 사조직, 또는 민간 기업에 의해 운영될 수도 있는 새로운 형태의 공립학교로서, 특수 목적을 위해 설립하고 그 기준에 맞는 학생들만 받아들이는 학교−역자 주
26) Occupy Anytown: 2011년 9월 17일 뉴욕시의 주코티 공원에서 시작된 Occupy Wall Street 시위 이후, 82개국 951개 도시와 미국 내의 600개 이상의 지역 사회에서 벌어진 시위를 말함−역자 주

위키 구축

성인교육자로서 당면하는 가장 어려운 일 중의 하나는 위키피디아Wikipedia를 항상 신뢰할 수는 없다는 점을 학생들이 인지하게끔 하는 것이다. 구체적으로 말하면, 사심이 없는 전문가들이 수집하여 분석한 객관적인 정보원으로서 위키피디아를 신뢰해서는 안 된다는 것이다. 이러한 것은 위키피디아에 수록되어 있는 내용을 다양한 출처, 표현의 명확성, 상세한 정보의 너비와 깊이, 여러 가지 대조적인 관점의 범위, 자기비판 및 주의점 등을 비교해 봄으로써 간단한 수준에서 확인할 수 있다. 더 어려운 것은 믿을 만한 것처럼 보이는 위키피디아에 있는 내용을 학습자들에게 비판적으로 평가하게 하는 것이다.

사람들에게 위키피디아 내용의 객관성 및 정확성에 대해서 의문을 가지도록 가르치는 한 가지 빠른 방법은, 가공의 내용 구축(내용을 바꾸는 것)에 관여하도록 하는 것이다. 교과목에서 검토한 주제를 다루는 교과목 웹페이지에 위키[27]wiki를 만듦으로써 시작한다. 그리고 나서 학생들에게 이 위키에 타당한 정보를 추가할 뿐만 아니라, 학생들이 알고 있는 잘못된 정보를 추가하고 이것을 완전히 신뢰할 수 있는 것처럼 보이도록 꾸미게 한다. 학생들은 자신들이 사실이 아니라고 알고 있는 정보를 기재하고 나서 합당한 것처럼 보이는 출처로부터 가공의 인용을 하여 이를 뒷받침한다. 적당한 시간이 지난 후 나는 이 위키 게시물에 대한 반박을 요구한다.

수업시간에 우리는 학생들이 자신들의 위키를 구축한 방식에 대해서 이야기하고, '영리한' 학급이라면, 학생들은 화면상에서 내용을 탐색하여 자신들의 거짓행위를 보여 주며 이 정보가 합당한 것처럼 보이도록 자신들이 사용한 속임수를 설명한다. 그리고 나서 학생들은 자신들이 입력한 거짓 주장과 정보를 제거한다.

이 연습의 요점은 두 가지이다. 첫째, 믿을 만한 것처럼 보이는 정보를 온라

---

27) 사용자가 내용과 구조를 공동으로 편집할 수 있는 웹사이트-역자 주

인상에 올리는 것이 얼마나 쉬운 일인지 학생들에게 인지하게 하고 정보의 객관성에 대해서 학생들의 의구심을 키우는 것이다. 둘째, 위키피디아 내용 중 가짜정보를 구분하게끔 학생들을 훈련하는 것이다. 나는 개인적으로 위키피디아를 신뢰할 수 있고 타당하게 하는 공헌자이다. 나는 위키피디아의 공헌자인 동시에 팬(fan)이며 이용자이고 위키피디아가 가치 있는 교육도구로서 남아 있기를 원한다. 나의 가정은 학생들이 자신들의 위키를 신뢰할 수 있게끔 보이도록 꾸며서 추가하는 것이 얼마나 쉬운 일인지 안다면, 실제 위키피디아 내용에 사용되는 동일한 종류의 속임수들을 세심히 살펴보게 되리라는 것이다.

4) 학습 프로젝트 계획하기

마지막으로 교사들은 학생들에게 장래 자기주도학습에 도움이 될 만한 학습기술 몇 가지를 개발하도록 도와줄 수 있다. 학생들에게 적어도 학습의 일부분을 책임지게 하는 숙제를 내 줌으로써 학생들이 보유한 기술의 개수를 늘릴 수 있다. 물론 교사가 당신에게 선택할 옵션들을 제공하거나, 무엇인가를 학습하거나 증명하는 것에 대해 수행하는 법을 창의적으로 결정하는 데 도움을 주는 것은 자기주도학습의 사례가 아니다. 자기주도학습이 되기 위해서는 무엇을 배우고 어떻게 배울지 결정할 책임을 학생이 질 필요가 있다. 그러나 학습절차에 관해 좋은 결정을 내리기 위해서는 형식교육을 통해 다양한 학습방법을 사용한 경험이 도움이 될 것이다.

프로젝트 플로차트

학생들이 교과목이나 프로그램을 이수하는 필수요건의 일부로써 수행해야 하는 개별 또는 그룹 프로젝트가 있다면, 교사들은 학생들이 이용 가능한 시간 내에 관리할 수 있는 것이 무엇인지 결정하도록 도울 수 있다. 한 가지 방법은 완성된 프로젝트에서 시작해서 계획된 시작점의 날짜로 되돌아가는 플로차트

를 개발하는 것이다. 최종 프로젝트는 구성요소별 작업들로 세분되며, 이렇게 세분된 것들은 플로차트상의 학생들이 이용 가능한 시간에 맞춘다. 학생들은 자신들의 최종 프로젝트를 수주 내에 완료하는 목표가 너무 야심적이라는 점을 깨달을 때, 항상 관리가 가능하도록 프로젝트 목표를 다시 세우거나, 프로젝트를 대폭 수정한다. **프로젝트 플로차트**Project Flow Chart는 학생들이 세분화된 작업들을 하나씩 수행함으로써 결국에는 광범위한 전반적인 목적이 실현될 수 있다는 것을 아는 데 도움을 준다. 교사들은 학생들이 위협적인 학습 전망을 매일 또는 매주 과업으로 나누면 사기가 올라가고 탄력이 붙는다는 것을 알도록 도울 수 있다.

학습 결정 연습하기

학습자들은 모든 자기주도학습 프로젝트의 세부사항으로 다음에 무엇을 할지에 대해 매일 소소한 결정들을 내려야 한다. 교사들은 이러한 결정에 대한 책임을 학생들의 손에 두는 프로젝트를 숙제로 내 주어 학생들이 미래 학교 밖에서의 자기주도학습을 수행하는 데 도움을 준다. 따라서 프로젝트의 범위와 초점이 교사에 의해 결정되었다고 하더라도(즉, 자기주도학습에 해당되지 않지만) 학생들은 여전히 학습결정을 연습할 기회를 가진다. 이러한 결정의 사례로 다음과 같은 것을 들 수 있다.

- 언제 혼자서 학습해야 하고, 언제 함께 학습할 사람을 찾아야 하는가?
- 공동학습을 한다면 누가 가장 도움이 될 것인지 어떻게 판단할 것인가?
- 여러 권의 책 중에서 어떤 책이 가장 좋은 책인지 어떻게 알 수 있는가?
- 목표달성을 위해 인터넷을 어떻게 사용해야 하는가?
- 초점을 맞출 때 프로젝트에 필요한 것과 필요하지 않은 것을 어떻게 구분해야 하는가?
- 어떻게 큰 과제를 관리 가능한 작은 과제들로 나누는가?

• 어떻게 실현 가능한 일정을 짜며 그 일정을 다른 사람들에게 어떻게 설명할 수 있는가?

감정을 경험하는 기술

감정은 학습에 더해지거나 학습을 방해하는 어떤 것이 아니라 학습에 있어서 중요한 것이다. 배우기로 결정하는 것에는 긴급하다는 느낌, 불안을 줄이고자 하는 갈망, 또는 자신 있게 앞으로 나아가는 즐거운 경험에 대한 소망 등에 의해 불붙는 감정적인 부분이 있다. 우리는 학습을 감정적으로 경험한다(인정받았다는 전율, 이해하였다는 기쁨, 성취하였다는 자존감, 곤경에 처했을 때의 부끄러움, 실패에 대한 자기혐오, '그것을 얻을 수' 없었다는 지친 실망의 느낌). **사회현상**social phenomenon인 교실학습에서는 교사와 급우들이 당신에게 반응하는 방식에 따라 즐거울 때가 있고 화날 때가 있으며, 누군가가 당신의 주장을 이해하지 못한 것에 대해 실망할 때, 또는 누군가로부터 당신의 주장을 정확히 이해했다는 것을 보여 주는 질문을 받아 희열을 느낄 때가 있다.

성인교육자들은 비록 비어마Bierema(2008)가 **감정 '생산'**emotion work(직업에 대한 책임감의 일부로서 자신이 진실로 느끼지 않는 감정을 만들어 내는)의 위험성에 대해 경고하고 있지만, 최근에 학습의 감정적인 측면에 더 많은 초점을 두고 있다(Dirkx, 2008). 나는 가게에 들어갔을 때 '손님을 맞이하는 사람greeter'이 나의 건강에 대해서 완전히 조작 생산된 관심을 보이면서 "안녕하세요?"라고 쾌활하게 외치는 소리를 들을 때마다 감정생산에 대해서 생각한다. 자기주도학습에서의 **감정을 경험하는 기술**emotional fluency은 감정생산과는 반대되는 것이다. 감정을 경험하는 기술은 감정적인 반응이 학습에 있어서 중요하고 이러한 반응이 어떻게 표출되는지 이해하게 된다는 점을 인식하는 것이다. 감정을 경험하는 기술의 일부는 존재의 변화된 상태를 알아차리는 것, 즉 감정이 우리 몸속에서 어떻게 움직이는지에 대한 **메타인지**[28]meta-awareness에 초점을 두고 있다. 메타인지는 우리가 기대했던 대로 일이 풀려 나가지 않기 때문에 사기가 저하되고,

좌절하고, 이해하기 어렵다고 느낄 때 특히 도움이 된다. 또한 감정을 경험하는 기술의 일부는 학습에서 가장 즐거운 상태의 감정을 만드는 환경, 즉 우리가 되도록이면 재생산하기를 원하는 환경이라는 것에 초점을 두고 있다.

감정을 경험하는 기술을 가르칠 방법에는 여러 가지가 있다. 한 가지 방법은 학습 중에 자신들의 감정이 모습을 드러내는 방식에 대해서 훨씬 앞서 있는 학습자들의 증언을 듣는 것이다. 우리가 경험하는 감정에 대해서 다른 사람이 이야기하는 것을 들으면 우리가 가는 길의 기복을 냉정하게 바라보는 데 도움이 된다. 두 가지 가능한 사례로는 온라인 수업에서 실시간으로 증언을 듣거나, 이전에 이 과목을 들었던 학생들을 교실로 초청하여 그들이 수업에서 경험한 이야기를 듣는 것이 있다. 또 다른 것으로는 교과목을 끝마치는 학생들이 그 교과목에 대해서 알아야 한다고 생각하는 중요한 정보를 편지로 써서 미래의 학생들에게 넘겨주는 **후임자들에게 보내는 편지기법**letter to successors technique(Brookfield, 1995)이 있다. 내 경험으로는 이러한 편지들은 과제를 완수하는 법에 대한 기술적인 것보다는 학습의 감정적인 면에 훨씬 더 초점을 둔다. 나는 이러한 편지들을 (학생들의 허락을 얻은 후) 다음에 새로운 그룹의 학생들에게 동일한 과목을 가르칠 때 그 교과목의 홈페이지에 공개한다.

4. 요약

내가 정의하는 자기주도학습은 **구획화**compartmentalization에 저항하는 성인교육 분야의 일부이다. 자기주도학습은 사람들이 다름 아닌 바로 자신의 삶을 헤쳐나가기 위해서 수행할 필요가 있다고 결정하는 모든 학습활동을 말한다. 사별 및 병과 대처하는 법, 실직에 대처하는 법, 진정한 우정의 구성요소, 인간관계

---

28) 자신이 인지하고 있다는 사실을 의식적으로 인지하고 있음을 의미함-역자 주

를 오래 지속하게 하는 방법에 대한 학습은 우리 모두가 조만간에 수행해야 할 자기주도학습 사례들이다. 대부분의 지역사회기반학습은 상이한 지역사회 그룹 간의 상충되는 이해를 조정하기 위해서 또는 지역사회와 우리를 갈라놓으려는 외부의 이권에 대항해서 싸우려는 노력처럼 자기주도적이다. 그리고 물론 불만족스러운 직장생활을 하고 있는 우리들에게 인생의 진정한 의미를 가져다주는 각종 취미활동 및 직업 관련 학습은 일반적으로 자기주도적이다. 마지막으로, 독실한 영적인 참여는 흔히 자기주도적으로 의미를 찾는 것이다. 이러한 모든 자기주도프로젝트에서 우리는 혼자서 학습하지 않는다(친구, 또래, 가족, 동료, 그리고 전문가들 모두 우리의 학습에 도움을 준다). 그러나 최종 결정권자는 바로 우리들이다.

제5장

교실 민주화

성인교육은 민주주의의 이상을 확고히 수용해 왔다. 특정하게 가르치는 행위를 민주적이라고 말하는 것은, 성인교육을 '잘 수행하고 있다.'는 증표를 수여하는 것이다. 진정한 성인교육의 전통을 대표하는 것으로 신봉되는 아이디어들 중에 가장 파워풀한 것은 교사들이 자신의 가르치는 행위를 통해 이 세상이 점점 더 민주적으로 될 수 있게 노력해야 한다는 것이다. 성인교육자들은 자신이 신봉하는 교육방법을 모두 정당화하고 방어하기 위해 일종의 성스러운 신호를 보내는 '민주주의' 또는 '민주적인'이라는 단어들을 흔히 사용한다. 이 단어들은 말하고 있는 사람이 진보적이라는 증표를 보여 주기 위해 사용된다. 이는 철학에서 **조숙한 궁극**premature ultimate이라고 일컬으며, 이 단어를 들먹이면 이것의 정확한 의미에 대한 더 이상의 심각한 토론을 중지시키는 효력이 있다. 민주적인 교육을 한다고 표현하면 많은 사람이 일제히 동의하고 고개를 끄덕인다. 흔히 우리들의 교육방법에 대한 질문을 받았을 때 "어떤 것을 민주적이기 때문에 했다."라고 대답하면 대화가 완전히 멈춘다. 민주적이라는 단어는 성인교육에서 너무나 무비판적으로 숭배되기 때문에 비판적인 조사에서 거의 제외되어 왔다.

그러나 민주주의라는 개념은 민주주의에 대한 발언자들의 숫자만큼 많은 특정 정의와 해석이 있어서 변형하기 쉽고 빠져나가기 쉽다. 민주주의 개념은 너무 자주 의례적으로 들먹일 수 있다는 이유로 중대한 의미가 없어졌다. 오로지 민주적인 절차를 실행할 때에만 이 개념의 모순이 명백히 드러나게 된다. 따라서 이번 장 시작의 한 방편으로 내가 생각하는 민주주의의 의미가 무엇인지 밝힐 필요가 있다.

1. 민주주의 정의하기

민주적인 시스템에는 세 가지 핵심적인 요소가 있다고 생각한다. 첫째, 참가자들이 공동체의 일을 가장 잘 계획하는 법에 대하여 끊임없는 토론에 참여하는 것이다. 둘째, 이용 가능한 경제자원이나 다른 물적 자원을 소수가 통제하는 것이 아니라 모두가 공유하는 것이다. 셋째, 주요 과제로 이데올로기 조작을 알아내고 그것에 도전하여 군국주의, 인종차별, 백인우월주의, 가부장제, 장애인차별, 동성애자차별에 맞서고 없애는 것이다. 이 세 가지 전형적인 특성들은 숭고하고 위협적이지만, 물론 완전히 실현되지는 않는다. 그래서 민주주의를 지향하여 가르치는 일은 언제나 진행형이다(Ayers et al., 2010).

교사들에게는 민주주의의 첫 번째 요건에서 암시한, 사회, 경제, 정치적 일을 어떻게 계획할지에 대해 지속적이고 점점 확장하는 토론에 구성원들을 참여하게 해야 한다는 명백한 교육 과제가 있다. 민주적이기 위해서 이 대화는 다양한 집단과 관점을 수용할 수 있도록 되도록이면 포괄적이고 광범위해야 한다. 또한 사람들이 처한 상황에 대한 완전한 지식, 그들이 취할 수 있는 다양한 방책의 범위에 대한 인식, 그리고 그들의 의사결정에 수반되는 잠재적 결과에 대한 최상의 정보에 기반해서 의사결정을 할 수 있는 대화여야 한다. 하버마스(1996)의 용어에 따르면, 민주적인 토론은 논의되는 문제와 관련된 모든

지식에 대해 모든 참가자가 완전한 접근을 할 수 있는 이상적인 담화상황에서 가장 완전하게 실현된 형태로 일어난다. 메지로우Mezirow(Habermas, 1991)는 하버마스 이론의 이 요소를 사용하여 전환학습 이론을 개발하였는데, 이 이론은 성인교육자들은 사람들이 살아가는 방식에 영향을 주는 지식에 대한 완전한 접근을 보장할 방법을 찾는 사회운동과 연합할 필요가 있다는 그의 신념을 알려 준다.

이 개념에 따라 민주적으로 가르치는 것은 되도록 포괄적인 새로운 대화 형태를 만들고, 관련 정보에 접근하는 것을 막는 데 관심을 가진 모든 기득권의 이해관계에 대항해서 싸우는 데 초점을 둔다. 어떤 조직이나 구조가 지식을 사유화하고 전문가들의 영역에 두려고 한다면, 이 또한 이 지식을 모든 사람이 이용 가능하게 하도록 맞서 싸우게끔 성인교육자들을 고무한다. 이반 일리치[1]Ivan Illich의 연구 대부분이 이러한 것들로, 성인교육 내에서는 존 올리거John Ohliger(Grace & Rocco, 2009)의 연구가 존재하는 이유였다. 민주적인 의사결정의 타당성은 완전한 정보를 가진 모든 이해당사자가 민주적인 결정으로 이끄는 대화에 참여해 왔다는 데에 근거를 둔다. 어떻게 결정할지는 이해당사자들 가운데 누가 가장 큰 몫을 갖고 있느냐에 따라 다르다. 이것이 참여경제participatory economics 또는 파레콘[2]parecon에 대한 알버트의 연구Albert's work(Albert, 2004, 2006)에서 주장된 것이다. 참여경제에서 특정 상황과 관련된 주요 의사결정자는 그 의사결정의 결과에 가장 영향을 많이 받는 사람들이다.

민주주의의 두 번째 요건은 민주주의가 정치협정일 뿐만 아니라 경제협정이라는 점이다. 민주주의는 투표 절차나 대표 구조와 관련된 정치 형태일 뿐만 아니라 부의 과다한 불평등 폐지, 소득 평등화, 그리고 모든 형태의 자원을 공

---

[1] 이반 일리치(1926~2002): 오스트리아 출신의 신학자이자 철학자이며 라틴아메리카의 발전을 위해 헌신하였다. -역자 주

[2] 'participatory economics'의 약어-역자 주

동으로 관리하는 경제형태이다. 이것이 민주주의와 사회주의가 얽혀 있는 이유이다. 민주주의의 중요한 요소들은 루스벨트Franklin Delano Roosevelt가 1944년 연방연설에서 촉구한 「두 번째 권리장전Second Bill of Rights」(Sunstein, 2006)에 많이 포함되어 있다. 여기에는 좋은 교육, 번듯한 직업과 풍족한 임금, 충분한 음식과 의복, 만족스러운 의료관리, 노년기에 보호를 받을 권리가 포함된다. 대중 전체가 재화와 용역의 생산 및 분배를 통제하는(대표적이지 않은 엘리트 특권층이 통제하는 것에 반하여) 사회주의 경제가 가장 민주적인 경제제도이다.

성인교육에서 이 개념을 가장 잘 표현한 것 중 하나가 두보아W.E.B. Du Bois의 「미국흑인의 기본신념Basic American Negro Creed」(Du Bois, 1971)인데, 미국성인교육연합American Association for Adult Education의 한 분파에서 위탁한 연구의 일부였지만 출간되지 못하였다(Guy, 1993; Guy & Brookfield, 2009). 이 민주주의의 개념에 따르면, 이끈다는 것은 협동경제 형태를 설립하려는 조직, 그룹, 운동단체의 이익을 증진하기 위한 노력을 포함한다. 두보아의 신조는 미국 흑인의 발전과 인종차별 철폐를 사회주의와 연결했다. 그의 여섯 번째 신조는 "우리는 전 세계에서 일종의 사회주의 형태가 최종적으로 승리할 것이라고 믿는다. 즉, 생산수단의 공동 소유와 통제, 그리고 소득의 평등화이다."(Du Bois, 1971, p. 321)라고 노골적으로 표명한다. 이러한 일과 부의 평등화는 '권력, 학습, 성취에 있어 미국 및 전 세계에 걸쳐 흑인종 대두의 시작the beginning of the rise of the Negro race'으로 주장된다(p. 321). 이러한 평등화는 과세를 통해서 그리고 '국가의 최고 권력ultimate power을 노동자의 손에 쥐여 줌'(p. 321)으로써, 즉 노동계급이 행정과 공공지출의 영역에서 자신들에게 비례하는 몫을 요구하는 것이 수반되는 상황에서 이루어진다(p. 322). 두보아는 모든 인종의 사람들에게 백인우월주의에 대항하고 사회주의를 건설하는 데에 참여하도록 널리 호소하면서 그의 신조를 마무리한다. 그는 "일, 조직, 서비스에 대한 이러한 비전vision을 위해, 이 기본신조에 대한 지지가 진실하고 행동으로 증명되는 한 우리는 모든 피부 색깔의 남성들을 환영한다."(p. 322)라고 말했다.

내가 이해하는 민주주의의 세 번째 요소는 권리를 박탈당한 그룹들이 완전하고 평등하게 시민사회에 참여하는 것을 배제하는 이데올로기에 대항하는 것이다. 이러한 이데올로기는 백인우월주의, **집단우월주의**[3]class superiority, 가부장제, 동성애혐오, 장애인차별 등이다. 서구 산업사회는 모두가 평등하게 번영할 기회를 가지는 완전히 개방된 민주주의를 주장하지만, 실제로는 경제적 불평등, 인종차별, 계급차별이 경험적 현실인 매우 불평등한 사회이다. 따라서 이러한 현상이 정상적이고, 자연적이며, 피할 수 없는 것처럼 재생산되는 것(따라서 그 제도에 대한 잠정적인 도전을 잘라 버림)은 지배이데올로기의 보급을 통해서이다. 나는 민주주의가 이러한 이데올로기가 도전받고 대체될 때에만 번창할 수 있다고 여긴다. 이 세 번째 관점에서 보면, 민주주의에 대한 성인교육이 지배이데올로기의 요소들을 전복하고 파괴하는 것을 포함한다는 것을 알 수 있다.

2. 성인교육과 민주주의

미국의 성인교육학자 린드만Eduard Lindeman은 단순히 의례적인 언급을 너머 민주주의를 이해하고 분석하고자 했다. 린드만(Lindeman, 1987)에게 민주주의란 "인류가 사용하는 언어 전체에서 가장 위대한 단어 중 하나"(p.137)였으며, 동시에 위선자들이 가장 이해하지 못하고 오용하는 단어 중 하나였다. 그는 대부분의 사람이 "민주주의에 관해서는 **비문해자**illiterate이다. 즉, 그룹 내에서 또는 그룹을 통해서 일하는 법을 모른다."라고 믿었다(p. 150). 이것은 사람들이 다름을 정중하게 다루고, 해결되지 않은 갈등을 감수하며, 복잡한 사회문제에 대

---

3) 특정 집단이 다른 집단에 비해서 우월하다고 생각하는 이데올로기. 성차별주의, 백인우월주의, 가부장제 등이 이에 속한다.—역자 주

해 제안된 해법들은 언제나 일시적이고 바뀔 수 있는 것으로 바라보아야 한다
는 것을 받아들이는 능력이 부족하다는 것을 의미한다. 린드만은 민주주의란
"사람들이 집단적으로 최고의 권력을 가질 때"(p. 147) 사람들 사이에서 '함께
하는 권력' 관계가("당신과 너무나 관련되어 있기 때문에 우리들의 권력이 훨씬 커
질 것임.")(p. 144) '위에서의 권력' 관계를 대신할 때 현존한다고 믿었다. 그렇
지만 그는 민주주의란 단순히 담화 형태나 의사결정 원칙을 모아 놓은 것이 아
니라 경제적인 평등을 요구해야 하는 것임을 강조했다. 나중에 호튼Horton이 반
복적으로 강조하였듯이, 정치적 민주주의는 경제적 민주주의를 필요로 한다.
린드만(1987)은 "경제의 시대에 우리가 민주주의가 작동하도록 하는 법을 학
습하지 않는다면, 민주주의는 끔찍하고 모순적인 우스갯소리로 남을 것이다."
(p. 144)라고 했다.

　린드만은 민주적으로 사는 것을 성인의 학습과정으로 보았다. 참가자들은
민주적으로 살기 위해서 많은 민주적인 원칙을 공부하고 실천하는 기술에 점
점 더 능숙해질 필요가 있다. 이러한 것들은 다양성을 존중하는 법, 민주적 이
상이 부분적으로만 실행되는 것을 감내하는 법, 흑백논리의 함정에 빠지는 것
(반드시 둘 중 하나 또는 상호배타적인 선택을 강요당하는 상황)을 피하는 법, 목적
과 수단의 양립 가능성을 수용하는 법(명백히 옳고 필요한 것으로 간주되는 빠른
의사결정을 위해서 민주적인 절차를 무시하려는 유혹을 뿌리치는 상황)을 학습하며,
민주적 목적으로 사회단체들의 기능들을 연관하는 법(의료, 교육, 그리고 사회
서비스), 집단적 형태의 사회 및 경제 계획, 상반되는 결정들을 수용하는 법, 민
주주의의 모순에 내재한 코미디를 인정하는 법을 학습하는 것을 포함한다. 그
래서 린드만은 민주주의를 학습하는 것을 성인생활의 주요과제로 여겼다.

　민주주의 학습과 관련하여 성인교육자들은 어떤 과제에 초점을 두어야 할
까? 하나는 성인들이 자유와 민주주의 둘 다 옹호하고 있는 모순을 어떻게 인
식하고 있는지, 그리고 어떻게 이러한 모순을 감내하는지에 대해 탐구하는 것
이다. 뱁티스테(Baptiste & Brookfield, 1997)가 "만약 상호작용하는 존재들의 상

호작용이 정당한 것으로 판단된다면 그들의 자유는 역으로 규제되어야만 한
다. 윤리적 자유는 상대적 자유이다."(p. 27)라고 주장하듯이, 민주주의는 필연
적으로 자유를 제한한다. 다른 사람들과 함께 사는 것은 그들의 존재를 고려하
여 우리의 행동을 조정해야만 작동한다. 따라서 민주주의 옹호자들은 공정성
을 보장하기 위해서 사람들이 자유롭게 참여할 수 있는 행동의 범위를 반드시
제한해야 한다. 이것은 성인들이 모순적인 결정들을 감내하는 법을 배우는 어
려운 임무에 직면해야 한다는 것을 뜻하며, 린드만은 이것을 중요한 민주적 규
율이라고 말했다(Smith & Lindeman, 1951). 성인들은 또한 밀J. S. Mill(1961)이 밝
혀낸 다수의 횡포를 경계하는 법을 배워야 한다. 밀은 『자유론On Liberty』(1859년
에 발행)의 유명한 구절에서, 사회가 민주적으로 동의하거나 바람직한 상식이
라고 여겨지는 특정 사고방식을 강요할 때, 그것은 "여러 종류의 정치적인 압
박보다도 더 무서운 사회적 횡포를 부린다. …… 그것은 도피할 수단을 거의
남겨 두지 않고 생활의 세세한 곳까지 깊이 침투하며 영혼 자체를 노예로 만
든다."라고 주장했다(p. 191). 민주주의에서 다수가 행사할 수 있는 억압적인
통제에 대한 이 분석은 모든 것에 침투하는 헤게모니의 본성에 대한 그람시[4]
Gramsci의 외침과 일상생활에서 선택과 행동에 각인된 권력에 대한 푸코의 외침
에 메아리로 돌아온다.

　민주주의에 관한 또 다른 성인교육 과제는 성인들이 민주화 과정에 내재
하는 우발적인 요소들을 감내하는 법을 어떻게 학습하는지에 대한 일반적
인 문제를 조사하는 것이다. 우발성contingency(모든 이해와 해결책을 부분적이고
잠정적이며, 그리고 계속된 검토와 재협상을 환영하는 것으로 수용하는 것)은 바
날Bagnall(1999)이 포스트모던 아이디어에 대해 분석한 「급진적인 우발성 탐구
Discovering Radical Contingency」에서 암시하듯이 포스트모더니즘과 연관되어 있다. 하
지만 그 뿌리는 실용주의와 민주주의에 필수적인 것으로써 실용주의의 전통

---

4) 이탈리아 혁명가(1891~1937)-역자 주

이 강조하는 끊임없는 탐구와 실험에 있다. 이 우발성을 감내하는 법을 학습하는 것은 민주주의가 언제나 부분적으로만 작동하는 이상에 대해 수용하는 법을 학습하는 것이다.

민주화 과정을 학습하는 것은 인지분석(왜 민주주의는 작동하지 않으며, 어떤 상태에서 민주주의를 가장 잘 고무할 수 있는가?), 감성지능(우리들과 다르고 다른 계획을 가지고 있는 사람들과 함께 민주적 목적을 위해서 단체를 조직하고자 할 때 느끼는 불가피한 좌절감을 인식하고 수용하는 법을 어떻게 학습하는가?), 의사소통 능력(집단적 이익을 추구하기 위해 인종, 계급, 성의 차이를 뛰어넘어 어떻게 의사소통할 것인가?), 전문적 기술(모두의 의견을 들을 수 있도록 보장하는 대화규칙을 어떻게 학습할 것인가?, 부와 권력의 불평등을 문서화하기 위해, 또는 지역적으로 분리된 풀뿌리 그룹들을 서로 접촉하게 할 수 있도록 인터넷을 어떻게 이용할 것인가?), 그리고 존재론적 지혜를 개발하는 것을 포함하기 때문에, 민주주의의 가능성에 대한 우리들의 신념은 사건이나 경험에 의해서 붕괴되지 않는다. 일반적으로, 민주화 과정을 학습하는 것은 인종, 사회계층, 성별에 근거하여 공동체 구성원이 보유한 권력의 차이에 의해 필연적으로 발생하는 그 과정의 왜곡을 다루는 것을 포함한다. 민주화 과정을 학습하는 것은 또한 유럽 중심의 의사소통 방식을 깨고, 학습의 필수적인 요소로서 침묵을 도입하며 토론의 필수적인 요소로서 경청하는 자세를 도입해야 한다는 것을 포함한다.

3. 민주적인 교실이란 무엇인가

앞서 분석한 것에 덧붙이자면, 민주적인 교실은 서로 교차하는 세 개의 요소를 포함하는 것처럼 보인다. 첫째, 되도록이면 광범위한 사람들의 목소리가 표현되고, 가능한 한 광범위한 학습훈련이 포함되는 기회를 마련해야 한다. 둘째, 되도록이면 의사결정에 가장 많은 영향을 받는 사람인 학습자 자신이 의

사결정을 하는 교실이어야 한다. 셋째, 되도록이면 익숙하지 않은 관점을 통합하고, 지배이데올로기에 도전하며, 그동안 의문을 품지 않았던 생각과 관행에 초점을 두어야 한다. 이들 각각에 대해 차례로 알아보자.

1) 다양한 목소리와 다양한 관점

다양한 목소리를 민주화 과정에 포함하는 것에 대한 강조는 상대적으로 논쟁의 여지가 없다. 민주적으로 가르치는 것에 찬성하는 대부분의 사람은 특정 쟁점에 대해 되도록 많은 사람의 의견을 들어야 한다는 생각에 반대하기가 어렵다는 점을 발견할 것이다. 참여 확대를 통해서 모든 사람의 의견을 듣는 것은 프레스킬과 내가 『토론을 이용한 교수방법』에서 계속 강조한 것이다. 이 책의 부제가 **민주적인 교실을 위한 도구와 기법**Tools and Techniques for Democratic Classrooms이라는 점은 놀랄 일이 아니다. 그래서 민주적인 교실에서는 가능한 한 많은 사람이 목소리를 내도록 하는 연습, 규칙, 그리고 활동을 수행할 가능성이 높다.

그러나 민주적인 교실은 말하는 사람들의 목소리만 들어서는 안 된다. 민주적인 교실은 말하는 것에 덜 끌리거나 글쓰기가 덜 편한 사람들이 기여할 수 있는 방법을 찾아야 한다. 이는 시각적 및 그래픽 형태의 표현방법을 주기적으로 사용하고, 침묵의 의사소통 기회를 자주 제공해야 한다는 의미이다. 민주적인 교실이란 의미상 학생들이 참여할 기회가 많을 뿐만 아니라 학생들이 참여할 다양한 방식이 있는 교실이다. 따라서 민주적인 교사는 학생들이 가지고 있는 다양한 학습습관과 선호도를 이해하기 때문에 다양한 방법과 접근법을 사용한다.

이렇게 다양한 목소리를 강조하면 주요한 합병증, 즉 토론이나 분석이 상대적으로 피상적인 수준에 머물 위험이 발생한다. 왜냐하면 모든 사람이 기여하게끔 하려면 특정 화제나 쟁점에 대해서 두세 명의 참가자가 심층 분석할 수 없기 때문이다. 나는 학술회의의 질의응답 시간에 대개 연결이 잘 안 되는 다

양한 화제에 대해서 간략하게 질의하고 응답하는 식으로 마무리함으로써 이 문제가 발생하는 것을 항상 본다. 발표자는 다른 사람들의 질의응답을 배제하지 않도록 한두 사람의 질문자와 긴 대화시간을 갖는 것을 회피한다.

그러나 두세 명의 학식 있고 헌신적인 사람들이 한 주제에 대해서 공개토론을 하고 다른 사람들은 조용히 관찰한다면, 매우 다른 관점에서 지속적으로 관여할 수 있다. 실제로 지배이데올로기와 지배신념이 대부분의 사람의 사고를 형성한다는 점을 고려할 때, 학생들의 일상적인 사고패턴을 깰 수 있는 가장 좋은 방법 중 하나는 나머지 사람들은 조용히 듣고 있고, 어떠한 주제에 대해 아주 다른 관점을 가진 두 사람이 그 주제에 대해 토론하도록 하는 것이다. 때로 민주주의는 다양한 목소리에 대한 강조를 익숙하지 않은 관점들의 쌍방교환으로 대체할 필요가 있다.

2) 의사결정 과정

민주적인 교실의 두 번째 특징은 되도록이면 의사결정이 그 결정에 의해서 가장 많이 영향을 받는 사람들, 즉 학습자들 스스로에 의해서 이루어져야 한다는 것이다. 나는 마일스 호튼의 격언을 흔히 인용하여, "하이랜더 시민학교에서 '의사결정은 우리 학생들의 경험 중심에 있었다.'(Horton, 1990. p. 152). 그래서 하이랜더에서 어떤 일이 일어날 것인가에 대한 의사결정의 경험을 통해 참가자들은 민주화 과정을 배웠다."라고 이야기한다. 이는 민주적인 교실이란 무엇을 학습할지, 어떻게 학습할지, 학습한 것을 어떻게 설명할지, 그리고 그 학습을 어떻게 판단하고 평가할지에 대해 학생들이 대부분의 결정을 하는 곳임을 의미한다.

이렇게 학생들의 의사결정을 강조하면 세 가지 문제점이 생긴다. 첫째, 인가기관이나 면허기관 등의 외부 당국이 대부분의 실질적인 결정권을 가지고 있다면 어떻게 할 것인가? 수습 교사 신분인 나는 특정한 것에 대해 알 필요가

없다고 결정을 내릴 수 있으나, 만약 그것을 모른다면 자격시험에 떨어질 것이고 교직을 수행할 수 없을 것이다. 따라서 중요한 것에 대한 의사결정이어야 의미가 있다.

둘째, 그룹 구성원들이 학습해야 할 것에 대해 서로 다른, 심지어 서로 모순되는 것을 선호한다면 어떻게 해야 할까? 다수결 원칙에 따라 관심사를 공유하는 사람들이 관심사가 다양한 사람을 항상 이겨야 할까? 이는 공정하거나 민주적인 것 같지 않다.

셋째, 학생들이 그들에게 열려 있는 대안에 대해 불충분한 지식을 가지고 있거나, 탐구해야 할 지적 영역에 익숙하지 않을 경우 어떻게 해야 할까? 한 학생이 자신이 거의 모르는 것에 대해서 의사결정을 할 권력을 가지고 있는 유일한 사람이라면, 해당 의사결정이 그 학생에게 가장 좋은 의사결정이라고 주장하기는 어렵다. 이는 심각한 의학적 상태에 대해 전혀 모르는 환자가 진단과 치료에 숙련된 경험 많은 의사보다 더 많은 의사결정권을 가져야 한다고 말하는 것과 똑같은 것이다.

3) 익숙하지 않은 관점 포함하기

민주적인 교실의 세 번째 요소는, 학습자들에게 익숙하지 않고 때로 도전적인 관점에 대해 탐구하도록 강요할 때 명백하게 드러난다. 이것이 하버마스(1996)의 **민주주의 담화이론**discourse theory of democracy의 핵심, 즉 가능한 한 모든 적절한 관점과 정보를 고려한 후에 의사결정이 이루어졌을 때에만 그 의사결정이 민주적 정당성을 가진다는 생각이다. 하버마스는 우리가 공동체의 중요한 이슈와 의사결정에 대한 집단대화를 마련할 방법을 인도할 수 있는 이상적인 담화 상태(민주적 토론이 최적으로 일어날 수 있는 조건들)를 만들 수 있다고 주장한다. 비록 린드만의 **민주적 규율**democratic disciplines과 정확하게 동일하지는 않지만, 이러한 이상적인 담화 상태는 린드만 또한 강조했던 새로운 관점에 대한

개방성과 개인의 신념을 일시적으로 보류하려는 의향을 포함한다. 하버마스는 사람들이 의사결정 방법을 민주적인 방식으로 결정해야만 그것을 신뢰한다고 생각할 것이기 때문에, 의사결정이 민주적으로 이루어지는 방법을 이해하는 것이 중요하다고 생각한다.

만약 학습자들을 익숙하지 않은 관점에 노출시키는 것이 민주적인 교실의 핵심이라면, 이는 교사가 때때로 학생들의 바람wishes에 반대해야만 하고, 학생들에게 매우 다른, 때로는 비판적인 관점에서 바라보는 법을 고려하도록 고집해야 한다는 것을 의미한다. 여기가 민주주의와 비판사회이론이 만나는 곳이다. 민주적인 교실은 합의된 사항, 다수의 관점, 그리고 당연하게 받아들여진 생각에 지속적으로 도전하는 데 초점을 두어야 하는 곳이다. 이 말은 푸코(1980)가 주장했듯이, 학생과 교사가 지배이데올로기에 도전하는 데 관심을 두고, 권력과 지식이 항상 얽혀 있는 방식을 밝혀내는 법을 학습한다는 것을 의미한다. 푸코는 모든 그룹과 하위문화 그룹들subcultures은 진리체제(어떤 지식이 정당하게 수립되었는지 결정하는 일련의 과정들)를 수립한다고 주장한다. 민주적인 교실은 특정 화제, 주제, 또는 지식 분야의 진리체제를 밝혀내는 것과 진리체제의 존재로 인해서 가장 많은 혜택을 받는 사람들이 누구인지를 알아내는 것에 관심이 있는 곳이다.

물론 이 민주적인 교실의 세 번째 조건에는 큰 문제가 있다. 만약 학생들에게 익숙하지 않은 관점에 참여하도록 하는 교사의 바람으로 인해, 학생들이 유해하거나 광적인 것들에 노출되면 어떻게 해야 할까? 교과목에서 민족에 관한 단원을 계획하는 교사가 주류에서 벗어났다는 논리로 극우 아리안신조[5]Aryan doctrines를 포함해야 할까? 초급생물학을 가르치는 교사가 천지창조설에 투입하는 시간을 진화론에 투입하는 시간과 동일하게 해야 할까? 자유주의자libertarian의 관점에서는, 지식검열이 없어야 하고, 비록 교사가 학생들의 주장이 터무니없

---

5) 아리안 인종의 우월성을 주장하는 나치 독일의 인종 정책-역자 주

거나 유해한 것이거나 근거가 없다고 느낄지라도 학생들은 어떠한 이슈에 대해서라도 스스로 결정할 민주적 자유를 가져야 한다. 이것이 내가 자유주의자[6]가 아닌 수많은 이유 중 하나이다. 궁극적으로 나는 학습자가 어떠한 지식이 존재하는지에 대해서 초보자이거나 잘 알지 못하기 때문에 교사의 권력이 효과를 발휘할 상황이 있다고 믿는다.

4) 교사의 권력

일부 성인교육자들에게 교사의 권력은 많은 민주적인 교실의 옥에 티이다. 교사가 학생들의 무관심과 저항에도 불구하고 자신이 중요하게 생각하는 계획이나 목적을 고집하는 것은 비민주적이고 뻔한 모순으로 보인다. 입장 바꾸기를 거부하는 교사는 권위적이고 묵묵부답인 태도를 가진 것처럼 보이는데, 이는 성인교육의 민주적 개념과 완전히 상충된다.

그러나 잠깐만 생각해 보면 이 오류는 곧 드러난다. 만약 우리가 모든 사람이 특정 주제와 관련된 모든 지식에 동등하게 접근할 기회를 가지는 민주적인 세상에서 이미 살고 있다면, 이러한 방식으로 행동하는 교사들은 비민주적이라고 여겨질 수 있다. 그러나 우리는 그러한 세상에서 살고 있지 않다. 우리들의 세상에서는(또는 적어도 내 세상에서는), **지배그룹들**dominant groups이 정보의 흐름을 통제하고 무엇이 타당한 지식으로 간주되는지 결정한다. 대학 종신재직 공청회에서는, 자신의 이야기에 대해서 쓴 논문을 특정 변수의 영향을 고려하여 **통제집단**[7]control group을 사용한 **실험설계**experimental design를 이용한 논문보다 훨씬 신뢰성이 떨어지는 것으로 간주한다. 의학에서 **동종요법**[8]homeopathy은 낮은 지위

---

6) 사람들이 자유롭게 생각하고 행동할 수 있어야 하고 정부가 사람들을 제한하지 말아야 한다고 믿는 사람-역자 주

7) 실험에서 다른 그룹들과 비교하는 기준이 되는 그룹-역자 주

를 차지하고, 환자 중심의 의사소통기술은 과학적인 진료기술보다 훨씬 덜 중요하게 여겨진다.

같은 방식으로, 비대칭적 권력관계의 세계에 성인교육센터, 교실 그리고 프로그램들이 존재한다. 말하는 방식과 외모 때문에 학급의 몇몇 사람들의 말은 경청되고 심각하게 받아들여지지만, 다른 사람들은 조용히 있는 것에 익숙하다. 시간, 장소, 주제에 상관없이 '상식'으로 간주되는 것은 보통 현 상태를 지지한다. 어떤 공동체에서든 지배적으로 통제하는 그룹들(학계 포함)은 보통 그들의 정당성에 도전하는 관점들을 반드시 침묵시키거나 소외시킨다. 진리체제의 수호자들은 그 진리체제에 비판적인 그 어떤 것에도 정당성을 부여하기를 원하지 않는다.

그래서 학생들이 생소하고 도전적인 관점과 전망에 노출되는 것을 보장함으로써, 민주주의의 세 번째 조건을 충족하는 민주적인 교실을 가지려고 한다면, 이 도전은 어딘가에서(또는 오히려 누군가로부터) 시작하여야 한다. 그리고 보통 그 누군가는 교사이다. 진정한 민주주의가 되기 위해서, 성인교육자들은 때로 뱁티스테(2000)가 윤리적 강요라고 표현하는 것을 행사해야 한다. 다시 말하면, 성인교육자들은 학생들을 강요하여 (강제로) 그들이 기피하려는 교재들과 아이디어들을 다루도록 할 필요가 있다. 다수의 염원에 반하는 것이기 때문에 이 과업을 피하는 것은 민주주의의 의무를 무시하는 것이다. 이것이 교사가 권위를 행사하는 것이 결코 민주화 과정과 모순되지 않는 이유이다.

---

8) 건강한 사람에게 어떤 증상을 일으킬 수 있는 천연 물질을 비슷한 증상이 있는 환자에게 매우 적은 양을 주어 치료하는 방법-역자 주

4. 성인교실 민주화

이번 절에서는 교실 민주화를 위해 내가 사용하고 있는 구체적인 방법들을 탐구하고자 한다. 이 모든 방법은 앞에서 개략적으로 살펴본 민주주의의 세 가지 조건을 어떤 식으로든 예시한다. 그러나 이 모든 방법은 때로는 보다 잘 작동하고 때로는 완전히 실패하여 불가피하게 부분적으로 작동하는 원칙들이다.

1) 삼등분된 세계

민주적으로 가르친다는 생각에 대해 교사들이 가지고 있는 아마도 가장 빈번하고 대체로 타당한 반대 이유는, 교사들이 전문지식, 경험, 훈련을 통해서 학생들보다 훨씬 많은 지식을 가지고 있다는 것이다. 그래서 학생들에게 교육과정이나 방법을 선택하도록 허락하는 것은 말도 안 된다는 주장이다. 사실상 이것은 특별한 지식이나 경험이 없는 사람들에게 안전하고 도전적이지도 않고 또는 관계없는 교재들을 학습하게 함으로써 그들의 무지를 심화시키는 것이다. 이것이 교사 권위에 대해 이전 절의 마지막 부분에서 내가 했던 주장이다.

그러나 앞서 말한 바와 같이, 민주적으로 가르친다는 것이 학생들이 배워야 할 필요가 있는 것들과 그것들을 학습하는 최고의 방법에 대해 교사로서의 신념을 포기하는 것을 의미하지는 않는다. 내가 타협할 수 없다고 생각하는 것과 민주적으로 가르쳐야 한다는 책무 사이의 균형을 이루기 위해 간단하게 사용할 수 있는 지침은 내 세계를 다음과 같이 삼등분하는 것이다. 교실에서 일어날 수 있는 결정 중에서, 교사 고유의 영역은 3분의 1이고, 3분의 1은 학습자들의 영역, 나머지 3분의 1은 양측이 타협할 부분이라고 생각한다. 작동하는 방법은 다음과 같다.

교사가 통제하는 3분의 1

교사는 교육과정의 1/3에 대해서 완전한 통제권을 가지며, 그 교과목에서 핵심적이고 타협할 수 없는 영역이라고 생각하는 것을 다루기 위해서 통제권을 사용한다. 교사는 이 1/3을 사용하여 어렵고 도전적인 과제를 배울 수 있도록 학생들을 안락지대 너머로 떠민다. 보통 교사는 필수교재의 형태로 교재의 1/3을 완전히 통제한다. 교사의 통제는 교육방법과 평가방법에도 적용된다. 교육과정 시간의 1/3에 대해서 어떤 일이 일어날지는 교사가 결정한다. 교사는 학점의 33.3%에 대해서 평가할 권력을 가진다.

학생들이 통제하는 3분의 1

학생들은 교육과정의 1/3에 대해서 완전한 통제권을 가진다. 전형적으로 학생들은 자신들에게 가장 흥미로운 주제를 공부하고 자신들의 상황에 맞춰 교육과정을 조정하기 위해서 통제권을 사용한다. 이 접근법의 일부로서 교사는 학생들이 지정한 것이 무엇이든 최선을 다해 가르치겠다고 동의해야 한다. 또한 교사는 학생들이 교재를 다루는 데 필요하다고 결정한 어떤 자원이든 읽는 것에 동의한다. 한 학기 동안 학생들은 시간의 1/3에 해당하는 활동을 선택할 수 있으며, 학점의 1/3에 대해서 스스로 평가할 수 있다.

교사–학생 간에 협의된 3분의 1

이 1/3에 대해서 쌍방은 앞으로 일어날 일에 대해 협상한다. 학생들은 자신들이 통제하는 1/3에 해당하지 않는 것 중에서 탐구하고 싶은 것을 제안하고 추후 학습을 위한 자원을 추천한다. 교사는 자신이 통제하는 교육과정의 1/3에 포함된 협상 불가한 요소들에 덧붙여 다룰 수 있는 것에 대해서 개략적으로 설명한다. 교사는 학생들에게 무엇을 제공해야 하는지와 어떻게 그 교재를 다룰 것인지에 대해 설명한다. 대화가 시작되고 학생들은 교사가 제의하는 다른 요소들을 수용 혹은 거절하거나 수정하며, 학생들의 제안에 대해서 교사도 동일

하게 한다. 이 부분에 대한 점수인 33.3%를 평가할 수단 또한 협상하게 된다.

물론 실제로는 이렇게 깔끔하고 정확하게 삼등분되어 작동하지 않는다. 민주주의가 부분적으로 작동하는 특성을 고려하면, 교육과정, 방법, 평가를 정확하게 구획할 수 있다는 것은 너무 순진한 생각일 것이다. 내 경험상 학생들의 전형적인 반응은 "교수님이 결정하세요. 교수님이 최선이라고 생각하는 것을 하세요."이다. 학생들은 학습과정에서 무엇을 할지 협상하는 것은 복잡하고 시간낭비라는 것을 당연히 잘 알고 있다. 성인으로서 살아가기 위해 할 일이 많고, 수업에 참석하기 위해서 많은 희생을 했기 때문에, 학생들은 민주적인 협상에 시간을 낭비하는 것을 가장 싫어한다. "이 과목을 통과하고 교직을 얻기 위해 훈련받고, 가능한 한 비용을 적게 들이고 빨리 학교를 떠나기 위해서 알아야 할 것에 대해서 말해 주세요."라는 말을 나는 지속적으로 들어 왔다.

민주적인 협상에서 교사는 학생들이 바라는 것을 존중해야 하므로, 만약 이것이 학생들이 당신에게 하라고 요구하는 것이라면 나는 당신이 학생들의 요구를 존중해야 한다고 생각한다(그러나 두 가지 경고할 사항이 있다). 첫째, 과거에 이 과목을 수강했던 학생들이 수업 활동에서 자신들이 일부 통제권을 가졌던 것이 도움이 되었다고 말한 점을 학생들과 공유하면서, 학생들이 나에게 즉시 모든 결정을 해 달라는 요청에 동의하지 않고 한동안 내 입장을 고수한다. 가능하다면 첫째 날 15분 동안 간단히 **졸업생 패널**First Day Alumni Panel로 수업을 시작할 것이다(Brookfield, 2006). 과거에 그 교과목을 수강했던 학생들이 새로운 학기의 첫 번째 세션에 들어와서 그 교과목에 대해 새로운 학생들에게 최대로 도움이 될 수 있는 조언을 한다. 만약 그것이 불가능하다면, 이전에 이 교과목을 수강했던 수강생들이 마지막 시간에 작성한 **후임자에게 보내는 편지**Letters to Successors를 학생들과 공유할 것이다(Brookfield, 1995).

둘째, 학기 시작 후 한 달쯤 후에, 수업에 대한 통제권을 오직 교사만이 가지도록 한 학생들의 결정을 재고할 방법을 찾는다. 한 학기에 최소한 한 번 학생

들이 배우는 것과 배우는 방법에 대해 추가로 제시할 의견이 있다고 느끼는지 확인할 필요가 있다.

2) 학생자치

학습대상과 학습방법을 결정할 때 학생들을 관여시키기 위해서, 학생들이 자신들의 바람을 교사에게 표현할 수 있도록 학생들의 자체적인 의사결정기구를 구성할 필요가 있다. 이것이 흔히 민주적인 교실을 만드는 데 있어서 가장 많은 시간이 소요되고 다루기 힘든 부분이다. 가급적 신속하고 저렴하게 특정 교과목이나 프로그램을 끝마치려는 욕망 외에는 공통점이 없는 학생들은 교과목의 기능에 대한 기대가 다양하고 학습방식에 대한 선호도 다양할 것이다. 나는 협상을 통해 교육과정을 이행하기 위한 두 개의 대대적인 작업에 관여했다. 하나는 내가 계획 수립에 도움을 준 내셔널루이스대학교National Louis University(시카고 소재)의 성인교육 박사과정 프로그램이다. 다른 하나 또한 내가 계획수립에 도움을 준 세인트토머스대학교University of St. Thomas의 비판교육학critical pedagogy 박사과정 프로그램이다. 이 프로그램은 내가 가르치는 교육리더십 박사과정 프로그램과 통합될 때까지 10년간 지속되었다.

애당초 지원할 때 민주적인 관례를 만드는 방식으로 박사과정을 이수하겠다고 서명하고 참가한 이 두 개의 프로그램에서조차도 학생들은 합의하는 데 어려움을 겪었으며, 심지어 결정방법에 대한 합의에도 실패했다. 합의점을 찾기 위한 노력에서 기인된 좌절감은 일종의 '민주주의 피로'와, 교수에게 "무엇을 어떻게 해야 하는지 우리들에게 말해 주세요."라는 바람으로 이어졌다. 내셔널루이스대학교의 성인교육 박사과정 프로그램에는 참가자들(교사들과 학생들)이 진행 중인 이 실험을 분석하고 기록하는 전통이 있다(Baptiste, 2001; Baptiste & Brookfield, 1997; Bronte de Avila et al., 2001; Colin & Heaney, 2001; Ramdeholl et al., 2010). 이러한 연구들은 "가장 목소리가 크거나 가장 조리 정

연한 목소리들이 자주 지배할 때, 의사결정이 진정으로 민주적일 수 있는가?, 지배문화가 우리들의 생활에 깊이 박혀 있을 때, 어떻게 지배문화의 오염물(경쟁, 사리사욕, 맹목적 애국심 등)을 피할 수 있기를 기대하겠는가?" 등의 어려운 질문을 제기한다(Ramdeholl et al., 2010, p. 60).

주목할 만한 가치가 있는 또 다른 실험은 아이라 쇼어Ira Shor가 뉴욕 시립대학City College of New York에서 방과 후 그룹After Hours Group을 사용한 것인데, 방과 후 그룹이란, 다른 학생들의 관심사, 요청사항, 좌절감에 대한 대변인 역할을 수행하기 위해서 방과 후에 쇼어를 만날 시간과 의향을 가진 학생들의 소그룹이다(Shor, 1996). 램드홀Ramdeholl(2010) 또한 뉴욕 브루클린Brooklyn에서의 성인문해프로그램adult literacy program인 The Open Book[9]의 이야기 모음을 통해, 문해교육 학습자들을 교사로 임명하고, 의사결정을 위한 학생-교사 위원회를 결성하고(성공한 부분도 있고 실패한 부분도 있음), 정기적으로 학생들의 작품을 발간하고, 새로운 교사의 채용을 결정하는 위원회에서 학생들의 의견을 적극 반영하는 것 등의 계획에 대해서 설명한다.

이번 장의 나머지 부문에서는 교실 민주화를 위해 내가 사용하는 특정 교육방법에 대해서 설명하고자 한다.

5. 주요한 사건질문지

주요한 사건질문지CIQ는 내가 앞 장에서 이미 제안한 방법이다. CIQ는 한 페이지로 구성되었으며, 일주일에 한 번, 한 주의 마지막 수업시간이 끝날 때 학생들에게 건네준다. CIQ는 다섯 개의 질문으로 구성되어 있으며, 각 질문은 학생들에게 그 주의 수업 중에 발생한 사건이나 행동들에 대해서 상세하게 적

9) 세상에 다 알려져 있는 것을 의미함-역자 주

도록 요구한다. CIQ의 목적은 학생들에게 수업에서 좋았던 점과 싫었던 점에 대해 묻는 것이 아니지만, 그러한 정보는 불가피하게 드러나게 된다. 대신에 학생들에게 호감이 갔거나, 거리감을 느끼게 하였거나, 혼란스럽게 느꼈거나, 도움이 되었거나, 놀라게 했던 특정 사건이나 행동에 초점을 두도록 한다. 특정 사건이나 행동에 대한 매우 구체적인 정보를 얻는 것은 학생들이 좋아하고 싫어하는 것들을 표현한 글을 읽는 것보다 훨씬 유용하다. CIQ는 내 홈페이지[10]에서 무료로 다운로드할 수 있으며, 거기에는 CIQ를 사용한 연구사례 또한 실려 있다(Adams, 2001; Glowacki-Dudka & Barnett, 2007; Keefer, 2009; Phelan, 2012).

CIQ는 익명으로 작성되며 약 5분이 소요된다. 특정 질문에 대한 응답이 떠오르지 않는다면 빈칸으로 두도록 한다. 그다음 시간에 학급 전체의 CIQ 응답을 학생들과 공유하겠다고 말한다. CIQ의 다섯 질문은 다음과 같다.

① 이번 주 수업에서 가장 열심히 참여했다고 느낀 순간은 언제였는가?
② 이번 주 수업에서 가장 소외된 순간은 언제였는가?
③ 이번 주 수업에서 어떤 사람(교사 또는 학생)이 한 어떤 행동이 나에게 가장 도움이 되었는가?
④ 이번 주 수업에서 어떤 사람이 한 어떤 행동이 나를 가장 어리둥절하게 만들었는가?
⑤ 이번 주 수업에서 당신을 가장 놀라게 한 것은 무엇이었는가? (이것은 일어난 일에 대한 당신의 반응일 수도 있고, 누군가가 한 것일 수도 있고, 다른 것일 수도 있다.)

학생들은 그 주의 마지막 수업의 마지막 5분간 CIQ를 작성한다. 나는 학생

---

10) http://www.stephenbrookfield.com

들에게 교실을 떠날 때 CIQ를 출입문 옆에 있는 걸상이나 책상 위에 엎어서 놓아두라고 한다. 그 주의 마지막 수업의 끝 무렵에 작성된 CIQ를 수집한 후, 나는 학생들이 쓴 답변들을 읽어 보며 공통된 주제를 찾는다. 30~35명의 학생으로 구성된 학급에서는 읽는 데 약 20분 정도 걸린다. 나는 문제점이나 혼란스러운 점을 나타내는 코멘트, 특히 내 행동 때문에 발생한 것들을 찾는다. 논쟁이 될 만한 것이나 좀 더 명확히 할 필요가 있는 것들에 주목한다. 특히 심오하거나 나를 놀라게 하는 흥미로운 개별 코멘트뿐만 아니라, 동일한 활동에 대한 학생들의 주요 인식 차이를 기록한다. 이러한 주제들은 다음 시간에 내가 공개적으로 알리는 질문과 쟁점의 기반이 된다.

다음 주 첫 수업을 시작할 때, 나는 3~5분간, 학생들의 응답에서 나타난 주요 주제를 요약하여 학생들에게 보고한다. 나는 학생들에게 **기본 빈도분석[11]** elementary frequency analysis을 하였으며, 세 사람 이상이 언급한 것(대략 학급의 10%를 차지함.)은 무엇이든 보고할 것이라고 말한다. 특히 흥미로운 사실을 드러내거나 도발적이라고 여겨지는 것은, 한 사람만 언급하더라도 보고할 권리를 내가 가지고 있다는 점을 학생들에게 알린다. 내가 공개적으로 보고하지 않을 유일한 코멘트들은 험담하는 방식으로 다른 학생들의 신원을 밝히는 것들이라고 말한다. 만약 이런 코멘트가 질문지에 포함되어 있으면 그룹이 해결해야 할 관찰이나 문제로 변형하거나 관련 학생을 불러 비밀이 보장되도록 사적으로 대화할 것이라고 알린다. 이러한 대화의 대상은 보통 CIQ에 학급을 지배하거나 아주 무례한 태도로 자신의 힘을 과시하려고 한다고 보고된 학생들이다.

시간이 있다면 한두 페이지로 요약해서 타이핑하고 학생들의 걸상 위에 복사본을 두어 학생들이 들어오면 읽도록 한다. 대부분은 다른 과중한 업무 때문에 말로 보고한다. 만일 학생들이 제공한 코멘트가 내가 가르치는 방식을 바꾸도록 한 원인이 된다면, 나는 이 점을 인정하고 왜 바꿀 가치가 있는지 설명

11) 비슷한 응답들이 발생한 횟수를 기록하여 분석하는 통계적 기법-역자 주

한다. 또한 혼란을 초래하는 것으로 보이는 모든 행동, 아이디어, 요구사항, 또는 연습활동을 명확히 하려고 노력한다. 내 행동에 대한 비판을 보고하고 토론한다. 만일 논쟁의 여지가 있는 쟁점들이 발생하면, 이러한 것들에 대해 어떻게 협상해야 모두의 의견을 반영하고 존중할 수 있을지 이야기를 나눈다. 학생들은 내가 하라고 고집하는 것에 대한 불만을 드러내는 코멘트를 자주 적는다. 이런 일이 발생하면 나는 이 활동이 매우 중요하다고 믿는 이유를 재강조한다. 또한 그것이 장기적으로 학생들의 이익에 어떻게 기여할 수 있는지 최선을 다해 설명하고, 그것이 어느 정도의 시간을 투입해야 하는지 잘 알고 있다. 비록 내가 이 경우에 대해서 이전에 언급했고 강의계획서에도 써 놨을지라도, CIQ의 응답들은 그것을 뒷받침하는 나의 근거를 다시 한번 분명하게 할 필요가 있음을 일깨워 준다.

CIQ를 사용한다는 것이, 학생들이 싫어한다고 해서 내가 하는 모든 것을 끊임없이 바꾼다는 의미는 아니다. 우리 모두는 협상 불가능한 요소들이 포함된 계획을 가지고 있는데, 그 계획은 우리가 누구이고 무엇을 상징하는지 분명하게 밝히고 있다. 학생들의 의견 때문에 이러한 협상 불가능한 요소들을 포기하는 것은 성인교육자로서 우리들의 정체성을 약화시키는 것이다. 예를 들어, 학생들 모두가 협상 불가능한 요소들을 그만둬 달라고 말할지라도, 학생들이 비판적으로 사고하도록 하는 내 계획을 포기하지 않을 것이다. 이 계획을 실현하는 방법에 대해서 되도록 융통성 있는 협상을 하겠지만 계획을 버리지는 않을 것이다. 나는 학생들이 비판적으로 사고하고 있다는 것을 보여 줄 수 있는 다른 방법들을 제안해 달라고 말할 것이다. 또한 나는 특정 활동을 소개할 때 그 과정에 대한 학생들의 적대감, 경험 부족, 또는 생소함을 고려하여 속도를 조절할 것이다.

그러나 성인교육자로서 내가 누구인지 입증하는 활동을 저버린다는 것은, 성인교육자의 자격을 포기한다는 의미일 것이다. 그래서 만일 학생들이 자신의 CIQ 응답을 통해서 당신이 하고자 하는 것 혹은 그것을 하는 방법에 대해

도전하는 그들의 의견을 고집한다면, 당신은 이 비판적인 의견을 인정할 의무가 있다. 그러나 당신의 교육 근거까지 완전히 버릴 의무는 없다. 당신이 해야 할 일은 당신 자신의 지위를 알리고, 그것을 정당화하며, 당신의 목표를 실현하기 위한 대안적 방법들에 대해 협상하는 것이다.

나는 묻혔을지도 모르는 권력역학을 드러내는 데 CIQ가 훌륭한 방법이라는 것을 발견했다. 학생들은 익명성이 보장된다는 점을 알기 때문에 수업시간에 말하기 꺼려 하는 감정이나 인식을 드러낼 것이다. 어떤 때는 이러한 코멘트들이 내 권력의 사용이나 남용과 관련이 있다. 다른 때는 학생들 간의 권력역학에 관한 것이다. 그러나 일부 코멘트는 학생들이 이전에 싫어했던 교실활동에 대해 저항했거나 또는 좋아했던 교실활동을 수용했던 것에 대해 얼마나 놀랐는지 서술할 때와 같이 자신에 관한 것이다. CIQ에서는 모든 사람의 목소리가 동등하게 취급되기 때문에, 흔히 보는 참여 양상은 와해된다. 수업시간에 가장 조용한 학생도 CIQ를 통해서 수업시간에 가장 자신감 있고, 하고 싶은 말을 잘 표현하는 학생처럼 의사진행과 동일하게 잠재적 영향력을 가진다.

CIQ는 말하는 것을 편안하게 느끼는 사람들의 생각만 제공하는 것이 아니라, 특정 이슈에 대한 학습집단 전체의 위치를 보여 주는 지도를 제공한다. 나는 학급에서 권력이 동등하게 발휘되도록 도움을 주기 위해서, 모두가 말할 기회를 갖도록, 그리고 학급의 **감정지도**emotional geography를 그리기 위해서 CIQ를 사용한다. 나에게 여태까지 교실에서의 권력 불균형을 드러내고, 학급 전체가 인종차별, 성차별, 동성애혐오, 장애인차별을 확인하고 다룰 필요가 있도록 도와주는 데 성공적이었던 것은 아무것도 없었다. 교사나 다른 학생들이 어떻게 반응할지 모르는 상태에서 학생이 이러한 쟁점들에 대해 학급에서 공개적으로 말하기 위해서는 용기가 필요하다. 그러나 CIQ가 익명성을 보장한다는 점을 알게 되면 학생들은 다른 방법으로는 묻히고 관심을 끌지 못할 고통스럽고 극심한 갈등에 대해서도 솔직하게 적을 것이다.

6. 분필대화법

제3장의 토론방법에서 이미 분필대화법Chalk Talk에 대해 토의했고, 제4장에서도 언급했기 때문에, 이것에 대해서는 여기서 많이 다루지 않겠다. 내가 분필대화법을 좋아하는 이유 중 하나는 분필대화법의 민주적인 측면 때문이다. 분필대화법은 같은 질문을 학급 전체에 물어보고 코멘트를 요청하는 것보다 아주 짧은 시간 내에 훨씬 많은 사람의 참여를 이끌어 낸다. CIQ와 마찬가지로, 가장 조용한 학생도 하고 싶은 말을 가장 잘 표현하고 말 많은 학생만큼 많은 권력을 갖는다. 보통의 토론에서는 너무 산만하기 때문에 대여섯 명이 동시에 말하기가 힘들지만, 이 방법을 통해서는 많은 사람이 동시에 자신의 생각을 게시하게 된다. 또한 이 방법은 말하는 사람이 유리하지 않고, 민주적인 교실의 첫 번째 조건인 시각적이고 조용한 참여 유도 방식을 다양하게 사용한다.

이 방식은 특히 새로운 단원을 시작할 때나 그룹 프로젝트의 첫 번째 단계에서 사용하기에 적합하다. 분필대화법은 아주 짧은 시간 내에 한 그룹의 생각의 주된 흐름이 무엇인지, 가장 심각한 의견충돌이 무엇인지, 그리고 통합할 필요가 있는 동떨어진 의견이 무엇인지에 대한 인지 지도cognitive map를 만든다. 내가 한 학기 내내 촬영하여 교과목 홈페이지에 올린 분필대화 장면 사진들은 모든 영역의 관심사들을 기억하게 하고, 나서서 가장 말을 많이 하는 학생들의 이익을 차단한다.

7. 종이대화법

종이대화법Newsprint Dialog 또한 전반적으로 조용한 방법인데, 나는 다양한 환경(학교수업, 직원회의, 조직수련회, 지역사회포럼)에서 이 방법을 사용한다. 2011년

에 한 노동조합교사가 나를 뉴욕 월가점거운동의 운영위원회와 연결해 주었는데, 나는 민주적 참여를 유도하는 수단으로서 종이대화법을 제안했다. 종이대화법은 더 넓은 지역사회의 모든 구성원을 끌어들여 소그룹의 심의내용deliberations을 공유하는 방법이다.

종이대화법은 동일한 질문에 대해서 토론하거나 동일한 이슈에 대한 그룹의 응답을 결정하기 위해 소그룹을 구성하는 것부터 시작한다. 방 안의 모든 사람이 토론 내용 요약본을 주의하여 읽을 수 있도록 구성원들은 되도록 상세하고 구체적으로 토론 내용을 요약하여 게시용 종이에 기록한다. 준비가 되면 각 그룹은 요약한 심의 내용을 벽에 붙인다. 그다음 나는 각 그룹의 게시물 옆에 빈 종이를 하나씩 붙인다.

보통 이 시점에서 소그룹들의 게시물에 대한 보고가 진행되고 각 그룹은 자신들의 게시물 옆에 서서 게시물 내용을 요약하여 설명한다. 내 경험으로 볼 때 이는 대체로 반민주적이다. 첫째, 소그룹의 발표자가 그룹의 게시물 내용을 설명할 때, 나머지 학생들은 이 설명에 교사가 어떤 반응을 보이는지 알아보기 위해 교사의 얼굴을 쳐다본다. 교사는 웃고 있을까, 찡그리고 있을까, 열정적으로 고개를 끄덕일까, 아니면 슬프게 머리를 좌우로 흔들고 있을까? 교사는 노트를 하고 질문을 하는가, 그렇게 한다면 이런 것들은 추궁하는 것인가, 칭찬하는 것인가? 교사는 발표자가 보고할 때 눈맞춤을 하는가, 아니면 땅을 바라보는가? 이 모든 행동을 통해서 학생들은 각 그룹이 잘했는지 못했는지에 대한 의미를 부여한다. 따라서 학급의 관심은 그룹의 보고 내용이 아니라 교사의 평가적인 반응에 집중되며, 이는 교사와 학생 간의 분리를 더욱 확고하게 한다.

둘째, 그룹 구성원들은 그들의 발표자가 게시물 내용의 의미를 요약하는 것을 들으면서, 가끔 '내가 발표자와 같은 그룹에 있었나?'라고 조용히 자문하게 된다. 이것은 그룹의 대화 내용에 대한 발표자의 버전version이 완전히 생소하고 특정 쟁점에 대한 발표자 관점의 설명인 것처럼 보이기 때문이다. 셋째, 가장

먼저 발표하는 두세 개의 그룹은 교실의 에너지 레벨이 가장 높을 때 보고하기 때문에 에너지가 넘치고, 따라서 불공평한 혜택을 받는다. 네 번째, 다섯 번째, 여섯 번째 그룹은 에너지가 흐느적거리면서 교실을 빠져나감에 따라 "위와 같습니다." "첫 번째 그룹에서도 발견했듯이……." 또는 "우리는 두 번째 그룹과 같은 것을 발견했습니다."라고 말하게 된다.

종이대화법에서는 이러한 어려운 점들이 없어진다. 각 그룹에서 자신들의 종이를 게시하고 나면, 교사는 모든 학생에게 사인펜을 하나씩 들고 교실을 마음대로 돌아다니라고 한다. 응답하고 싶은 것을 발견하면 언제든지 원본 종이 위에 응답을 직접 적고, 만약 충분한 공간이 없다면 그 옆에 있는 빈 종이에 적는다. 나는 학생들에게 종이에 질문을 적고, 명확하지 않은 것에 대해서는 명확한 설명을 요구하고, 도움이 되거나 혼란스러운 응답에 대해서 코멘트하고 (또한 그 이유를 적고), 모순되거나 누락된 것에 대해서 코멘트하라고 한다.

종이대화법에서는 항상 두 가지가 발생한다. 첫째, 학생들은 교실을 돌아다니면서 게시물을 읽는다. 학생들이 원래의 소그룹에 머무르는 일은 드물다. 둘째, 대략 10초 내에 교실은 쥐 죽은 듯이 조용해진다. 그리고 학생들이 돌아다니고, 읽고, 게시하느라 보통 약 10분간 침묵이 지속된다. 이 침묵에서 흥미로운 점은 내가 종이대화법이 조용한 활동(분필대화법과 같은 방식으로)이라고 전혀 말하지 않았다는 점이다. 그러나 내가 이 활동을 준비하면서 침묵을 전혀 언급하지 않았음에도 불구하고, 침묵은 항상 이 과정의 필수적인 요소로 결말이 난다.

분필대화법처럼 종이대화법도 세 가지 민주적인 장점을 가지고 있다. 첫째, 종이대화법은 소그룹별로 보고한 후 질문과 토론을 요청하는 경우보다 훨씬 많은 참여를 이끌어 낸다. 종이대화법에서 원본 게시물과 그 옆의 빈 종이들은 순식간에 채워진다. 흔히 원본 게시물에 대한 한 사람의 응답은 새로운 코멘트와 응답의 실마리가 된다. 대략 10분 후에, 소그룹의 심의내용에 대한 상당히 철저한 질문이 허용되는데, 여기에 대그룹의 대부분의 참가자가 관여한다.

둘째, 종이대화법은 흔히 발생하는 학생들의 서열 만들기를 방해한다. 하고 싶은 말을 잘 표현하는 학생의 게시물은 그 시점까지 학급에서 조용했던 학생이 쓴 게시물보다 더 두드러지지 않는다. 실제로 가장 많은 응답이 달리는 게시물은 종이들 중의 하나에 써진 가장 조용한 학생의 질문일 수 있다. 셋째, 분필대화법과 마찬가지로, 종이대화법은 조용하고 시각적인 방식을 모두 사용하기 때문에 침묵을 중시하는 문화권의 학생들이나 듣는 방식보다 시각적인 방식으로 배우는 학생들에게 더 적합하다.

8. 세 사람 규칙

세 사람 규칙 The Three-Person Rule은 이미 언급한 매우 간단한 규칙으로, 대그룹 내에서의 토론이 하고 싶은 말을 잘 표현하는 구성원 몇 사람의 영역이 되는 것을 방지하기 위해 내가 사용하는 방법이다. 토론에서 누군가가 한 번 말하면 적어도 다른 세 사람이 말할 때까지 다시 발언할 수 없는 규칙이다. 만약 누군가 원 토론자에게 질문에 대한 답변을 요청하거나, 이미 언급한 코멘트에 대한 보충설명을 요구할 경우에는 예외로 한다. 토론이나 회의에서 대부분의 사람이 앞서 말한 마지막 세 사람은 기억할 수 있을 것 같아서 나는 3이라는 숫자를 선택했다.

이 규칙을 만들 때, 사람들이 이 규칙에 익숙해지기 전까지 상황이 어색하리라고 예상했다. 이전에는 하고 싶은 말을 잘 표현하는 5%의 학생들이 서로 이야기하는 것으로 채워졌던 시간 대신에 길고 불편한 침묵이 있을 것이다. 교사로서 내 자신 또한 이 규칙을 따르며, 공유하고 싶은 올바른 응답이나 완벽한 사례가 떠오를 때 대화에 끼어들고 싶은 욕망을 억제한다. 학생들에게 이 규칙을 따르면 어색하게 중지되는 상황 때문에 낯설게 느껴질 것이라고 알려 주어야 한다. 그러나 말하기 전에 생각하고 생각을 정리할 시간이 필요한 학생들에

게는 이 규칙이 잘 작동한다는 점을 기억하라고 말한다.

9. 정기적인 침묵

만일 조용한 명상의 시간이 모든 그룹 활동의 필수적인 부분이라면, 우리는 이 침묵을 정기적인 학급리듬의 일부분으로 만들 필요가 있다. 정기적인 침묵 Structured Silence의 시간이라는 활동을 소개함으로써 이것을 완수할 수 있다.

당신은 15분에서 20분마다 수업을 중지하고, 약 2~3분간의 의도적인 침묵의 시간을 요청한다. 이것은 학생들에게 "다음 토론수업 시간에서 우리가 가장 관심을 가질 필요가 있는 쟁점은 무엇인가?" 또는 "지금까지 한 강의에서 놓치거나 대충 넘어간 것은 무엇인가?" 등의 질문에 대해 조용히 생각할 시간을 주기 위해 잠시 중지하는 성찰의 시간이다. 학생들에게 3×5인치의 카드를 나눠 주면 학생들은 질문에 대한 답변을 작성한다. 학생들이 작성을 완료하면 카드들을 앞쪽으로 건네고 섞은 후 당신이(또는 당신이 임의로 선택한 학생들이) 카드 몇 장을 소리 내어 읽는다. 이것은 다음 15분간의 수업시간을 학생들의 관심사에 반응하거나 학생들의 이해 증진을 강화하는 방식으로 구조화하는 것을 돕는다. 또한 이것은 말에 의존하는 습관을 깨뜨리고 모든 생각에 동일한 가중치weight를 부여한다. 기술혁신이 가속화됨에 따라 학생들이 익명으로 게시할 수 있는 **학급 전자화이트보드**class electronic whiteboard를 통해 곧 많은 수업에서 이를 시행할 수 있을 것이다.

10. 질문 선정하기

교실에서 학생들을 의사결정에 관여하게 하는 다른 방법은 **질문 선정하기**

Nominating Questions 활동이다. 토론이 소그룹에서 대그룹으로 옮겨 가는 형태일 때, 소그룹에서 정해진 쟁점 중 어떤 것을 학급 전체 토론에서 초점을 두어 다루어야 할지 알아내기 어렵다. 학생들을 질문 선정하기에 관여시키는 과정은 학생들에게 특정 주제 내의 중요한 쟁점들을 결정하게 하는 것이다.

이 활동은 특정 화제나 쟁점에 대해 소그룹들이 토론함으로써 시작된다. 학생들은 소그룹 토론이 끝나면 토론 중에 나타난 쟁점, 화제, 또는 주제에 대한 한두 가지 질문을 작성한다. 소그룹 토론이 끝나면, 각 그룹은 제기된 질문을 칠판이나 교실 주위에 게시한다. 그런 다음 학급 전체가 칠판이나 **플립차트**[12]flip charts에 붙여진 모든 질문에 대해서 1분 정도 검토하고 생각한다.

그리고 나서 학생들은 2~3분간, 학급 전체에서 더 토론하고 싶은 한두 개의 질문에 투표한다. 학생들은 모두 일어나 칠판이나 플립차트로 가서 전체 학급에서 토론하고 싶은 질문 두 개(전체 질문 중에서)에 개별적으로 표시를 한다. 투표 완료 후, 가장 표가 많은 두세 개의 질문이 반 전체가 집중하는 질문이 된다. 이것은 내가 수업을 할 때, 민주주의를 다수결의 논리로 사용하는 몇 안 되는 경우 중 하나이다.

11. 누가 전문가인가

내가 논의하고 싶은 마지막 방법은 **클로버, 제이미, 폴렌 그리고 홀**Clover, Jayme, Follen, and Hall(2010)의 **성인 환경교육**environmental adult education에 대한 책에서 배운 것이다. 그들은 워크숍에 참가한 사람들이 가치 있는 **지식**knowledge과 **전문지식**expertise을 가지고 있다는 것을 입증하기 위해서 사람들을 소그룹으로 나누고 워크숍을 진행하는 동안 떠오른 가장 시급한 질문들을 종이에 적도록 한다. 그런 다

---

12) 플립차트: 강연 등에서 뒤로 한 장씩 넘겨 가며 보여 주는 큰 차트-역자 주

음 이 질문들은 방 주위에 전시한다. 사람들은 보통 조력자가 이 질문들에 대답해 주기를 기대하지만, 그 대신에 참가자들이 소그룹으로 나뉘어 각 그룹에게 답변하고 싶은 질문 하나씩을 선택한다.

그룹들은 질문에 대한 토론을 하고, 가장 좋은 답변을 적는 데 15분 정도의 시간을 보낸다. 각 그룹은 질문과 답변을 종이에 적어서 방 주위에 전시한다. 전체가 다시 모인 후, 각 그룹은 질문에 대한 답변 내용을 설명하고, 명확하게 하는 정보를 추가한다. 만약 어떤 질문에 대하여 아무도 내 생각과 동일한 답변을 하지 않는다면, 내가 생각하고 있는 답변을 제안한다.

내 경우를 예로 들면, 나는 정기적으로 학생, 의뢰인clients, 환자, 동료 그리고 지역사회 구성원들에게 비판적 사고 소개방법에 대한 워크숍을 개최한다(Brookfield, 2012). 그때마다 사람들이 항상 제기하는 몇 가지 질문(조직문화나 공동체 규범에 도전하면서 어떻게 내 직업을 유지할까? 자신들의 방식을 변화시키는 것을 누군가가 절대적으로 거부할 때 어떻게 해야 할까? 상사에게 언행이 일치하지 않는다고 어떻게 말할 수 있을까? 내가 부족한 부분들을 어떻게 알아낼까? 내가 비판적 사고를 시범적으로 보여 주고 있다고 어떻게 보장할까?)이 있다. 이런 질문들이 제기될 때 평상시 나의 반응은, 나 외에 그 방에 있는 어느 누구도 좋은 답변을 갖고 있지 않다는 그릇된 가정하에서 대답하는 것이다. 워크숍이 진행됨에 따라, 참가자들은 워크숍을 진행하는 동안 일어난 모든 질문을 기록한 포스터에 이러한 답변들을 추가하고, 이벤트 끝 무렵에 나는 "누가 전문가인가Who's the Expert?"라는 그룹들 안으로 참가자들을 몰아넣는다. "누가 전문가인가?"라는 말은, 방 안에 있는 모든 사람이 경험과 통찰력을 가지고 있어서 어려운 질문에 좋은 답변을 할 수 있다는 사실을 강조한다.

12. 요약

민주주의는 어수선messy하고 복잡complex하며 시간 소모가 많다time consuming. 그리고 민주적인 방식으로 가르치고 싶다고 말하는 성인교육자들은, 전형적으로 민주주의란 다수결이 항상 가장 민주적 타당성을 가진다는 의미로 학생들이 해석한다는 사실에 대비해야 한다. 그래서 만일 당신이 민주적으로 가르친다고 주장한다면, 초기에 민주주의가 작동하는 법에 대해서 당신이 이해하고 있는 것을 설명하는 데 상당한 시간을 소요할 필요가 있을 것이다. 대부분의 교사들은 수업에서 민주적인 의사결정의 몇 가지 요소들을 소개할 기회를 갖는다. 비록 외부의 허가기관이 교과과정과 학습평가방법에 대한 자세한 지침을 제공하지만, 사소하게 학생들이 결정할 수 있는 것들이 여전히 남아 있다.

예를 들면, 학생들에게 지각, 결석 또는 쉬는 시간 횟수 등의 학급정책 결정에 대한 책임을 갖게 할 수 있다. 학생들은 특정 주에 또는 특정 내용에 대해서 어떤 교수방법(강의, 토론, 온라인)을 사용할지 결정할 수 있다. 학생들은 필수교재와 참고교재를 정할 수 있다. 질문 선정하기 등의 활동을 통해 내용에 대한 결정도 할 수 있다. 그러나 학생들이 처한 폭넓은 제도적, 사회적 제약들(재정적 압박, 여러 가지 일, 가족, 지역사회에서의 역할) 때문에 학생들은 민주주의가 필요로 하는 시간, 노력, 에너지에 대한 저항을 공모하게 된다. 다음 장에서 나는 성인교육자들이 지배이데올로기의 가치에 대해서 그리고 지배이데올로기가 학생들의 삶을 제약하는 방식에 대해서 학습할 것을 권유(또는 강요)하는 교사들에게, 완강히 저항하는 학습자들과 함께 작업할 수 있는 방법을 탐구함으로써 이 저항에 관한 주제를 새로운 방향으로 끌고 나가고자 한다.

제6장

권력에 대해 가르치기

    램드홀과 웰스 Ramdeholl and Wells(2011)는 뉴욕의 노동연구프로그램에 개설된, 사회계층, 인종, 성별에 대한 교과목 첫 수업시간에 일어난 독자들에게도 익숙한 장면을 소개한다. 램드홀(세 가지 인종의 혼혈 여성)이 교실에서 종이에 무언가를 적고 있을 때, 학생들(대부분 뉴욕에 기반을 둔 건설 노동조합의 백인 남성들)이 큰 소리로 교실에서 수업을 들어야 하는 것에 대해 불평하면서 교실 안으로 들이닥치는 장면을 묘사했다. 그녀가 학생들 쪽으로 돌아보며 자신이 선생임을 알리자 충격의 정적이 흘렀다. 그녀가 수업계획서를 소개하자, 학생들은 오바마Barrack Obama가 쓴 『아버지로부터 온 꿈Dreams From My Father』(2004)이 필독서 목록에 있는 것에 대해서 불평하기 시작했다. 학생들은 사회주의자가 쓴 글은 아무것도 읽지 않겠다고 말하면서, 그 책의 구매를 거부했다. 램드홀이 그 교재를 읽는 것에 대해서는 협상이 불가능하다고 고집하자, 학생들은 의자를 걷어차면서 반발하고, 이로 인해 옆 교실에서 가르치고 있던 교사가 찾아와서 무슨 일인지를 확인했다.

    건설업 분야에서 일한 경험이 있는 백인 남성 웰스는 앞의 사례와 같은 교과목의 첫 수업 시간에 일어난 동일한 사건의 소리 죽인 버전muted version을 묘사한

다. 학생들은 그가 건설업에 종사한 적이 있는 백인 남성이기 때문에 오바마의 책을 읽어야 한다는 점에 덜 격렬하게 반응했다. 크게 소리를 지르거나 의자를 걷어차는 대신에 짜증의 한숨소리가 들렸다. 웰스가 발견한 중요한 사실은, 학생들은 정치인이 이 책을 썼기 때문에, 그리고 모든 정치인은 다 똑같다고 여기기 때문에 그 책 읽기에 대해서 반발했다는 점이다.

학생들은 이 교과목을 수강하는 내내 견고하게 자리 잡은 사회계층 권력에 대한 여러 의견에 대해서, "늘 그래 왔고 앞으로도 항상 그렇게 될 것입니다." 와 비슷한 말로 응답함으로써 이러한 체념을 반복적으로 표현한다. 학생들은 사회계층이 존재하는 현실에 대해 체념하면서 이러한 현실을 비판적으로 바라보거나 상황을 변화시킬 수 있는 법을 탐구하려는 모든 시도가 무의미하다고 생각한다. 학생들은 경험을 통해서 권력의 구조는 로키산맥Rocky Mountains처럼 견고하고 지속적이며 확고하다는 것을 알기 때문에 이 자명한 현실을 연구하는 것을 완전한 시간낭비로 여긴다. 심지어 후속 워크숍에서조차(Ramdeholl & Wells, 2012) 학생들은 그저 인간은 궁극적으로 자신의 역사individual histories를 통제한다는 개인주의 이데올로기를 재주장하면서 구조적 불평등에 대한 비판으로 넘어가기를 거부한다.

1. 왜 우리는 지배권력에 대한 학습에 반발하는가

램드홀과 웰스의 논문은 많은 쟁점을 제기하였다. 어떤 쟁점은 정체성 정치[1] identity politics와 세 가지 인종의 혼혈 여성 교사와 백인 남성 교사를 다르게 바라보도록 하는 학생들의 정체성 형성 방식과 관련이 있다. 다른 쟁점은 계급 분화

---

1) 특정 종교, 인종, 사회적 배경 등을 가진 사람들이 독점적인 정치동맹을 형성하여 전통적인 광역 정당 정치에서 벗어나려는 경향-역자 주

는 항상 이런 식이었으며, 앞으로도 항상 이런 식일 것이라고 받아들이는 사람들의 체념적 세계관 수용과 관련된다. 램드홀과 웰스(2011)는 학생들에게 대통령이 사회주의자이며, 확고한 사회계층 권력은 변화시킬 수 없다는 학생들의 믿음에 관한 다음과 같은 어려운 질문들에 대해서 생각해 보게끔 한다. 그것은 "이러한 아이디어를 사실이라고 설명하면 실제로 누가 수혜를 받는가? …… 이것을 믿는 것이 어떻게 당신(우리)에게 불리하게 작용하는가? 이러한 질문들을 제기함으로써 이득을 보는 사람은 누구인가? 손해 볼 사람은 누구인가?"(pp. 551-552)와 같은 질문이다. 예를 들어, 램드홀은 학생들이 자신의 이웃이 이민자이기 때문에 게으르고 얻어먹기만 하는 사람이라고 주장하면서 자신들 가족사에 대해서는 이민자의 자손이라고 자랑스럽게 말할 때, 그들 자신의 사고에 모순이 있다는 점을 알아차리도록 시도하는 장면을 묘사했다.

학생들에게 강제로 이런 질문에 대해 생각해 보도록 시도하는 교사들은 많은 어려움을 겪는다. 반발하는 학생들의 수가 압도적으로 많아서 외로운 교사를 위협할 수 있다. 교사들에게는 교과목을 '잘' 이끌고 가야 한다는, 즉 기말에 학생들에게서 좋은 평가를 받아야 한다는 중압감이 있다. 지금 세상은 학습결과 및 교사의 책무성을 강조하기 때문에, 학생들의 평가가 평균에 그친다면 교사들은 승진 기회를 놓치고 재계약을 할 수 없거나, 교과목의 다음 강좌에 아무도 수강신청을 하지 않아서 교과목이 폐강될 수 있다. 아마도 학생들의 배경에는 수년간의 사회화와 이에 수반하는 이데올로기 조작의 무게가 있을 것이다. 그라우어홀츠Grauerholz(2007)가 지적했듯이 학생들이 가지고 있는 이데올로기와 다르게 가르치는 것은 굉장히 어렵다.

예를 들어, 자본주의와 같은 지배이데올로기에 대해 비판을 시도하는 교육을 하면 당신에게 **비미국적**un-American이라는 꼬리표가 달린다. 자본주의에 대한 지지와 애국심을 결합하면 환상적으로 성공한 이데올로기 조작의 모범사례가 된다. 이는 사회주의나 마르크스주의에 대한 논의는 너무 위험해서 건드리기 어렵고, 즉각 배제되는 위험지역이라는 것을 의미한다. 지난 10년간 성인교

육 분야는 이에 대해 변화하기 시작했다(Allman, 2001; Mojab & Gorman, 2001; Holst, 2002; Brookfield & Holst, 2010; Silver & Mojab, 2011; Mojab & Carpenter, 2011; Carpenter, 2012). 샌들린Sandlin(2004, 2007b)이 개발한 비판적 소비자교육critical consumer education은 자본주의를 서서히 비판하는 재미있는 접근법인데, 그녀는 이 접근법을 사용하여 쇼핑몰의 한가운데에서 반소비부흥anticonsumerist revival 모임을 개최한 빌리 목사와 스톱쇼핑교회Reverend Billy and the Church of Stop Shopping 등의 '문화훼방꾼[2]cultural jammers'을 탐구했다.

학생들 마음속에 지배이데올로기가 도전받지 않는 상태로 살아 있는 상황에서 그 지배이데올로기에 의문을 제기한다는 것은 매우 위험하고 반사회적이며 비애국적인 것 같다. 만약 학생들이 국가폭력[3](Mojab, 2010)이나 개인적인 폭력(Hyland-Russell & Green, 2011)의 희생자로서 최근에 이민 온 사람들이라면, 분명 비판적인 질문을 함으로써 불필요하게 스스로 위험에 빠지지 않도록 경계할 것이다. 그리고 지배권력에 도전하는 것은 분명히 그들에게 위험한 일이다. 학생들이 이런 이데올로기에 대항하기 위해서는 용기가 필요하다. 학생들은 지배권력에 의한 처벌의 위험을 감수해야 하고, 문화적 자살[4]cultural suicide 위험과 자신의 공동체로부터 소외당할 위험에 처할 수도 있으며, 때로는 자신들의 정체성의 근본적인 측면에 의문을 제기하게 된다.

앞에서 요약한 어려움들에도 불구하고, 학생들을 권력분석에 참여하게 하는 방법에 대한 많은 조언이 있다. 뱁티스트와 리먼Baptist and Rehman(2011)은 평범한 교실활동(토론중심의 문답식 교육, 공동연구, 내러티브와 스토리의 중요성, 학생

---

2) 가짜광고, 가짜뉴스기사, 가짜기업마크, 컴퓨터해킹 등을 통해 언론이나, 정부, 또는 대기업의 관심을 끌고, 소비 조장을 위해 정보를 왜곡하고 통제하는 대기업 및 군국주의를 지향하는 정부의 영향을 약화시키려는 목적을 가진 정치 및 사회 활동가를 말함-역자 주
3) 특정 국가(정부)가 전쟁 중 민간인을 표적으로 한 폭력 행위 또는 정치적, 종교적 목적을 달성하기 위해 민간인에 대한 직접 폭력 행위 또는 폭력단체를 후원하는 행위-역자 주
4) 자신의 문화를 무시하고 다른 문화를 모방하는 것-역자 주

들을 콜라주와 기타예술형식 만들기에 참여시키기, 대중음악 · 연극 · 비디오 이용하기, 그리고 사람들이 위험을 감수하는 것이 안전할 정도로 신뢰할 수 있는 학습공동체 구축)을 탐구했다. 그들은 또한 뿌리 깊이 자리 잡은 가정들에 도전하는 현장경험을 준비하는 등의 교실 밖에서의extra-classroom 활동의 중요성을 강조했다. 실제로 문화훼방culture jamming(Scatamburlo-D'Annibale, 2010), 보이지 않는 극장[5]invisible theater(Boal, 2000, 2002, 2006), 애드버스터스[6]Adbusters(Clover & Shaw, 2010), 비판적 쇼핑critical shopping(Jubas, 2012), 그리고 화난 할머니들[7]the Raging Grannies(Roy, 2002) 등의 많은 공동체 활동과 이벤트는 권력을 가르친다. 이러한 사례들에서 활동가들은 사람들이 당연한 것으로 여기는 권력관계를 강제로 일깨우기 위해 식당, 쇼핑몰, 군 기지, 거리 모퉁이 등의 공공장소에서 무대개입stage interventions을 한다.

2. 권력을 탐구하는 교수활동

이번 장의 나머지 부분에서는 누군가가 지정된 교사의 역할을 하는 교실기반활동에 초점을 둔다. 물론 교사가 늘 앞장서서 지도한다는 것은 아니다. 교사는 학습을 장려하는 사람이며, 장려하는 방법은 수없이 많다. 내 경우에는 학생들이 수업에서 전통적인 교사의 역할을 하도록 요청하는 경우에 내가 아는 것에 대해서 미니프레젠테이션minipresentations을 한다. 클로버Clover, 제이미Jayme, 폴렌Follen, 홀Hall처럼 나 역시 조력자의 과제 중 하나는 참가자들이 이론적인 토대를 쌓는 데 도움을 줄 수 있는 새로운 생각과 이론적인 정보를 워크숍 참가

---

5) 사람들이 예상치 않는 장소(길거리 또는 쇼핑센터 등)에서 공연하는 것. 관람자 중에서 원하는 사람들이 공연에 참가하는 것처럼 가장하기 때문에 관객들은 미리 계획된 것이 아닌 즉석에서 이루어지는 공연이라고 생각하게 됨-역자 주
6) 1989년에 설립된 캐나다의 비영리 반소비자주의 환경단체-역자 주
7) 유머와 음악을 사용하여 평화와 환경을 옹호하는 캐나다의 할머니 활동가 그룹-역자 주

자들에게 제공하는 것이라고 믿는다.

　그러나 가끔은 모든 교사의 레퍼토리repertoire에 있는 가장 파워풀한 방법 중 하나인 질문만 한다. 어떤 때는 학습자들에게 문제가 생길 때, 주로 자원 역할을 하는 로저리안[8] 경향의Rogerian-inclined 조력자처럼 보이기도 한다. 내가 집행자가 되도록 요구받는 상황이라면, 그룹이 동의한 대화규칙이 확실히 준수되도록 한다. 나는 아마 코딩하는 사람codifier이나 메타분석가[9]meta-analyst의 역할을 담당하여 학생들의 다양한 응답을 요약하고 코딩하는 데 많은 시간을 소비할 것이다. 때로는 권력에 대해 가르친다는 것은 학생들이 나를 방해하거나 나에게 해를 끼치려는 결과를 낳을 수도 있다는 것을 알면서도 그 이슈를 강요하고 내가 가진 모든 권위를 사용하여 학생들에게 압력을 가해야 한다는 의미이다. 때로는 학생들이 어려운 아이디어에 대해 고민해 보도록, 설명하기 어려운 것을 준비하도록, 혹은 어려운 기술을 연마하도록 바동거릴 시간을 주어야 한다. 때로는 불편하거나 극적인 침묵을 끝낼 목적으로 개입해서는 안 된다.

　나는 내 자신이 항상 수업이나 워크숍이 기름칠된 엔진처럼 원활하게 돌아갈 수 있도록 소리가 바뀌거나 새로운 소리가 들릴 때 조정하는 교육조정자pedagogic calibrator라고 생각한다. 일어나고 있는 일에 대해서 학생들이 어떻게 경험하는지를 알아낸 것이 무엇이든 가급적 즉각 대응하고자 한다. 이 말은 때로 우연히 발생한 유익한 순간serendipitous moments을 기반으로 하여, 교과목의 초점과 연결하고 방향을 바꿀 필요가 있다는 것을 뜻한다. 이렇게 할 때 참가자들에게 왜 새로운 방향으로 이끄는지에 대해 명확히 설명하지 못할 위험성은 항상 존재한다. 이러한 경우가 발생하면 학생들은 CIQ에 당신의 행동이 학생들을 혼란스럽게 하였거나 거리감을 주었다고 응답할 것이며, 이렇게 되면 당신은 다음 시간에 그 이유를 명확하게 설명해야 한다.

---

8) 칼 로저스(Carl Rogers)가 개발한 환자 중심의 치료법-역자 주

9) 여러 개의 개별적이지만 유사한 실험이나 연구결과를 수집하여 분석하는 통계분석가-역자 주

우연히 발생한 유익한 사건serendipity에 대한 좋은 사례는 굿맨Goodman(2002)이 주도한 평화 워크숍에 대한 그녀의 설명이다. 점심시간에 한 학생이 창문을 통해서 "세계평화는 이루어질 수 없다."라고 쓰인 낙서를 보았는데, 그 낙서는 바깥쪽을 향한 화살표들로 둘러싸여 있었다. 그 낙서는 워크숍 참가자들의 관심을 끌었고, 굿맨은 워크숍의 에너지 레벨이 눈에 띄게 떨어지는 것을 느꼈다. 하지만 그녀는 이 메시지에 도전할 어떤 일이 일어날 것이라고 믿고, 그 낙서를 종이에 복사한 후 매달아 놓고 워크숍을 계속했다. 잠시 후 한 참가자가 갑자기 뛰어올라 그 낙서에 '당신들이 없으면'이라는 단어를 추가했고, 이어서 다른 참가자가 안쪽으로 향한 새로운 화살표들을 그려 넣고 이미 그려진 화살표와 연결하는 화살표들을 그림에 추가하였다.[10] 이 경험에 대해서, 굿맨은 "우연히 발생한 유익한 사건을 활용함으로써 엄청나게 창조적인 에너지가 만들어질 수 있다."라고 기록하였다(p. 190).

3. 학생들이 가지고 있는 권력

그러나 권력이 교사의 손에만 있는 것은 아니다. 학생들 또한 교사의 만용에 대해 항의하고 벌주려고 시도하는 상황에서 권력을 사용한다. 램드홀과 웰스가 예시하듯이 학생들은 정면으로 반발하기(소리치기, 의자 걸어차기)부터 완전불응(질문에 응답하거나 토의에 참여하는 것 거부하기)까지 갖은 방법으로 수업방해를 시도할 것이다. 그러한 방법들이 통하지 않으면 학생들은 학과장이나 학교의 고위간부가 당신을 통제하기를 기대하며 그들에게 불평할 것이다. 이 모든 것이 실패하면 학생들은 당신의 재고용, 승진 및 종신재직을 위협하게끔

---

10) 바깥쪽을 향한 화살표들을 안쪽으로 향하는 화살표들과 연결하면, 이 화살표들은 낙서를 한 사람에게 향하게 되므로, 결국은 낙서한 사람 자신에게 화살이 돌아가게 됨-역자 주

학기말 **교수평가**evaluations of teaching에서 당신을 벌하기 위해 참고 기다릴 것이다. 태버Taber(2011)는 전쟁, 성별 및 학습에 관한 새로운 과목을 가르치면서 학생권력의 이러한 면을 포착하여 '학생들의 격렬한 저항과 내가 쉽게 공격받은 상황'을 시간 순으로 기록했다(p. 678). 그녀는 강좌가 계속 유지되고 종신재직권을 얻는 데 도움을 받기 위해서 학생들로부터 좋은 평가를 받아야 한다는 압박감에 대해 기술하였다.

다양한 학생이 교실에서 모순되는 방식으로 권력역학을 경험하는 것을 살펴보면, 권력은 훨씬 더 복잡하게 뒤얽힌다. 예를 들면, **쿠에르바**Cuerva(2010)는 암에 관해 가르치는 교육세션 도중에 한 참가자의 휴대폰이 여러 번 울리는 상황을 설명했다. 이어진 성찰 시간에 세 명의 학생들이 이 소리가 학습에 방해되었다고 기록하였다. 하지만 워크숍 말미에 전화를 받았던 학생이 백혈병 진단을 받아 화학요법 치료를 받기 위해서 병원에 입원한 딸에게서 전화가 왔었다고 밝혔다. 쿠에르바는 "이것은 휴대폰 벨소리의 의미에 대한 판단과 가정을 없애 주는 경종이었어요. 짜증스러운 방해가 아니라 오히려 우리가 진행하고 있는 이야기를 풍성하게 만들도록 공헌하는 생생한 이야기로 재구성되었지요. 인생은 그런 것입니다."라고 서술하였다(p. 85).

특정 인종이나 사회계층의 소수집단 학생들이 참여하는 수업에서 이 학생들을 지원해 주려는 교사의 시도는 오히려 역효과를 낳아, 학생들이 수업에 기여하는 것을 가로막거나, 심지어 이들이 수업을 완전히 떠나게 만들 수도 있다. 케일Cale이 현시대 미국의 인종, 사회계층, 성별 분석을 통해 작문을 가르치는 전문대학 신입생 작문수업에서의 비판적이고 민주적으로 가르치려는 시도를 분석한 내용에는, 그의 표현에 따르면, 저항이 어떻게 재생산되는지를 보여 준다(Cale, 2001). 케일은 **능력주의**meritocracy의 개념을 비판하고 자본주의가 의도적으로 최하위 계층을 만들어 낸 것에 대해 강의하였음에도 불구하고, "지배이데올로기의 '상식'이 목소리를 내도록 허락하면 어느 것도 그것을 누그러뜨릴 수 없다."라고 기록한다(Cale & Huber, 2001).

이 이데올로기를 비판하는 데 불균형하게 많은 시간을 소비한 것은 중요하지 않았다. 케일이 백인 학생들(교실에서의 다수 집단)이 인종차별 행위와 관련한 자신들의 의견(성인으로서 자신들의 경험에 근거한 의견)을 낼 수 있도록 허락하기만 하면, 초점이 백인의 특권에서 역차별 및 흑인들의 '문제'로 계속 옮겨갔다. 케일은 모든 의견을 존중하고 모든 학습자에게 동등하게 참여하도록 격려함으로써 민주적으로 가르치려는 그의 노력이 "실제로는 일부 학생들을 침묵하게 하고, 현 상태의 지배력을 강화하며, 인종차별, 성차별, 계급주의와 싸우려는 나의 능력을 줄이는 결과를 낳았다."라고 시원시원하고 용감하게 인정한다(Cale & Huber, 2001). 케일은 그가 사용한 "민주적" 토론은 "학생들이 나를 포함한 반대의견을 가진 사람들을 공격하여 침묵시키는 기회"를 제공하는 것 외에는 효과가 거의 없었다고 결론지었다(p. 17).

4. 학습 분위기 조성

이번 장에 소개된 활동들을 실행에 옮겨 보기 전에, 학습 분위기 조성을 위해 당신이 할 수 있는 것은 많이 있다. 먼저 당신은 학생들이 교실에 들어올 때 인지하는 물리적 공간과 단서에 주의를 기울일 수 있다. 의자는 어떻게 배열되어 있는가? (교실에 원형으로, 일렬로, 직사각형으로 또는 무작위로 배치되어 있는가?) 나는 보통 녹음된 음악을 틀어 놓고, 가끔은 뮤직비디오를 틀어 놓는다(Sweet Honey In the Rock의 〈Ella's Song〉을 가장 좋아하고, Paul Robeson이 개사하여 부른 〈Old Man River〉를 그다음으로 좋아하며, Billy Bragg의 〈Help Save the Youth of America〉를 세 번째로 좋아한다).

그런 다음 당신이 먼저 말문을 열어 강좌나 워크숍 참가자들을 환영하는 진실의 순간이 온다. 참가자들에게 자기소개를 하라고 요청하기 전에 먼저 당신 자신을 소개해야 한다. 나는 두 가지로 나를 소개한다. 첫 번째는 학습자로서

의 내 약력이며, 학생 시절의 경험이 어떻게 현재의 선생으로서의 내 모습을
형성하였는가 하는 것이다. 여기서는 내가 고등학교 때 평범한 학생이었으며
대학준비과정에 겨우 들어갔고, 고등학교 졸업시험의 일부를 통과하지 못했
으며, 내가 가고 싶었던 대학을 모두 포기했던 경험에 대해 말한다. 결국 기술
학교에 들어가서 학위를 받았지만 성적은 나빴다고 말한다. 석사과정의 행보
에 대해서는 졸업시험에서 낙방했다고 말한다. 나의 요점은, 이러한 경험으로
인해 표준화된 평가방법에 대해 의구심을 갖게 되었고, 이러한 제도에 의해 평
범하다고 낙인찍힌 학생들에 대한 통찰과 동정심을 갖게 되었다는 것이다. 현
재 나는 학자로서 신뢰할 만한 명성을 얻었기 때문에(세상에! 내 직함은 대학공
로교수이다!), 나는 어느 분야에서든 '공식적으로' 의미가 부여된 개인의 가치는
믿을 수 없다고 주장한다. 나의 학습자로서의 실패 경험을 나눔으로써 참가자
들과 나 사이의 거리가 좁혀졌기를 바란다.

　내가 사용하는 두 번째 자기소개는 내가 겪었던 우울증의 이력에 대해 설명
하는 것으로, 이는『비판적으로 사고하는 법 가르치기』초반부에 언급하였다.
이것은 위험부담이 조금 더 크지만, 권력과 이데올로기에 대해서 살펴보는 것
이 초점인 과목에서는 매우 적절하다. 내가 전문가의 도움을 구하는 데 가장
큰 장애물이 된 것 중 하나가 나의 내면에 자리 잡고 있는 가부장적 이데올로
기 때문이라는 것을 어떻게 깨닫게 되었는지 설명한다. 나는 남자들은 논리적
이고 합리적이며 문제해결 방법을 찾아낼 수 있다는 관념에 무비판적으로 동
화되어 있었기 때문에 전문가의 도움 찾기를 거부했다. 치료를 받고 의약품을
사용하는 것이 나에게는 나약함의 표시였다. 이 모든 것이 남자는 강하다고 이
데올로기적으로 주입된 관념과 밀접하게 관련된 것이었다.

　이처럼 도움을 찾기를 거부하는 것이 그 자체로 헤게모니의 사례라는 점, 즉
상식적이고 바람직스러운 방식이라 여기고 행동한 것이 실제로는 내 자신에
게 최상의 이익이 되는 것에 반작용했다는 점을 설명한다. 이러한 것들은 사생
활을 많이 드러내기 때문에 필요할 경우에만 언급한다. 하지만 지배이데올로

기가 학생들의 일상사고와 행동에 얼마나 자리 잡고 있는지 보여 주기 위한 수업에서는, 그러한 이데올로기 중 하나가 내 인생을 수년간 파괴한 사례를 들면서 시작하는 것이 아주 적절하다고 믿는다. 비법은 당신을 영웅적인 인물로 묘사하기 위해서가 아니라, 내용의 중요한 측면을 잘 가르치고자 자신의 스토리를 이용하고 있다는 것을 학생들이 알도록 하는 것이다.

나는 도전적인 아이디어를 소개할 때, 항상 내 인생을 계도하는 데 어느 정도 도움을 준 스토리로 시작하려고 노력한다. 만일 그러한 사례를 생각할 수 없다면, 그 아이디어의 중요성을 다른 사람에게 납득시키기 어렵다는 것을 발견할 것이다. 헤게모니에 대해서 가르칠 때, 『비판이론의 힘』에서 길게 서술했던 예시, 즉 성인교육을 직업으로 선택했기 때문에, 깨어 있는 동안 쉬지 않고 일하고, 지역사회단체를 방문하고, 매주 밤마다 학습클리닉을 운영했던 사례를 든다. 내가 이혼을 당했고, 직장에서 세 번이나 쓰러져서 응급실에 실려 간 것은 놀랄 일이 아니다. 자본주의와 함께 가는 고삐 풀린 **소비지상주의**consumerism에 대해서 가르칠 때는, 지금 내가 가지고 있는 스무 개의 기타를 사기 위해 기쁜 마음으로 추가 컨설팅을 한 것에 대해 이야기한다. 그래! 나는 스무 개의 기타를 가지고 있다. 누가 두 개 이상의 기타를 동시에 연주할 수 있겠는가?

자본주의에 관해서는, 학습과 교육의 상품화가 어떻게 내 몸속에 자리 잡게 되었는지에 대해서 설명한다. 예를 들어, 나는 학습의 상품화(사람들이 새로운 기술이나 아이디어에 창의적으로 참여하는 것을 정확하게 측정될 수 있는 것으로 바꾸는 방식)에 대해 반대하지만, 학생들로부터 내 강의평가 점수를 리커트척도[11]Likert scale로 5점 만점에 4.5점 이상을 받으면 내가 훌륭하게 해냈다고 믿으며 내 자신의 교육을 상품화한다. 나는 근무평가에서 되도록 가장 높은 점수를 받을 때 좋아하고, 단지 '좋았다.'고 하는 평가에 대해서는 초조해한다. 내 대화에 경제적 거래라는 언어가 어떻게 은밀하게 끼어드는지에 대해 이야기한다. 예

---

11) 태도 또는 의견을 조사하는 데 사용되는 평가척도 유형-역자 주

를 들어, 아이디어를 '소유'하는 게 얼마나 중요한지, 학생들이나 동료들에게 교과목에 대한 내 제안을 어떻게 '사들이게' 했는지, 또한 내 인간관계에 어떻게 '투자'했는지에 대해 말해 준다. 나는 프롬Fromm(1956)이 말한 **자본주의의 사회적 인물**the social character of capitalism(시간을 엄수하고 조직적이며, 질서 정연하고, 항상 제시간에 도착하고, 기대치를 초과하는 사람)을 어떻게 구현했는지 설명한다. 내가 이 책의 초고를 제출 예정일 6개월 전에 건넸을 때, 마감일보다 먼저 끝내는 나의 초인적인 능력에 흥분하여 한껏 즐겼다.

지배이데올로기가 어떻게 내 안에 자리 잡고 있는지에 대해 설명하고 난 후에는 이 아이디어를 교과목이나 워크숍에서의 실습과 연결하려고 노력한다. 예를 들어, 교사, 카운슬러, 교관, 전문개발자, 그리고 컨설턴트들에게 대학원 과정을 가르칠 때, 나는 전문가연수 방식으로 수업하려 노력한다. 그러나 대학교 및 대학교보다 더 상위에 있는 인가기관은 학습이 일어났음을 증명하는 서면으로 된 증거물을 요구한다. 사람들이 얼마나 열심히 학급활동에 충실했는지, 또는 워크숍 동안 동료들이 학습을 이해하도록 얼마나 도왔는지는 중요하지 않고, 종이paper, **인공적인 산물**artifact, 물체[12]object를 통해서 학습이 평가된다. 그래서 학생들에게 논문작성 시 요구되는 것들을 소개할 때, 나는 이것이 '비판이론에서 물체로 취급되는 것objectification과 상품으로 취급되는 것commodification이라고 불리는 것의 훌륭한 예시'라고 말한다. 학습(공동탐구의 창의적인 플로[13]flow)은 APA[14] 가이드라인을 따르는 논문으로 전환되어야 하고, 정해 놓은 최소의 글자 수를 넘어야만 그 기관[15]이 심각하게 받아들인다. 나는 논문을 그 교과목의 '**상품화된 인공생산물**commodified artifact'이라고 부른다. 학생들이 논문을 이메일

---

12) 논문 등 결과물로 남는 것을 의미함-역자 주
13) 일정 기간(예: 1년) 동안에 경제활동을 하여 산출한 수량(예: 연간 국민소득, 연간 국민총생산)-역자 주
14) 미국심리학회(American Psychological Association)-역자 주
15) 대학교 및 대학교 인가기관을 의미함-역자 주

로 제출할 때, 종종 '상품화된 인공생산물을 제출합니다.'라는 메시지 제목을 사용하는데, 이것은 정곡을 찌르는 아주 좋은 예이다.

마지막으로, 나는 학생들에게 내가 지닌 모든 권력이나 권위에 대해서 명확하게 설명하고자 한다. 나는 학생들에게 권력을 투명하게 사용하기를 원하며, 성인교육 교실에서의 불편한 진실은 교사의 권력이라고 말한다. 나는 수업계획을 가지고 있으며, 기대하는 바가 있고, 만약 학생들이 형식프로그램의 일부로 수강하는 교과목이라면 학생의 성과를 평가할 특정 기준을 적용할 것이라고 말한다. 이것은 학생들에게 누가 보스boss인지 보여 주려는 나의 의도대로, 강압적이고 권위적으로 들릴 수 있다. 만약 학생들이 나를 그렇게 생각한다면, 그 내용은 즉각적으로 첫 번째 수업의 CIQ 응답에 기록되고, 나는 두 번째 수업시간에 그 문제에 대해 논의할 수 있다.

내 권력의 존재를 알리는 것은 위협하기 위해서가 아니라, 교실 안에 권력이 존재하고 있다는 것을 명확히 밝히기 위해서이다. 권력에 대항해서 가르치는 것은 권력의 존재를 인식하는 것을 포함한다. 나는 공손하고, 협조적이며, 빈정대거나 조롱하거나 괴롭히지 않고, 참여적이고 민주적이며, 대화적인 접근법들을 사용하고(제3장 및 제5장 참조), 학생들이 학습을 통제하도록 장려하려고 노력한다(제4장 참조). 그러나 이것들 중 그 어느 것도 내가 권력을 사용하고, 영향력을 행사하고, 통제할 능력을 지니고 있으며, 내가 원한다면 제도적 제재를 가할 수 있는 능력이 있다는 사실을 바꾸지는 못한다. 모든 조직 환경에서 당신의 권력에 대해 겸손을 떠는 것은 중대한 실수이다. 사람들은 권력이 거기에 있다는 것을 알고 있고, 당신이 들을 수 없는 곳에서, 당신이 권력을 어떻게 사용하는가에 대해 이야기할 것이다. 내 견해로는 그러한 현실을 인정하고, 당신이 권력을 사용하는 이유를 밝히는 편이 훨씬 낫다.

5. 어색함 누그러뜨리기: 권력 체조

사람들을 따분하고 심각한 순간에서 벗어나도록 하면서 권력과 이데올로기에 대한 교육을 시작하는 한 가지 방법은 사람들에게 색다른 것, 가급적이면 말을 삼가고 몸을 움직여서 무엇인가를 하게 하는 것이다. 이런 사례 중 하나가 권력 체조인데, 이는 클로브, 제이미, 폴렌, 홀의 성인 환경교육에 관한 책에서 얻은 아이디어이다. 이 저자들은 자신들이 사용한 환경운동가들의 체조를 묘사하는데, 참가자들은 일어서서 지도자를 따라, '누가 책임이 있는가? 어깨으쓱하기Who's in Charge Shrug(책임감을 떨쳐 내면서 어깨의 긴장감을 풀기)' '이슈회피the Side-Stepping the Issue(문제를 다루는 것을 피하기 위해 한쪽 발에서 다른 발로 움직이기)' '리더십 트위스트the Leadership Twist(모든 관점과 비판을 듣기 위하여 한쪽에서 다른 쪽으로 트위스트하기)' '기금모금 굽히기Fundraising Bend(멈춰서 거리에 떨어진 동전 줍기)' 등의 운동을 한다.

나는 이 아이디어를 권력 체조에 적용하였다. 다음은 내가 학습자들에게 제안한 동작들이다.

헤게모니에 대항하여 밀치기

헤게모니가 당신에게 놓은 덫을 두 팔로 앞쪽으로 반복해서 밀쳐라.

동지 만들기

양팔을 옆으로 쭉 뻗은 다음 가슴 쪽으로 가져와서, 변화하려는 당신의 노력에 참가하고자 하는 사람들에게 오라고 하라.

억압적 관용 제자리 뛰기

제자리에서 몇 초간 뛰어라. 실상은 여전히 제자리에 머물고 있음에도, 억압적 관용이 당신이 진보하고 있다고 생각하도록 사용한 속임수를 표현한다.

뒤를 조심하시오

양손을 엉덩이에 올리고 왼쪽, 오른쪽으로 몸을 돌려서 누가 뒤에 있는지 쳐다보아라. 이렇게 하면, 당신의 협력자가 여전히 당신과 함께 있음을 확인할 수 있고 권력을 쟁취하는 데 있어 당신 혼자가 아니라는 것을 확인할 수 있다. 혹은 누가 당신의 뒤에서 배신하려고 하고 있는지 확인할 수 있다.

조작 구부리기

당신이 신뢰하는 당신의 조직이나 공동체의 누군가로부터 얼마나 조작을 당했거나 배신을 당했는지 깨달으면서, 머리를 손안에 넣고 반복적으로 허리를 구부려라. 이것은 그 사람들의 말과 행동이 전혀 다르기 때문이다.

집단으로 손잡기

사람들이 원으로 서서 서로 손을 잡는다. 셋을 셀 때 모두 손을 공중으로 들어 올려, 염원하는 목표에 도달하려는 노력을 표현한다. 이것을 몇 번 할지는 참가자들이 결정한다. 누군가가 더 나은 세상을 위한 전진으로 믿는 무언가를 외칠 때, 이 목표를 위해 노력하기를 바라는 마음을 표시하기 위해서 그룹 전체가 팔을 들어 올린다.

우스꽝스럽고 감상적이라고 생각하는가? 그러나 당신이 기대하는 만큼은 아닐 것이다. 나는 영국인으로 태어났기 때문에, 아이스브레이커[16]icebreakers에 참여하거나, 어떠한 종류의 신체적 표현에 대해서도 남의 시선을 의식하면서 자랐다. 나는 아버지가 말년에 이를 때까지 악수조차 하지 않았다. 그러나 몸을 사용하는 권력 체조는 무언가 재미있고 활기를 띠게 한다. 나는 사람들이 권력 체조를 지배이데올로기에 도전하는 법에 대한 학습리듬의 중요한 부분으

---

16) 사람들이 처음 만났을 때 어색함을 누그러뜨리기 위해 하는 대화나 활동—역자 주

로 활용하도록 권장한다. 그래서 만약 누군가가 지배이데올로기가 그들을 위해서 쓴 대본에 따르기를 거부하는 예를 꺼낸다면, 다른 누군가가 점프하여 헤게모니에 대항하여 밀치기를 한다. 또는 내가 직접 할 것이다. 누군가가 변화를 위한 그들의 노력이 조직이나 공동체의 지도자에 의해서 교묘하게 차단되었다고 설명할 때, 누군가가 갑자기 억압적 관용 제자리 뛰기를 시작하여 내가 그 동작을 하지 않아도 되기를 바란다.

6. 학습자들을 소개하는 다른 방법: 권력 버스

1960년대에 The Who[17]는 〈매직 버스Magic Bus〉라는 노래를 불렀다. 나는 클로버, 제이미, 폴렌, 홀에게서 배운 이 노래를 다른 아이스브레이커의 시작 부분에서 틀기를 좋아하며, 나는 이것을 **권력 버스**Power Bus라고 부른다. 환경교육 워크숍에서, 참가자들이 어떤 사람들인지 알아보기 위하여 저자들이 사용한 방법 중 하나는 워크숍에 올 때 타고 온 다양한 경험 버스의 개념이다. 의자들을 그룹별로 배치하고, 건강, 교육 또는 교회와 같은 표지판을 그룹의 전면에 놓인 의자에 붙인다. 참가자들은 그들의 경력을 대표하는 버스에 탑승하고, 워크숍에 참석하게 된 자신들의 활동 및 직업적인 여정에 대해 서로 이야기를 나눈다. 그런 후에 버스에서 내리고, 참가자 전체가 모여 각자의 다른 여정들을 워크숍의 전반적인 주제와 연결할 방안에 관해서 이야기한다.

나는 이 활동을 참가자들이 권력과 이데올로기에 대한 자신들의 경험과 투쟁을 표현하게끔 변형했다. 한 가지 접근법은 지배이데올로기에 해당하는 버스들을 만드는 것이다. 여기서 푯말은 자본주의, 백인우월주의, 군국주의, 가부장제, 계급주의, 동성애자차별, 장애인차별이다. 참가자들이 도착하면 가

---

17) 영국의 록밴드–역자 주

장 대항하기 어렵거나 더 알아보고 싶은 이데올로기를 표시한 버스에 앉는다. 또 다른 방법은 다양한 종류의 권력역학 표식을 버스에 붙이는 것이다. 이러한 표식 중 일부는 은밀한 감시Covert Surveillance, 언행이 불일치할 때When Words Contradict Actions, 헤게모니에 붙잡히다Caught by Hegemony, 그리고 일탈 때문에 처벌받았을 때When Deviance Is Punished 등의 흔히 권력사용에 의해 학대받은 감정적 경험을 나타낸다. 다른 것들은 활동할 수 있도록 권력이 불어넣어짐Empowered to Act, 투명하게 사용된 권력Power Used Transparently, 집단권력의 인식Realizing Collective Power, 책임감 있는 권력Responsible Power 등 보다 긍정적인 경험을 표시한다. 나는 사람들이 자신들의 지난 삶의 여정에 대해서 이야기할 때, 다양한 버스의 경험을 연결하기가 상대적으로 쉽다는 점을 발견했다.

7. 학생들에게 권력 사용을 결정하게 하기

잭슨전문대학Jackson Community College(미시간Michigan에 있음)의 언어문학과 교수인 게리 케일은 학생들에게 가상사회에서 권력을 사용하는 방법을 결정하도록 하는 흥미로운 모의실험을 고안했다. 그는 르네상스부터 현재까지의 서구문명을 다루는 연구조사과정인 '인문학 131: 문화적 연관성Humanities 131: Cultural Connections' 과목을 가르친다. 학생들은 대부분 교양필수 과정을 채우기 위해 이 강좌를 수강한다. 학생들 대부분은 노동계급 출신이며 시간제 또는 풀타임 직업을 가지고 있다. 이 과목은 교양필수 과목이기 때문에 간호 및 보건계열 학생들이 많이 수강하는데, 정원은 30명이다. 홉스Hobbes, 로크Locke, 루소Rousseau, 제퍼슨Jefferson의 저서에서 발췌한 것들을 읽은 후 케일 교수는 학생들에게 다음의 과제를 내 준다.

생존자는 길리건 섬에 도착해서 파리 대왕을 만난다

사회계약이 탄생하다

읽기 과제물인 홉스의 『리바이어던Leviathan』, 로크의 『정부에 관한 두 번째 논문Second Treatise on Government』, 루소의 『사회계약론The Social Contract』, 『절대주의absolutism에 관한 강의노트』 그리고 제퍼슨의 「독립선언문Declaration of Independence」의 발췌문들에 근거해서, 당신 자신의 사회계약을 고안하시오. 당신의 과제는 새로운 사회를 창조하는 것입니다.

계약서는 3~4페이지의 길이여야 한다.

상황은 다음과 같다. 당신은 열두 명 이상의 어린이를 포함한 약 백 명의 낯선 사람들과 함께 작은 무인도에 조난당한다. 이 섬은 낙원이 아니다. 즉, 당신은 생존하기 위해서 아주 열심히 일해야 한다. 낚시나 게잡이 또는 섬의 동물들이 당신에게 필요한 단백질의 일부를 제공하겠지만, 당신들 모두를 건강하게 먹여 살릴 만큼 풍부하지는 않다. 또한 다양한 토착 과일과 야채를 수확해야 할 것이다.

일부 용감한 사람들이 난파선에서 몇몇 도구와 물품들(도끼 하나, 한두 개의 주인 잃은 냄비, 주방용품 두서너 개, 구명보트에 있는 낚시도구를 포함한 생존 장비)을 가져올 수 있었다.

옷가지와 개인용 물품이 들어 있는 가방 두서너 개가 나중에 해안가로 밀려왔다. 그러나 대부분의 생존자는 구명보트에 타기 전 입고 있었던 옷과 마지막 순간에 붙잡고 있었던 개인용품 외에는 아무것도 없이 탈출했다.

난파선의 손상 과정에서 약 10% 정도가 부상을 입었으며 부상의 정도는 다양했다. 많은 사람이 곧 다시 일할 수 있겠지만 일부는 수개월간 일할 수 없을 것이다. 두서너 명은 다시는 평생 일할 수 없을 것이다. 안됐지만 구조나 탈출은 불가능하다.

계약서를 작성하기 전에 고려해야 할 질문 몇 가지는 다음과 같다.

• 당신이 보장하기를 원하는 인간의 기본적인 욕구는 무엇인가? 그러한 욕구를 어떻게 결정할 것인가? 공유재산을 어떻게 정의할 것인가?

• 당신과 생존자들에게 무엇을 포기하도록 요청할 것이며 그 대가로 당신들은 무엇을 얻을 것인가?

- 개인적으로 수확하고 채취하고 사냥한 것들을 어떻게 분배할 것인가? 사유재산의 개념을 어떻게 다룰 것인가? 누가 '생산수단'을 소유할 것인가? 개인들의 노동을 어떻게 보상해 줄 것인가?

- 어떻게 통치할 것인가? 누가 규칙을 만들 것인가? 당신은 왜 이 '정부' 형태가 가장 어울린다고 생각하는가? 공유재산, 사유재산, 자원분배에 대해 어떻게 결정을 내릴 것인가? 당신의 기본 정치 철학이나 인간관이 당신이 만들 제도의 성격에 어떤 영향을 미치는가?

- 의견 불일치에 대해서는 어떻게 처리할 것인가? 어떤 법이 필요하다고 생각하는가? 어떤 행위를 범죄로 규정할 것인가? 그 이유는 무엇인가?

인간의 본성(우리는 위험한 야수인가, 아니면 사회적 동물인가?), 개인의 권리 대 공동체의 권리의 중요성, 그리고 당신이 결정하는 정부제도의 권력에 대한 당신의 기본 신념에 대해서 생각할 필요가 있을 것이다.

다양한 질문이 마음속에 떠오를 것이다. 만약 그런 질문들이 생산적으로 보이면 거리낌 없이 따르라. 이러한 질문들이 당신이 시작하는 데 도움이 될 것이다.

즐겁게 과제를 수행하기를 바라며, 명심할 것은 당신의 '계약'은 로크, 홉스, 제퍼슨, 절대주의 또는 루소의 책에서 발견된 개념에 기반을 두어야 한다는 점이다. 물론 당신의 아이디어와 앞에서 언급한 요소들을 결합할 수 있다. 오늘날 우리가 시행하고 있는 것과 완전히 동일한 종류의 정부형태 또는 경제제도를 따를 것이라고 단순하게 말하려면 이 제도가 지속되는 이유를 설명하라. 그리고 단순히 일상적인 활동을 기술하지 않도록 하라.

학생들이 작성한 계약서를 교실에 가지고 오면 케일은 학생들을 세 명 또는 다섯 명의 생존자 그룹으로 나눈다. 그는 학생들에게 **사회계약**common social contract에 동의하라고 요청하지만, 만약 그룹의 의견이 크게 갈리면 소수그룹의 관점을 인정하라고 요청한다. 그런 다음 이 계약의 요점을 정리하여 포스터로 만든다.

이후에 각 그룹은 자신들의 아이디어를 전체 학급에 설명하고, 케일은 학생들이 작성한 계약의 상대적 장점 및 논리적 근거에 대해 토론하도록 유도한다.

그는 현시대의 사례와 21세기의 미국과 과거의 정치사회적 관례와의 연결점을 제공할 뿐만 아니라 암묵적인 가정과 모순을 드러내려고 노력한다. 본질적으로 진정한 발견이 일어나는 곳은 토론이다. 학생들은 능력주의, 사유재산제도의 수용 또는 폐지, 공유재산에 대한 제약, 초기 자본주의, 원시 사회주의와 유토피안 사회주의 등등의 자신들의 개념을 설명한다. 케일은 보통 지칠 때까지 토론하도록 내버려 두지만, 학생들의 솔직한 견해와 그들이 보여 주는 몰입을 통해 환희를 느낀다고 말한다.

8. 스토리와 자신의 내러티브 사용하기

스토리와 자신의 내러티브Personal Narrative(나는 이 두 용어를 동일하게 사용한다.)는 권력에 대항하여 가르치는 파워풀한 도구이다. 이 사실은 성인교육계에 잘 알려져 있으며, 성인교육에서는 스토리를 전환학습(Hoggan, 2009; Nelson, 2009; Tyler, 2009)과 행동주의(Newman, 2006)를 보조하는 데 사용한다. 『성인교육에서의 내러티브 관점에 대한 문집An anthology on Narrative Perspectives in Adult Education』은 스토리가 사람들에게 만년의 삶을 이해하는 데 어떻게 도움을 주는지(Randall, 2010), 디지털 스토리텔링digital storytelling이 이미지와 단어를 결합하는 방법(Rossiter & Garcia, 2010), 그리고 지배적인 카운터 내러티브[18]counter narratives를 텔레비전에서 쉽게 볼 수 있는 방식(Redmon Wright, 2010)에 대해서 살펴본다. 유럽에서는 자서전적 관점 및 생애사적 관점biographical and life history perspectives이 이러한 접근법을 설명하는 데 더 일반적으로 사용되는 용어들이다(Merrill, Alheit, Anderson, & West, 2007; Stuart, Lido, & Morgan, 2011).

---

18) 카운터 내러티브: 특정 내러티브(이야기)를 다른 관점에서 다시 작성한 이야기, 예를 들면 흑인이 백설 공주의 주인공으로 등장함-역자 주

나는 매년 동료인 **톰 피시**_{Tom Fish}와 함께 세인트토머스대학교에서 '리더십 내러티브'라는 교과목을 가르친다. 우리가 사용하는 교재 중 하나는 톰이 우리의 동료교수인 **사라 누난**_{Sarah Noonan}과 공동으로 저술한 『**스토리를 통한 리더십** Leadership Through Story』(Noonan & Fish, 2007)이라는 책이다. 그 책의 일부 스토리들은 **넬슨 만델라**_{Nelson Mandela}나 **마틴 루서 킹 주니어**_{Martin Luther King Jr.}와 같은 대중적으로 존경받는 지도자들에 관한 것이지만, 다른 스토리들은 과거에 리더십 내러티브 과목을 수강했던 학생들에 관한 것이다. 사라와 톰은 이전에도 그 교과목을 반복해서 가르쳤기 때문에 학생들이 공유하는 좋은 스토리에 항상 주의를 기울인다. 과거에 이 교과목을 수강한 학생들에게서 수집한 스토리들을 담은 책으로 가르치는 것은 현재 수강하고 있는 학생들이 자신들의 리더십 내러티브를 공유할 때 위험을 감수하도록 격려하는 훌륭한 방법이다.

1) 스토리를 활용한 교육법의 세 가지 장점

그러나 스토리가 단순히 스토리를 위해 사용되어서는 안 된다. 당신이 이 접근법 사용을 심사숙고한 이유가 있어야 한다. 내 수업에서는 상황에 따라 세 가지 다른 목적(학생들이 어려운 아이디어에 관해 학습하도록 혹은 실천학습을 도와주기 위해, 저항에 직면했을 때 신뢰를 얻기 위해, 그리고 수업 속도 조절을 위해)으로 스토리를 사용한다.

어려운 아이디어에 관한 학습이나 실천학습을 돕기 위해

좋은 스토리를 이용하면 학생들이 접근할 수 없는 내용을 훨씬 더 쉽게 이해하도록 도와줄 수 있다. 예를 들면, 나는 가끔 난해하고 기죽이는 용어를 많이 사용하는 비판이론(한 문장에 현상학적_{phenomenological}, **변증법적**_{dialectically}, 그리고 헤게모닉_{hegemonic}을 동시에 사용함)에 관한 수업을 가르쳐야 한다. 때로 전문용어 뒤에 묻히는 내가 생각하기에 중요한 아이디어들을 예시할 때, 나는 요점을 전

달하기 위해서 의도적으로 스토리를 사용한다. 또는 학생들이 자신의 경험에 대해 말하고 있다면, 나는 내용에 포함되어 있는 특정 개념이 그 경험에서 어떻게 예시되는지 보여 주려고 노력한다. 학생들은 스토리를 사용하여 내용을 예시하면 그 내용을 훨씬 더 이해하기가 쉽다고 말하기 때문에 나는 의도적으로 스토리를 사용한다. 환자들의 쇼크 증상을 인식하는 법을 학생들에게 가르치기 위해서 쇼크 상태가 된 자신의 스토리(교통사고를 당한 후)를 사용한 **호건**Hoggan(2009)의 설명은 멋진 사례이다.

　물론 모든 수업에서 이와 같은 방식으로 개인적인 경험을 이용할 수 있는 것은 아니다. **전자**electron 또는 **카이-제곱**[19]Chi-Square이 된 당신의 경험을 이용할 수 있겠는가? 그러나 **사실**facts에 대한 논쟁이 거의 없이 많은 정보가 제공된 주제에서조차도 당신이 지금 가르치고 있는 내용을 어떻게 학습하였는지, 어떻게 그 내용에 대해 잘못 이해했음을 깨닫게 되었는지, 어떻게 학습장애물을 뚫고 그 내용을 명확히 이해하게 되었거나 정확히 응용하게 되었는지 등에 대한 자신의 경험을 여전히 이용할 수 있다. 그리고 물론 모든 주제와 학문 분야는, 푸코(1980)의 용어를 빌리자면, 고유의 '진리체제'를 갖고 있다는 전제에서 모든 과학자, 엔지니어, 수학자, 생화학자 또는 식물학자들은 어려운 질문을 하거나 수용된 이론과 관례에 반박함으로써 또는 교사나 슈퍼바이저가 요청한 것을 거부함으로써, 그 진리체제에 도전했을 때 일어난 일에 대한 스토리를 가지고 있다.

신뢰를 쌓기 위해

　의심이 많은 학생 및 동료 청중을 대면해야 할 때가 많이 있었다. 분명히 학생들의 일부가 수강을 원하지 않더라도 필수과목이기 때문에 이수하는 수업

---

19) 실험에서 관찰된 값과 이론상의 기댓값과의 차이가 있는지 결정하여 가설 검정에 이용되는 통계 분포를 말함-역자 주

을 가르쳐야 했었고, 교사들이 단지 의무적인 연수일이기 때문에 참석한 **교사 개발 이벤트**faculty development events를 주재했어야 했다. 그러한 상황에서는 많은 논문을 발표한 학자이며 **대학공로교수**Distinguished University Professor 직함을 가지고 있다는 것이 나에게는 불리하게 작용했다. 왜냐하면 내가 학생들의 경험과 동떨어져 있고 '진짜' 교사가 가지고 있는 공감을 거의 가지고 있지 않은 것처럼 보이기 때문이었다. 대학공로교수에 대해 사람들이 가지고 있는 선입견은 실제로 내 권위를 약화시키고 사람들이 나에게 저항하거나 나를 조롱하게 만들었다.

이러한 각각의 상황에서 내 자신이 학습에 대해 어떻게 저항했는지에 대한 전력을 초기에 알려 주면, 내 경험의 진실성을 학생들의 마음속에 새겨 두는 데 도움이 된다는 것을 발견했다. 그래서 내 자신의 학습 이력이 학생들 자신의 이력과 유사한 점이 있다는 것을 보여 주기 위한 방법으로서 내 학생 시절의 형편없는 성적 전력에 대해 이야기하는 것을 좋아한다. 적대적인 교사들과 대면하게 되면, 내 세계가 그들의 세계와 많이 다르지 않다는 것을 보여 주기 위해, 내 수업시간 중에 일어난 사건에 대한 이야기(보통 저항적이거나 냉담하거나, 또는 공공연히 적대적인 학생들을 다루는 스토리)를 하려고 노력한다. 청중들이 인정하는 좋은 스토리를 이용하면 청중들이 자신들과 나 사이에 두려고 하는 거리를 좁힐 수 있다.

수업 속도 조절을 위해

교사로서 내가 가지고 있는 가정은 매 수업마다 적어도 세 개의 학습양식이 있어야 한다는 것, 즉 학생들이 참여할 수 있는 세 가지 다른 양식이 있어야 한다는 것이다. 스토리는 내 레퍼토리에 멋지게 추가된다. 강당에서 수백 명의 청중들을 대한다 할지라도(한 달에 한두 번 일어남), **강의**lecture, **스피치**speech 그리고 **연설**keynote address 세 가지 양식을 포함할 필요가 있다고 느낀다. 그래서 첫째, 주기적으로 **소그룹**buzz groups을 이용하여 질문을 만들고, 둘째, 내 파워포인트 옆의 화면에 **실시간 트위터피드**live twitter feed를 설치하여 응답을 듣고, 셋째, 가르치

는 특정 방법의 실행을 예시하는 스토리를 들려줄 것이다. 내 프레젠테이션에 적절한 스토리가 들어가면 전체 분위기가 달라진다. 이제 사람들은 사실facts이나 기술skills 또는 개념concept 등을 배우는 '중요한' 것을 하지 않는다고 느끼기 때문에 긴장을 풀며, 실제로 이렇게 긴장을 푸는 순간에 학습에 대해서 훨씬 개방적일 수가 있다. 또는 내가 너무 오랫동안 이론이나 사실의 영역에서 진을 쳤기 때문에 학생들의 에너지가 떨어졌다면, 스토리로 사람들의 기운을 북돋우고 새로운 에너지를 끌어올릴 수 있다.

2) 권력에 대한 스토리텔링을 시범적으로 보여 줄 때 고려사항

스토리텔링을 이용할 때 위험한 것 중 하나는 이야기를 위한 이야기를 함으로써 재미를 주는 것이다. 권력에 대해 가르치기 위해서 스토리를 사용하는 주안점은 유쾌하거나 기분전환용으로 막간을 제공하기 위해서가 아니라, 지배이데올로기를 드러내고 지배이데올로기에 도전하게 하거나 권력이 어떻게 작동하는지 이해하도록 돕는 것이다. 권력에 대해 가르치는 수단으로서 스토리를 사용하는 교사들은 네 가지 고려사항을 가슴에 새길 필요가 있다. 첫째, 스토리를 학습의 주안점과 연결하는 방식이 명확해야 한다. 둘째, 스토리는 비판적으로 전개되어야 한다. 셋째, 스토리 속에는 일반화할 수 있는 요소가 있어야 한다. 넷째, 일부 희망적인 요소를 스토리에 포함해야 한다. 이제 스토리를 이용해서 이러한 네 가지 사항이 일어나도록 가르치는 법을 살펴보겠다.

스토리를 학습에 연결하기

만약 당신이 권력이 어떻게 작동하는지 예시하는 이야기나, 권력이 어떻게 지배이데올로기에 도전하는 데 사용될 수 있는지 보여 주는 이야기를 하고자 한다면, 연결고리는 항상 명확해야 한다. 한 가지 방법은 화자로서의 교사가 이야기에서 제기된 지배이데올로기의 구체적인 요소들(군국주의, 자본주의, 가

부장제 등)을 명시적으로 언급하는 것이다. 이 방법은 앞에서 내가 이전에 우울
증치료법 알아보기를 거부한 것을, 내가 상상했던 것보다 가부장제가 내 속에
훨씬 강하게 남아 있는 방식과 연결해 설명한 접근법이다.

다른 접근법은 학생들에게 권력역학과 관련된 이야기를 들려주지만 권력
이나 지배이데올로기에 대한 구체적인 언급은 생략하는 것이다. 학생들의 과
제는 이야기를 듣고 개별적으로 또는 그룹으로 권력이 어떻게 사용되고 있으
며 어떤 이데올로기들이 작동하고 있는지 알아내는 것이다. 내가 좋아하는 한
가지 방법은, 칠판에 카테고리들categories을 적은 다음 학생들에게 스토리 속에서
특정 사건이 권력이나 이데올로기를 예시한다고 느끼는 순간을 기록하라고
요청하는 것이다. 칠판에 나열한 카테고리는 다음과 같다.

- **권력**: 억압권력repressive power, 해방권력emancipatory power, **규율권력**disciplinary power,
  집단권력collective power
- **이데올로기**: 군국주의, 자본주의, 백인우월주의, 가부장제, 장애인차별, 동
  성애자차별

학생들에게 스토리 속에서 특정 종류의 권력을 조명했거나 특정 이데올로
기의 존재를 예시했다고 느낀 사건을 칠판에 적도록 요청한다.

이것을 수행한 사례 중 하나는 다음과 같다. 먼저 『실천에 있어서의 **권력**Power
in Practice』(Cervero & Wilson, 2001)이라는 편집모음에 있는 「**경험적 상실**Experiential
Deflowering」이라는 다음의 짤막한 스토리를 사용했다.

경험적 상실

나는 열일곱 살이며, 영국에서 **그래머스쿨**[20] grammar school 마지막 학년이다. 나와 내 또래의 학생들은 학문적으로 장래가 촉망되어 옥스퍼드대학교 입학시험을 치르기에 적합한 고등학생들을 위해 옥스퍼드대학교에서 마련한, 일주일간 진행되는 **심포지엄**symposium에 선발되어 참가하게 되었다. 나는 이 그룹의 일원으로 선정되어 재미 삼아 진짜 지식인(옥스퍼드대학생이 되고 싶어 하는 사람)이 되는 기회를 갖게 되어서 우쭐해졌다.

심포지엄의 첫날 아침이 되자, 우리는 대부분의 시간을 세미나 그룹에서 보낼 것이라는 말을 들었다. 개막행사는 유명한 옥스퍼드대학교 **윤리철학**moral philosophy 교수의 연설이다. 심포지엄 참석에 대한 그의 환영인사는 이해했지만, 그 외의 말들은 꽤 혼란스러웠다. 두 구절(**도덕적 의무**moral imperative, **실존주의의 딜레마**existential dilemma)이 기억에 남는데, 그 이유는 지금부터 진지하고 중요한 것에 대해 이야기한다는 투로 말했기 때문이다. 나는 그것들을 의무적으로 적는다.

오전 커피 시간 후에 우리는 토론그룹으로 나뉘었다. 자리에 앉으면서 나는 두려움에 사로잡힌다. 나는 내가 멍청이(공부는 열심히 하지만 지적 재능은 없는 사람)라는 것을 안다. 내가 이 심포지엄의 참가자로 선정된 것은 사고였다. 나를 기다리는 굴욕을 방지하기 위해 무엇을 할 수 있을까? 나는 토론의 첫 60초간 '실존주의의 딜레마'라는 구절을 사용하여, 곧 닥칠, 남들보다 지적으로 앞선다는 것을 보여 주는 게임에서 이겨 보기로 작정한다. 나는 이것을 그럭저럭 해낸다.

토론 지도자는 내가 방금 이야기한 것이 왜 실존주의 딜레마의 예라고 생각하는지 묻는다. 긴 침묵이 흐른 후, 나는 더듬거리며 실제로는 아무 의미가 없는 초라한 설명(내가 아는 가장 인상적인 단어들을 조합한 의식의 흐름)을 한다. 또 다른 침묵이 이어진다. 나는 그룹이 내가 한 멍청한 짓과 그들 중에 나 같은 멍청이가 끼어 있다는 것을 참아야 한다는 사실에 당황하고 있음을 안다. 나는 그 자리에서 그 주 내내 입을 다물기로 결심한다.

---

20) 아동들이 열한 살 때 시험을 통해 선발하는 영국의 국립 중등학교. 2016년 9월 현재 영국의 국립 중등학교 전체 숫자는 3,000여 개이며 이 중 그래머스쿨은 163개임—역자 주

이것은 내용에 계급주의가 포함되어 있는 것은 분명하지만 특정 이데올로기에 관한 스토리는 아니다. 나의 사기꾼 기질로 인해 내가 중산층 영국인인 것처럼 들리겠지만, 나는 실제로 **리버풀**Liverpool에서 가장 험악한 지역 중 한 곳인 **부틀**Bootle('잔인한 부틀'로 그렇게 정답지 않게 알려진)에서 태어났다. 리버풀은 자랑스러운 노동계급 도시이고, 부틀은 리버풀의 상징적인 도심지구이다. 나는 평생을 교사로 살았기 때문에 아무것도 생산하지 않았으므로 내가 '진짜' 직업을 가진 것은 아니라는 느낌[노동계급 출신 학자들의 공통적인 감정(Frye et al., 2005)]에 시달렸다. 그러나 나는 '경험적 상실'에서의 초점은 어떤 특정 이데올로기라기보다는 권력이라고 생각한다.

스토리 요약방법

학생들에게 스토리를 권력에 대한 학습과 연결하게 하는 방법은 다음과 같다.

① 학생들에게 스토리를 나눠 주고, 2분간 읽을 시간을 준다.
② 학생들은 스토리에 대해 나에게 질문할 기회를 가진다. 이러한 질문들은 정보를 얻기 위한 것이어야 한다. 만일 학생들이 규칙을 어기고 스토리에 대한 나의 해석이 무엇인지를 묻는다면, 나는 대답하지 않을 것이고, 나중에 알려 주겠다고 대답한다. "왜 이 스토리의 제목을 경험적 상실이라고 했나요?"와 같이 아주 단순한 질문에 대답하는 것조차도 학생들의 후속분석을 도울 수 있다.
③ 학생들의 질문이 끝나면, 나는 학생들에게 그리 간단하지 않은 두 질문을 한다. 첫째, 스토리에서 누가 이익을 얻었는가? 둘째, 누구의 이익에 해를 끼쳤는가?

그런 다음 학생들은 스토리의 어떤 요소들이 다양한 종류의 권력과 관련이 있는지 말한다. 나는 학생들이 다양한 종류의 권력을 확인하기 쉽도록 네 가

지 유형의 권력을 제시한다. 이 네 가지 카테고리는, 첫째, 억압권력은 선택권이나 자유를 제한하고 현 상태를 유지하기 위해 사용되는 권력, 둘째, 해방권력은 동기를 부여하거나 활력을 불어넣고 행동주의activism와 변화에 대한 갈망을 불 지르는 것으로 경험되는 권력, 셋째, 규율권력은 스토리 속 등장인물 누군가가 자신들의 분수를 확실히 지키도록 스스로에게 사용하는 권력, 넷째, 집단권력은 그 자체로 권력을 암시하는 동맹alliances이나 운동movements의 가능성이 있는 곳에서의 권력이다. 만약 당신이 이러한 용어들의 의미에 대한 토론에 시간을 보낸 적이 있고, 이러한 것들에 대한 사례를 제시한 적이 있다면 이것은 분명히 가장 잘 작동한다.

나는 또한 학생들에게 이데올로기 조작과 통제의 구체적인 사례(권위를 가진 어떤 사람이 실제로는 다수에게 해를 입히지만 그들에게 이익을 가져다주고 자명하게 좋은 것으로 꾸미는 행동이나 사건의 경우)를 찾아보라고 요청한다.

대그룹(내 경우에는 80명 정도)의 경우, 학생들에게 5~6명으로 구성된 소그룹으로 나누어 스토리 속 어디에서 이런 다양한 종류의 권력을 보았는지, 또는 어디서 이데올로기 조작을 확인했는지에 대해 토론하도록 요청한다. 소그룹(15~20명 정도라고 하자.)이라면, 보통 칠판에 이 네 가지 권력에 대한 제목에 더해서 이데올로기 조작을 다섯 번째 제목으로 적고 학생들에게 칠판에 자신들의 응답을 적으라고 할 것이다.

한편, 나는 스토리에 대한 내 자신의 해석을 알려 주는데, 그 해석은 내가 나의 내러티브를 구성하고 설명한 방법 속에 포함되어 있기 때문에 학생들은 보통 놀라지 않는다. 나는 권력과 이데올로기를 확인하려는 학생들의 시도에 응답하고, 그들이 나에게 제안했던 새로운 해석과 차원에 대해 학생들과 이야기한다.

'경험적 상실'의 분석에서, 학생들 대다수가 내가 어떻게 나 자신에게 규율권력을 사용했는지를 찾아낸다. 첫째, 토론에 먼저 참여하고 지적으로 들리게끔 말하고자 하는 내 욕망에서 나타나는 자본주의의 경쟁윤리(학생들이 가끔씩

찾아내는 이데올로기 조작의 사례)를 내면화해 왔기 때문이다. 학생들은 내가 그 것이 똑똑한 학생들이 행동하는 방식이라고 가정하고 있기 때문에 그런 식으로 행동하고 있다고 말한다. 둘째, 학생들은 내가 지적으로 보이기 위해 참담한 시도를 한 후에, 침묵하고 다시는 입을 열지 말라고 스스로에게 강요함으로써 내가 규율권력을 사용하고 있다고 말한다. 여기서 학생들은 내가 경쟁이데올로기에서, 최고의 학생들은 조용히 앉아서 인정받는 전문가들로부터 배우는 사람들이라는 것을 믿는 순응이데올로기로 전환하고 있다고 말한다.

아주 짧은 이 스토리(정확히 358단어뿐)는 비판이론의 몇 가지 기본 개념을 가르치는 훌륭한 방법이다. 물론 나는 규율권력이나 이데올로기 조작 등의 개념에 대해 명확하고 접근 가능한 설명을 해 줄 수도 있지만, 스토리는 규율권력이 어떻게 생긴 것인지에 대해 도움을 줄 수 있도록 구체화한다. 실제로 스토리를 연계한 교육방법이 굉장히 성공적이기 때문에, 이제 나는 학생들이 이해하기 불가능하다고 말하는 비판이론의 모든 복잡한 개념에 대해 교육용 스토리를 쓰고자 노력한다.

비판적으로 스토리 분석하기

이미 말했던 것처럼, 스토리는 흥미진진한 것을 넘어 교사가 장려하려는 학습과 연결되어야 한다. 또한 스토리는 비판적 분석에 개방되어야 한다. 결국 스토리는 우리 자신의 성향과 기호에 의해 기틀이 잡히는 개인의 창작물이다. 내가 학생들에게 스토리를 비판적으로 분석하라고 요구할 때에 한 가지 특정한 것에 집중하게 하는데, 그것은 스토리의 '팩트facts'에 박혀 있는 가정과 스토리의 구성과 이야기 방식을 찾아내는 것이다. 다음에서는 '경험적 상실'의 스토리를 예로 사용하여 **가정 찾아내기**hunting assumptions가 어떤 것인지 보여 준다.

가정 찾아내기

소그룹을 이루어 '경험적 상실' 스토리 속에 들어 있는 가정의 종류에 대해 토론하라. 다음을 찾아라.

- **인과적 가정**Causal Assumptions: 인과관계에 대해 우리가 만드는 가정이다. 예를 들어, "카페인 섭취량을 늘리면 나는 더 오래 깨어 있을 수 있고 좋은 일을 더 많이 해낼 수 있을 것이다."
- **규범적 가정**Prescriptive Assumptions: 우리가 사고하고 행동하는 방식에 대한 가정이다. 예를 들어, "좋은 학생은 항상 제시간에 과제를 제출한다."
- **전형적 가정**Paradigmatic Assumptions: 우리 속에 보다 더 깊숙이 자리 잡고 있는 당연하게 여기는 가정이다. 전형적 가정은 현실에 대한 너무나 명백한 상식을 표현한 것처럼 보이기 때문에, 우리를 향해서 사용될 때 우리는 가정으로 인식하지 못한다. 예를 들어, "성인학생은 자기주도적이다."
- **권력에 대한 가정**Assumptions of Power: 권력이 어떻게 작동하는지에 대해서 우리가 가지고 있는 가정이다. 예를 들어, "회의에서 돌아가면서 의장을 맡으면 특정 개인의 목소리가 주도하는 것을 막을 수 있다." 또는 "팀으로 일하면 신뢰를 쌓고 결속을 다진다."
- **헤게모니적 가정**Hegemonic Assumptions: 우리가 널리 공유하고 있다고 믿고 있고, 우리에게 해를 끼치고 있다는 것을 인식하지 못한 채 열광적으로 받아들이는 가정이다. 예를 들어, "좋은 성인교육자는 24시간 내내 학생들이 이용 가능한 사람이다."

학생들은 가정 찾아내기의 카테고리를 '경험적 상실'에 적용하여, 내가 그 스토리에 대해 이야기하는 방식에 들어 있다고 자신들이 믿는 다음의 가정들을 제시했다.

인과적 가정Causal Assumptions

내가 옥스퍼드 심포지엄에 뽑힌 것은 어떤 행정 오류 때문이다.

무엇인가를 특정 방식으로 말한다면 중요한 것임에 틀림없다.

내가 똑똑하게 보이면 사람들은 내가 똑똑하다고 생각할 것이다.

실수를 저지른 후 조용히 있으면 사람들은 결국 내 실수를 잊게 될 것이다.

내 코멘트 때문에 사람들이 나를 바보라고 생각한다.

규범적 가정Prescriptive Assumptions

좋은 학생은 말을 잘하고 학문적 용어를 적절히 사용한다.

좋은 학생은 절대 틀린 말을 하지 않는다.

전형적 가정Paradigmatic Assumptions

나는 극적인 실수를 했다.

모든 사람들이 나를 지켜보고 있다.

연사keynote speaker는 나보다 더 지적이다.

나는 멍청하지만 지금까지 그것을 숨겨 왔다.

권력에 대한 가정Assumptions of Power

토론그룹은 내가 빛내야 할 필요가 있는 경연장이다.

사람들에게 깊은 인상을 주고 심각하게 받아들여진다는 것은 중요하다.

'지적인' 방식으로 말함으로써 나는 사람들에게 깊은 인상을 줄 것이다.

토론 지도자는 나에게 굴욕감을 주기 위해서 질문했다.

토론 지도자가 나에게 질문을 던진 다음 발생한 침묵은 나에게 창피를 주기 위해 만들어진 것이다.

토론 지도자의 질문에 대한 나의 형편없는 대답은 그룹으로부터 나에 대한 존경심을 잃게 했고 내가 소외받는 결과를 가져왔다.

헤게모니적 가정Hegemonic Assumptions

사람들이 심각하게 받아들이도록 하려면 나는 지적으로 말할 필요가 있다.

옥스퍼드대학교에 입학하면 내 우수성이 증명된다.

옥스퍼드대학교에서 공부하는 것은 내가 추구해야 할 궁극적인 경험이다.

358개의 단어로 구성된 스토리로 유용한 분석을 많이 이끌어 낼 수 있다. 만약 그룹 내에 충분한 에너지가 있고 스토리가 여전히 일부 견인력을 가지고 있다고 느낀다면 한 가지 더 하고 싶은 것이 있는데, 그것은 학생들에게 스토리

에 대해 다르게 해석해 보라고 요청하는 것이다. 이러한 것들은 스토리 속에 포함된 동일한 사건들을 다른 방식으로 해석하는 것이다. 눈치가 빠른 독자들은, 이것이 제2장에서 예시한 '시나리오 분석 및 비판적 대화활동'에서의 기본 절차의 다른 수행방식임을 알아차릴 것이다. 다음은 '경험적 상실'에 대하여 학생들이 제시한 두 가지 해석이다. 한 해석은 다른 해석보다 더 관대하다.

"이 스토리 속의 모든 것이 당신(스티븐Stephen)에 관한 것이다. 당신은 사람들이 당신이 실수해서 바보 같은 짓을 하도록 기다리면서 조심스럽게 지켜보고 있다고 생각하는 듯하다. 당신은 자기중심적은 아니라고 하더라도 꽤 피해망상적인 생각을 가진 듯하다. 당신은 이 세상의 중심이 아니다. 실제로 어느 누구도 당신이 한 행위를 알아채지 못했을 것이며, 설령 알아챘다 하더라도 그렇게 연연하지 않았을 것이다. 당신은 이 스토리에서 마치 당신의 모든 행동이 큰 의미가 있는 것같이 말한다. 너무 심각하게 생각하지 마라."

"이 스토리에서 당신이 말하는 방식은 전반적으로 매우 부정적이다. 당신은 자신이 착오로 뽑혔다고 말하고, 스스로를 바보나 얼간이로 칭하고, 창피를 당한 원인을 당신 자신이 제공했다고 말한다. 당신은 일어났던 모든 일이 당신에게 상처를 주기 위해서라고 해석하는 것 같다. 나는 당신의 자존감이 그렇게나 낮은 줄은 몰랐다! 아마 다른 학생들은 당신이 첫 번째로 발언했고 서먹한 분위기를 깬 것을 좋아했을 것이다. 아마 학생들은 토론 지도자의 질문에 최선을 다해 대답한 당신을 존경했을 것이다. 아마 학생들은 실제로 당신의 처음 한두 마디의 코멘트가 그렇게 초점을 벗어났다고 생각하지 않았을 것이다. 내 말은, 교사든 학생들이든 어느 누구도 스토리 속의 당신에 대해 나쁘게 말하지 않았다는 뜻이다. 그리고 아무도 당신에 대한 적대감을 드러내고 있지 않은 것 같다. 그런데 당신은 왜 그렇게 부정적인가?"

3) 스토리 속에서 일반화할 수 있는 요소 찾아내기

본질적으로 모든 스토리에는 특정 공간과 시간 속에서 특정 사람들에 의해서 경험되는 독특한 면이 어느 정도 있다. 그러나 또한 모든 스토리에는 일반화할 수 있는 요소가 포함되어 있다. 때로 이렇게 일반화할 수 있는 요소들은 독자들이 스토리와 자신의 경험 사이에서 찾는 유사성이다. 보통 이 경우, 다른 누군가가 당신이 경험했던 것과 동일한 종류의 경험을 했다는 사실 때문에 기뻐하는 수준의 분석에 머무른다. 때로는 듣는 사람들이 문맥을 가로질러 스토리를 자기 자신이 처한 상황으로 대입하여 교훈, 팁, 또는 통찰을 이끌어 낸다. 원작original story 속의 무엇인가가 유사한 상황에 창의적으로 반응하는 방법에 대한 새로운 아이디어를 이끌어 낸다.

권력에 대해 가르칠 때 믿을 수 있는 몇 안 되는 것 중 하나는 나와 함께 일한 거의 모든 성인이 잔인하게(누군가를 배제하거나, 따돌리거나, 모욕을 주거나, 벌주려는 의도로) 또는 어리석게(그 권력의 사용이 어떻게 감지되는지 또는 그 권력의 사용의 결과가 무엇일지에 대한 사전숙고가 거의 없이) 사용된 권력의 불리한 쪽에 있었다고 느꼈다는 점이다. 또한 사람들은 권력이 잘 사용되고 있는 것을 볼(절대적으로 확실하지는 않지만) 기회가 있다. 그 이유는 때로는 권위를 가진 지위에 있거나, 사회적 신임을 받는 개인이나 집단이 다른 사람들의 학습과 성장을 지원해 주거나, 생각이 비슷한 사람들과 권력을 불어넣는 동맹을 맺도록 격려하기 위해 그 권위를 사용하기 때문이다. 때때로 집단 구성원들은 개인들이 각자 행동할 때에 비해서 집단이 가지고 있는 권력이 더 크다는 점을 인식하기 때문이다. 스티븐 프레스킬과 내가 『인도하는 방법으로서의 학습』에서 소개했던 지도자들은 모두 지원하는 방식으로 권력을 사용했다.

학생들이 스토리 속에서 일반화할 수 있는 요소들을 찾을 수 있도록, 나는 권력궤적Power Trajectory이라는 특정 방법을 사용한다. 나는 학생들이 스토리의 줄거리, 이야기가 흐르는 방향, 그리고 특히 권력이 다른 방식으로 사용되거나

다른 방식으로 경험될 때 생기는 방향의 변화를 이해할 수 있게끔 노력한다. 이 방법에 대한 설명은 다음과 같다.

권력궤적

스토리를 읽으면서, 권력의 사용에 관해서 스토리가 담고 있는 이야기의 궤적을 확인하시오. 맨 처음 어떤 권력이 사용되었는가? 언제 스토리 속의 등장인물들이 권력을 처음 인지하였는가? 처음으로 권력에 맞선 것은 무엇이었는가? 집단의 노력으로 권력이 합쳐진 것은 언제였는가? 스토리 속에서 사건들의 발생에 따라 어떻게 다양한 권력역학이 변화하고 발전하였는가? 권력을 사용한 방식과 권력을 경험한 방식에서 주요 전환점들은 무엇이었는가? 마지막 순간에 권력은 어디에 머물렀는가?

5분간 혼자서 다음에 대해서 적어 보자. (a) 스토리 속에서 처음으로 권력의 존재를 촉발한 사건, (b) 억압을 위해서 또는 활력을 불어넣기 위해서 권력이 사용된 주요 순간들, (c) 권력을 사용한 방식과 권력을 경험한 방식에서 주요전환점들, (d) 스토리 시작 부분에서의 권력의 모습과 비교해서, 스토리 끝부분에서 권력은 어떻게 묘사되었는가?

1. 4~5명씩 그룹을 이루어 각자의 권력궤적을 공유해 보자. 15분간 각자의 궤적에서 서로 간에 코멘트한 일부 공통 주제를 그래픽 형태로 표현한 그룹 궤적을 작성하자. 궤적을 만들 때 어떠한 그래픽이나 시각적 요소를 사용해도 좋으며, 궤적이 완료되면 학급 전체가 볼 수 있는 곳에 게시해 보자.
2. 자신의 인생에 게시된 궤적에서 사용되거나, 드러난 권력과 일치하거나 유사한 권력을 목격했던 상황에 대해 생각하면서 그룹들이 게시한 궤적들을 살펴보자.
3. 학급 전체가 다시 모여서, 게시된 궤적들에 대한 질문이나 코멘트를 다룰 것이다. 나는 내 자신의 경험을 활용하여 다양한 궤적이 내가 겪은 권력에 대한 경험과 유사하다는 것을 보여 주고자 노력할 것이다.
4. 이번 주 과제는 특정 상황에서의 자신의 경험에 근거하여, 교실 벽에 게시된 권력궤적의 양상을 예시하는 스토리를 쓰는 것이다(500~750 단어). 핸드폰으로 게시물의 사진을 찍어서 활용하기 바란다. 블랙보드Blackboard에도 게시해 놓겠다.

다음 주에 수업을 시작할 때, 나는 여러 명의 학생에게 각자의 스토리를 큰 소리로 읽게 한다. 학생들이 각자의 스토리를 읽고 나면, 나는 다른 학생들에게 그 스토리에 대한 코멘트를 요청한다. 인정하는 방식 또는 조언하는 방식으로 코멘트를 하도록 요청한다. 인정하는 코멘트는 학생들이 자신의 삶에서 유사한 권력역학을 경험했던 방식, 어떻게 스토리 속에서 전달된 감정과 유사한 감정을 경험했는지, 어떻게 전환점 또는 중요한 사건을 알아챘는지, 어떻게 스토리 속에서 의문이 제기된 몇몇의 가정과 동일한 가정에 의문을 제기했는지에 대해 학생들이 제시하는 코멘트이다. 조언하는 코멘트는 학생들이 스토리에 대해서 말하는 사람의 행동과 이유의 어떤 요소에 동의하는지, 그리고 어떤 행동에 반대하거나 다르게 행동할 것인지 조언하는 코멘트이다. 조언하는 코멘트를 할 때에는 학생들은 자신들의 개인적인 경험에서 우러난 조언이라는 것을 밝힐 수밖에 없다.

9. 스토리는 희망적 요소를 담고 있어야 한다

권력에 대해 가르칠 때, 극단적으로 비관적인 생각을 유발할 위험부담이 항상 존재한다. 다시 말하면, 지배이데올로기가 자신들 속에 어떻게 살고 있으며, 지배이데올로기가 어떻게 일상의 수많은 조직적 관습과 사회적 관습의 중요성을 강조하는지 학생들이 인식하게 된다는 점에서, 학생들이 극단적으로 된다는 의미이다. 그러나 이데올로기가 어떻게 손쉽게 조작되며, 권력이 역사, 문화, 국가, 시민사회에 어떻게 단단히 자리 잡고 있는지 인식하게 되면, 변화를 반대하는 힘이 너무나 거대하고 요지부동해서 저항할 의미가 없다는 감정인 체념을 수반한다.

만약 권력과 이데올로기가 작동하는 방식에 대해 더 알 수 있도록 도와주는 스토리가 단지 변화에 대한 가능성이 없다고 체념해 버리도록 이끈다면, 말하

지 않는 편이 더 나을 것이다. 그래서 설령 우리가 패배, 절망, 사기 저하에 대한 이야기를 하더라도, 우리는 그 이야기로부터 최소한 미래에 이러한 일들이 참담하게 재발되는 것을 방지하는 방법에 대한 교훈을 얻어야 한다. 학생들에게 제약하고 억압하기 위해 사용되는 악의적인 권력의 지배에 관한 내용을 예시하기 위한 것처럼 보이는 스토리를 분석하도록 요청할 때, 내가 생각하기에 적절한, 푸코의 다음 두 인용문을 소개한다. 첫째, "저항이 없는 권력관계는 없다. 저항은 권력관계가 발생하는 바로 그 지점에서 형성되기 때문에, 권력보다 훨씬 더 사실적이며 효과적이다"(Foucault, 1980, p. 142). 둘째, "회피하거나 도피할 수단이 없는 권력관계란 없다. [왜냐하면] 모든 권력관계는 …… **투쟁전략**a strategy of struggle을 내포하기 때문이다"(Foucault, 1982, p. 225). 그리고 나서 나는 학생들에게 **희망 찾기**Trawling for Hope 활동을 수행하도록 요청한다.

1) 희망 찾기

희망 찾기는 학생들에게 스토리의 희망적인 측면에 초점을 두도록 요구한다. 나는 학생들에게 이야기의 궤적에 영향을 미치기 위해서, 학생들이 스토리를 읽을 때, 스토리 속에 개입하여 그 결과가 성공적이 아니라고 할지라도 원래의 이야기에 포함된 것보다 피해가 줄게 하는 방법에 대해 생각해 보도록 요청한다. 이것은 다음 장에 나오는 보알Boal(2000)의 포럼극장의 변형인데, 포럼극장에서는 장면을 멈추고 관중들을 장면 속으로 초대하여 연극을 다른 방향으로 이끈다.

희망 찾기는 수업에서 소그룹 활동으로 수행하거나 개별적으로 수행하는 과제로 내어 줄 수 있다. 이 두 경우 모두 학생들에게 다음과 같은 동일한 질문을 제기하도록 한다.

희망 찾기 지시문

당신은 지배이데올로기가 사람들의 선택권을 제약하고, 사고를 제한하며, 변화를 추구하는 것을 중단시키기 위해서 권력을 행사하는 것이 얼마나 쉬운지 보여 주는 투쟁과 절망에 관한 스토리를 읽고 있다. 이 이야기를 읽으면서, 다음 질문 중 적어도 세 개를 당신 스스로에게 던짐으로써 이야기 속에 있는 희망적인 요소를 찾아보자.

- 스토리 속 인물 중 한 사람의 입장이 된다면, 스토리를 더 희망적인 방향으로 끌고 나가기 위해서 나는 어떻게 다르게 행동할 수 있을까?
- 스토리의 주요 인물들에게 말할 수 있다면, 스토리의 결말을 바꾸기 위해서는 그들이 어떻게 행동했었어야 한다고 말할 것인가?
- 스토리 속에서 내가 미래에 유사한 상황을 피하는 데 도움을 줄 어떤 교훈을 얻을 수 있을까?
- 스토리 속의 주인공이 한 것 중 내 자신의 실천에 더 보강할 수 있는 것은 무엇인가?
- 주인공들은 권력과 이데올로기에 어떻게 대항했을까?
- 주인공들은 권력과 이데올로기에 저항할 수 있는 어떤 기회를 놓쳤을까?
- 파워풀하고 더 희망적인 결말로 이끌기 위해서 스토리를 어떻게 다시 쓸 것인가?

희망 찾기의 목적은, 학생들에게 벨Bell(2010)이 말하는 떠오르는 스토리 혹은 전환 스토리emerging or transforming story의 사례가 되도록 스토리의 내용을 바꾸게 하는 것이다. 희망 찾기는 학생들이 자신들의 경험에 근거하여 카운터 내러티브를 만들기 때문에, 완전히 픽션이거나 픽션과 '팩트'의 혼합이라는 것을 제외하고는, 비판인종이론critical race theory의 카운터 스토리텔링counterstorytelling 접근법과 유사한 면이 있다.

10. 요약

　이번 장에서 나는 권력에 대해 가르치기 위한 학습 분위기를 조성하는 몇몇 전형적인 방법들을 탐구하였고, 주로 자신의 내러티브에 초점을 둔 몇몇 특정 활동에 대해서 설명했다. 다음 장에서는 권력에 대해 가르치는 것에 대한 내 의견을 확장하여 창의적이고 미술적이며 음악적인 접근법들을 포함하고자 한다. 그러나 당신 자신이 배우, 미술가, 음악가가 아니라고 생각하기 때문에 다음 장을 건너뛰기로 작정하기 전에, 예술적 재능의 소유 여부는 이러한 접근법들이 당신에게 유용한지의 유무와 관련이 없다는 점을 강조하겠다. 나는 그림도 못 그리고, 연기나 역할극에 어색하며, 악보를 읽을 줄도 모른다. 그러나 다음 장에서 요약한 모든 접근법을 내 수업과 워크숍에 적용할 수 있음을 발견했다.

제**7**장

창작예술을 이용하여 가르치기

두려운 감정으로 이 장의 제목을 골랐다. 예술이라는 단어가 엄청난 단어이기 때문이다. 호건Hoggan, 심슨Simpson, 스터키Sturkey(2009)가 말했듯이, "예술은 성인들을 제약하는 상당한 짐이 될 수 있다."(p. 1). 이 말은 내 경우와 완전히 일치한다. 미술시간에 사람을 막대기처럼 그렸기 때문에 다른 학생들에게 즐거움을 안겨 주고 놀림감이 된 기억이 있다(나는 로우리[1]L.S. Lowry가 아니다). 아버지께서 내 그림 속의 사람들은 슬픈 소처럼 생겼다고 말씀하신 기억이 난다. 이 기억에다가 예술가들은 뭔가 중대한 것을 창작하는 사람들이라는 생각을 조합해 보면, 미술가가 되려는 생각은 꿈도 못 꿀 일이 된다. 워크숍에 참석했을 때 조력자가 내 아이디어가 담긴 그림이나 그래픽을 그려 보라고 말한다면, 나는 공포에 질려 순간 쥐 구멍에라도 숨어들어 갈 것이다!

더 나쁜 상황은 신체를 학습의 도구로 사용할 것이라는 이야기를 듣는 순간이다. 나는 오랫동안 머리를 쓰면서 살아왔기 때문에, 퍼치Pyrch(2012)나 라이언Ryan(2012)이 설명한 형상화 성찰접근법[2]embodied reflection approaches을 사용할 것이라

1) 영국 화가(1887~1976)-역자 주

는 말을 듣는다면, 그냥 기절한 척하고 응급실로 실려 갈 것이다. 라이언은 고 등교육에서 많이 사용하는 작문 및 토론 중심 성찰 형식을 탈피하고, '무용, 표 현적이거나 계산된 움직임, 무언극mime 또는 연기'를 포함하도록 촉구한다(p. 219). 나는 "**지식의 장**site of knowledge**으로서의 신체가 자아를 발견하고 성찰할 수 있는 장소가 될 수 있고, 세상에 대한 아이디어를 전달하기 위해서 의미심장한 동작체계를 연기할 수도 있다."라는 것을 머릿속으로는 이해한다(p. 218). 그 렇지만 나에게 근육을 사용하는 어떤 것도 하라는 말은 말아 달라!

하지만 'The 99ers'라는 **펑크 로커빌리 밴드**punk rockabilly band의 구성원으로서, 나 는 **레스터 뱅스**3)Lester Bangs**가 **더 클래시**4)The Clash의 공연에 관해서 쓴 "인생에서 단 한순간일지라도 살아 있는 자와 죽은 자의 세상에서 당신이 번갯불을 먹는 것 외에는 아무것도 중요하지 않을 때, 당신은 폭발하여 당신 자신에게서와 언제 어디서나 대부분의 삶을 의미하는 일상의 단조로운 생활에서 벗어났다."(2004, p. 90)라는 말이 무슨 뜻인지 정확히 알고 있다. 만일 **펑크 록**punk rock을 예술로 본다면, 펑크록은, 예를 들면 **마르크스**Marx의 책이 주지 못하는, 나에게 활력이 되는 신선한 충격을 준다. 그래서 **로큰롤**rock and roll, TV, 영화, 사이버 공간이 예 술에 속한다면 안심이 된다. 위협적인 것은 예술이 고급문화를 함축한다는 것, 즉 예술은 **모차르트**Mozart, **크로노스 4중주단**Kronos Quartet, **반 고흐**Van Gogh, **샤갈**Chagall이 라는 개념이다.

1. 심미적 차원

이러한 함축적인 의미가 있지만, 교사들은 예술이 권력을 드러내고 예시하

---

2) 아이디어나 감정 등을 만지거나 볼 수 있는 형태로 표현하는 성찰 방법-역자 주
3) 미국 음악 평론가(1948~1982)-역자 주
4) 1976년에 결성된 영국의 펑크 록 밴드-역자 주

고 가르치는 데 관심 있는 사람들을 위한 이론과 실천의 풍부한 공급원이라는 점을 오랫동안 인정해 왔다. 이러한 인정의 대부분은 삶의 심미적 차원에는 급진적인 인간의 즉흥적이고 비합리적이며 감정적인 요소들이 잠재적으로 포함되어 있다는 관념을 탐구한 비판이론가 허버트 마르쿠제(Reitz, 2000; Miles, 2012)로 거슬러 올라간다. 만일 이러한 관념이 세상에 알려지게 되면, 우리의 사고를 합리적인 원칙 내에 머물게 하는 이데올로기 조작의 실태가 큰 도전을 받게 되는데, 마르쿠제는 이러한 사고를 '일차원적 사고one-dimensional thought'라고 불렀다(Marcuse, 1964). 일차원적 사고는 자본주의가 원활하게 기능하는 데 방해되는 문제를 해결하는 것에 중점을 둔 기술적 합리성[5]에 특권을 부여했고, 정의, 자유 혹은 연민과 같은 큰 개념들을 다루는 유토피아적 사고를 성인답지 않은 미숙한 것으로 치부해 버렸다.

마르쿠제(1978)는 지배적인 일차원적 논리에 순응하지 않는 차원을 삶에 도입함으로써 "예술은 지배의식dominant consciousness인 평범한 지식을 뒤엎는다."(p. ix)라고 보았다. 따라서 "예술의 정치적 잠재력은 그 자체의 심미적 차원에서만 드러난다."(p. xii)라고 볼 수 있다. 예술은 우리에게 친근한 것들과 거리를 둘 기회를 주고 다른 방식으로 세상에 존재하는 방법을 인지할 기회를 준다. 예술은 "다른 차원, 즉 해방 가능한 차원을 현실 속으로 받아들인다"(1972, p. 87). 극단적인 정치 행위가, 확립된 '대화와 행동 영역[6]universe of discourse and behavior과 상반되는 세상'(1969, p. 73)을 창조하는 데 초점을 둔다면, 자유로운 사회를 만들기 위한 노력에는 "일상적으로 사물을 보고, 듣고, 느끼고, 이해하는, 익숙한 방식과 단절하는 것이 포함되기 때문에, 그 유기체[7]는 공격적이지 않고 착취

---

5) 1941년 프랑크푸르트학파의 철학자인 마르쿠제가 상정한 철학적 아이디어로서, 과학기술이 발달하여 보편적이게 되면 현재 합리적이라고 생각되는 것이 변할 수 있다는 주장임—역자 주

6) 대화 영역(universe of discourse): 대화에서 사람들이 표현하거나 가정하거나 암시하는 사물, 사건, 속성, 관계, 사상 등의 전체 범위—역자 주

7) 예술에 참여하는 사람, 즉 인간을 말함—역자 주

하지 않는 세상의 잠재적 형태를 기꺼이 수용할 수 있다"(1969, p. 6).

마르쿠제의 표현은 장황하지만, 나는 그의 말이 매우 논리적인 관점을 옹호하는 것, 즉 당신이 예술에 참여할 때(창작자 또는 적극적인 관객으로서) 당신은 다른 방식으로 이 세상을 살아가고 있는 것이라고 이해한다. 당신은 일시적으로 직장일, 집안일, 의무, 그리고 일상을 벗어나 상승해서 다른 방식으로 존재하는 것이다. 로렌스Lawrence(2012b)는 이것을 잊는 것이라고 묘사한다. 영국 철학자 래스키Marghanita Laski가 라디오 토크쇼에 나와서 일상의 황홀경 개념에 대해 이야기하는 것을 들은 적이 있다(Laski, 1980). 그가 말하는 일상의 황홀경은 잠깐 음악을 듣거나 새로운 음식 냄새를 맡고 맛보거나 아름답다고 생각하는 것을 보는 것이, 매일 잠깐 당신을 색다르고 고조된 감각적인 삶으로 인도한다는 개념이다. 래스키가 한 말은 심미적 경험이 일상에서 평범하게 생각하고 느끼는 방식에 도전한다는 마르쿠제의 생각과 본질적으로 동일하다고 생각한다.

예술에 대한 이러한 유형의 참여가 정치적으로 중요한 점은, 예술은 우리들이 일상적이고 평범한 것을 거부하게끔 도와주고, 우리들에게 새로운 형태의 시각적이고 구어적인 언어를 제공하여 새롭게 지각하고 느낄 수 있는 길을 열어 준다는 것이다. 마르쿠제의 관점에서는 이러한 다양한 형태의 소통과 자각에 대한 학습은 **사회행동**social action을 위해서 필수적인 사전단계이다.

예술적 감각을 개발하는 데 중점을 두는 성인교육은, 프레이리의 문화서클Freirean culture circles, 참여연구, 또는 정당운동 교육처럼, 그 나름대로 혁명적 잠재력을 가지고 있다. 루이스Lewis(2012)는 프레이리와 프랑스 철학자 **자크 랑시에르**Jacques Ranciere가 어떻게 심미적 경험을 말하고 생각할 수 있는 사람에 대한 통념을 무너뜨릴 기회로서 탐구하였는지를 고찰한다. 미학의 정치적 기능은 마르쿠제가 인생의 심미적 차원을 개발하는 것이 의사결정을 민주화하거나, 소비문화를 거부하거나 **교환경제**[8]exchange economy를 폐지하는 것처럼 정치투쟁의 일

8) 상품을 화폐나 다른 상품과 교환할 수 있는 경제-역자 주

부가 된다고 느낀 이유이다. 해방된 사회는 '상상에 이끌려, 합리적인 능력과 감각적인 욕구 사이에서 절충하는' 다른 감수성을 가진 유형의 사람을 전제로 한다(Marcuse, 1969, p. 30).

마르쿠제는 유럽 중심 '고급' 문화를 반영하지 않은 예술적 표현을 통해서 인종을 구분하여 분석한 몇 안 되는 비판이론가이다. 그에게 **흑인권력운동**Black Power movement은 '권력과 권위를 약화시키는 대화 영역'(1969, p. 35)이었다. 마르쿠제는 흑인군인들이 사용하는, 특히 자신들의 **소울**soul을 주장하는 "플라톤 이후에 본질적으로 백합처럼 하얀"(p. 36) 언어 속에서, 그리고 "검은 것이 아름답다."라는 흑인들의 선언에서 "미가 정치에 개입하였다."라는 점을 발견했다(p. 36). 흑인들의 권력은 이데올로기적인 단어들이 사용되고 의미가 부여된 맥락을 깨부수고, 정반대의 맥락으로 바꾸는(뿌리박힌 이데올로기를 부정함) "체계적인 언어 반란을 상징한다. 그래서 흑인들은 몇몇 서구문명의 가장 숭고하고 승화된 개념을 '받아들여', 비화9)desublimate하고 새로운 의미를 부여한다"(p. 35). **루시우스 아웃로 주니어**Lucius T. Outlaw Jr.(1996, p. xxvii)와 같은 당대의 떠오르는 미국 흑인 학자들에게 있어서 마르쿠제의 연구는 비판이론과 흑인 민족주의자들의 백인우월주의 비판을 연결하는 시작점이었다.

마르쿠제의 주장은 **스트랫퍼드-온-에이번**10)Straford-on-Avon에서 공연되는 셰익스피어의 희곡이나 **링컨센터**Lincoln Center에서 열리는 뉴욕시 발레단의 공연 등의 비정치적인 예술을 포함한 어떤 종류의 예술도 본질적으로 혁명적이라는 것이다. 일상의 경험에서 벗어나기 위해서 정치적일 필요는 없다. 그렇지만 권력에 대해서 가르칠 때, 나는 정치 성향의 예술에도 관심이 있다. 많은 음악인, 영화제작자, 시각예술가, 작가, 조각가들은 의도적으로 정치투쟁의 역사에 대해 가르치기 위해, 또는 잘 알려지지 않은 그 투쟁의 면모를 보여 주기 위한 방

---

9) 승화의 반대 개념-역자 주
10) 셰익스피어의 출신지-역자 주

법으로 정치적 이미지와 메시지를 사용한다. 폴 로브슨[11]Paul Robeson에서 척 디 Chuck D, 스윗 하니 인 더 록[12]Sweet Honey in the Rock에서 여형제 소울자[13]Sister Souljah, 파트 리시오 구스만[14]Patricio Guzman에서 켄 로치Ken Loach, 우디 거스리[15]Woody Guthrie에서 빌리 브랙[16]Billy Bragg, 밥 말리[17]Bob Marly에서 조 스트러머[18]Joe Strummer까지, 예술가들은 분 명한 정치적 의도를 가지고 예술을 창작해 왔다. 다음은 투쟁struggle에 대해서 가 르치는 작품들이다. 즉, 투쟁의 역사(파트리시오 구스만의 영화 〈칠레전투The Battle of Chile〉 또는 켄 로치의 〈대지와 자유Land and Freedom〉), 투쟁의 대가the costs of struggle(빌리 홀리데이Billie Holliday의 〈이상한 과일Strange Fruit〉 또는 크리스 멘지스Chris Menges의 〈갈라진 세계A World Apart〉), 투쟁에서 예술의 중요성(〈Amandla[19]〉 또는 〈우리는 극복할 것이 다We shall overcome[20]〉), 대체 인식론과 존재론alternative epistemologies and ontologies(우디 거스 리Woody Guthrie의 〈하늘에 있는 배Ship in the Sky〉, 메르세데스 소사Mercedes Sosa의 〈변한다, 모 든 것이 변한다Cambia, Todo Cambia[21] [Change, Everything Changes]〉, 질 스콧 헤론Gil Scott Heron의 〈혁명은 TV에 나오지 않는다The Revolution Will Not Be Televised[22]〉), 그리고 예술이 사람들 의 자부심을 고양한다는 개념 등이 그것이다.

활동가들의 의도가 잘 담겨 있는 미술작품의 본보기는 그레이스, 힐, 웰스

11) 1976년에 데뷔한 미국의 흑인 여성그룹(가수)-역자 주
12) 미국의 작가, 활동가, 영화 제작자(1964~)-역자 주
13) 칠레의 영화감독(1941~)-역자 주
14) 영국의 영화감독(1936~)-역자 주
15) 미국 가수 겸 작곡가(1912~1967)-역자 주
16) 영국 가수 겸 작곡가(1977~)-역자 주
17) 자메이카 가수 겸 작곡가(1945~1981)-역자 주
18) 영국 가수 겸 작곡자(1952~2002)-역자 주
19) 남아프리카공화국의 흑인 부족 언어로 'power'를 뜻함. 남아프리카공화국의 흑인 차별 정책에 항의하는 정치 슬로건으로 사용되었음-역자 주
20) 미국의 흑인 민권운동에서 1959년부터 프로테스트 송(protest song)으로 사용된 가스펠 송(gospel song)-역자 주
21) 스페인어-역자 주
22) 팝송 제목-역자 주

Grace, Hill, Wells가 2005년 성인교육 리서치 콘퍼런스2005 Adult Education Research Conference: AERC의 사전 콘퍼런스preconference인 레즈비언, 게이, 양성애자, 트랜스젠더, 동성애자 및 후원자들Lesbian, Gay, Bisexual, Transgender, Queer, and Allies: LGBTQ&A의 콘퍼런스 참가자들이 〈삼각형 프로젝트Triangle Project〉라는 조형물을 설치했을 때 겪었던 일을 설명한 내용 속에 나타나 있다. 사전 콘퍼런스가 끝나고 본 콘퍼런스가 시작되자, 이 조형물은 서적 진열대 근처의 휴식공간에 설치되었다. 둘째 날 아침 조지아대학교University of Georgia(콘퍼런스가 열린 곳) 평생교육센터 직원이 조형물이 설치된 맞은편 교실에서 독서능력향상 수업에 참가한 아동들의 학부모들로부터 항의를 받았다. 그러자 센터직원은 조형물을 진홍색 커튼 뒤에 숨겼다.

오전 중간 세션에서 돌아오는 길에 조형물이 감추어져 있는 것을 발견한 그레이스는 화가 나서 모여 있는 참가자들(나도 그중에 끼어 있었다.)에게 어떤 일이 벌어졌는지를 알리고, LGBTQ&A의 존재를 가리려는 시도를 비난하면서 조형물을 감춘 것에 대한 참가자 자신들의 반응을, 지금은 열려 있는 진홍색 커튼에 직접 게시할 것을 요청했다. 저자들은 "그 순간 조형물은 우리가 회의장에서 일어나리라고 기대한 대화와 상호작용의 장이 되기 시작했다. …… 지지자들은 또 하나의 우익 성향의 사람들의 공격으로부터 치유와 회복을 위해서 진심 어린 의견들을 게시했다."라고 기록하였다(Grace, Hill, & Wells, 2009, p. 72).

2. 직관으로 시작하기

예술이라는 용어에 겁먹는 사람들이 예술에 참여할 수 있는 유용한 방법은 직관intuition에 초점을 두는 것이다. 직관은 대부분의 사람이 싫어하는 단어가 아니라 자신의 인생에서 역할을 해 온 그 무언가라고 인정한다. 하지만 직관은 예술처럼 초이성적이며 신중한 계산의 세계 밖에 존재한다. 하타이스와 그루버Harteis and Gruber(2008)는 성인교육자들이 흔히 보여 주는 세 종류의 직관을 밝

혔는데, 생각 없이 행동하기(합리적인 분석 없이 행동할 때처럼, 당신은 '그냥 한다.'), 갑작스런 영감(새로운 아이디어나 실천이 갑자기 '떠오를' 때처럼), 그리고 직감(이유는 모르지만 무엇인가가 그냥 느낌으로 '맞고 틀리고'를 알 때처럼)이다. 로렌스Lawrence(2008, 2009, 2012a)는 성인교육에서 직관에 대한 분석을 확대하여, 직관을 창작활동의 중심에 두는 두 가지 방법으로, 꿈 분석과 직관적으로 그림 그리기intuitive painting 접근법을 고려하였다. 나는 어느 정도 항문기적 강박충동[23]anal compulsive이 있기 때문에, 이것들을 시도할 자신도 충분한 기술도 없다고 느낀다. 그러나 나는 권력에 대해 가르치기 위해서, 다음에 설명한 대로 두 가지 직관적인 학급활동을 이용한다.

1) 직관적으로 주요한 사건

이 활동은 참가자들이 5~10분간 합리적인 방법보다는 직관적인 방법으로 권력을 다루었던 때를 생각하면서 시작된다. 앞에서 하타이스와 그루버가 밝힌 직관들을 기반으로 하여, 학생들에게 권력에 대한 두 가지 유형의 직관에 집중하고(저항직관Resistance Intuition과 권력을 불어넣는 직관Empowering Intuition), 그중 한 가지(또는 두 가지 모두)가 존재했던 때를 떠올려 보라고 요청한다.

- **저항직관**: 저항직관은 당신을 얽매는 데 사용되는 권력에 대처할 마땅한 방법이 없지만, 절망 속에서도 당신이 놀랄 만한 일을 하고 있는 것을 발견하는 경우이다. 예를 들어, 아무 말도 하지 않으려는 어떤 집단의 학생들과 대면했을 때, 내가 그 학생들에게 아무 말도 하지 않아도 괜찮고, 침묵을 방해 행위나 무관심으로 해석하지 않고 단지 학생들의 학습방식으로 해석하겠다고 말하고 있는(내가 그런 말을 하고 있다는 것을 거의 인식하

---

23) 프로이트(Sigmund Freud)가 정신분석학에서 사용한 용어-역자 주

지 못하면서) 나 자신을 발견하게 된다. 이 말에 학생들은 거의 즉각적으로 입을 열었으며, 휴식시간에 여러 명의 학생이 평소에는 자신들이 전혀 말을 하지 않는 것과 달리 말을 했다고 나에게 이야기해 주었다.

- **권력을 불어넣는 직관**: 이것은 의도적인 계획 없이 얼떨결에 학습자들을 기대감으로 흥분시켜 행동을 취하게 하는 무엇인가를 한 경우이다. 예를 들어, 학생들 앞에서 처음으로 내가 수년간 내면화해 온 인종차별 태도에 대해서 말한 기억이 난다. 이것은 어느 날 수업시간에 갑자기 인종차별의 의미에 대한 질문에 답변을 하면서 일어났다. 인종차별은 조직문화와 관례에 뿌리박힌 특정 이데올로기의 문제라고 설명하려고 마음먹었는데, 흑인 학생들에게는 즉시 과제 제출기간을 연장해 주면서 백인 학생들에게는 과제 제출기간을 연장해 달라는 이유를 적도록 하는 상당히 긴 시험을 치르게 한 상황에 대해 설명하고 있는 나 자신을 발견했다. 일부 학생들이 이 사례가 불공정하다고 항의하면서 토론은 즉각 활기를 띠었고, 우리는 이 문제에 대해 평소보다 더 깊이 조사할 수 있었다.

개별적으로 생각할 시간을 가진 후, 약 다섯 명으로 이루어진 소그룹을 구성하여 각자 겪었던 사건을 공유한다. 나는 각 그룹에게 가장 극적이거나 예기치 못한 직관적 사건들 중 한두 개를 골라 학급 전체에 보고하도록 요청한다. 또한 그룹에서 드러난 권력의 성격에 대해 직관적으로 이해하게 된 것들을 보고하도록 요청한다. 예를 들면, 앞의 첫 번째 사건에서는 학생들이 지닌 말하는 것에 대한 저항감은 감시에 대한 두려움, 즉 학급 전체 앞에서 뭔가 멍청한 이야기를 할 수 있다는 두려움에 기인한다. 앞의 두 번째 사건에 있어서는, 교실 안의 에너지를 올려 준, 학습을 통해서 알게 된 인종차별 행위를 시범적으로 공개하는 위험을 감수한 것이었다.

2) 단어 또는 이미지 연상

직관을 이용한 두 번째 활동은, TV 코미디 프로에서 사람들이 좋아하는 정신과 치료장면에서 나타나는 단어나 이미지 연상 방법을 각색하는 것이다. 여기서는 정신과 의사가 그림을 보여 주거나 말하면 침상에 누워 있는 환자는 가장 먼저 자신의 머릿속에 떠오르는 것을 말한다. 코미디 프로에서는 아무리 단조로운 단어나 이미지일지라도 환자는 대개 이와 관련된 성적인 것을 연상한다.

단어연상방법word association은 간단하게 수행할 수 있다. 권력, 저항, 행동, 힘strength, 결속 등의 단어를 학생들에게 주고, 학생들 머릿속에 떠오르는 아무 이미지나 단어를 알려 달라고 한다. 또한 한 단어를 알려 주고 난 다음, 학생들에게 1분의 시간을 주고 이 단어가 전하는 것을 그리게 함으로써 시각적으로 수행할 수 있다. 이는 종이에 그 단어를 대표하는 한 가지 색깔이나 여러 색깔을 선택하는 간단한 것일 수 있다. 또는 학생들에게 그 단어를 상징하는 수학적 또는 온갖 유형의 도형을 그리게 할 수 있다. 주어진 시간이 지나면 각자의 그림을 들어서 다른 사람이 볼 수 있도록 한다.

이미지 연상image association은 학생들에게 보여 주어야 할 이미지를 찾아야 하기 때문에 약간의 준비가 더 필요하다. 그러나 과학기술의 발달로 인해, 아무 때나 지구상의 어떤 일간신문으로부터도 권력과 관련 있는 이미지를 온라인으로 찾을 수 있다. 이러한 것들은 스포츠 이벤트, 거리의 풍경, 광고, 혹은 '공식' 대변인이나 지역사회 활동가들의 기자회견에서 구할 수 있다. 온라인상에서는 자신의 사진첩에도 쉽게 접근할 수 있기 때문에 당신 자신의 사진 이미지를 이 활동에 이용할 수 있다.

이미지 연상은 단어 연상과 비슷하다. 학생들에게 이미지를 보여 주면서 권력과 관련된 어떤 생각, 아이디어, 또는 어떤 경험이 떠오르는지를 묻는다. 이미지가 더 복잡할수록 반응은 더 재미있다. 예를 들어서, 복수의 인종집단과 남녀가 나오는 그림은 단일 인종집단의 남자들 또는 여자들만 나오는 사진보

다 다양한 해석을 유발하는 경향이 있다. 이는 학급이 다양한 인종적 배경을 가진 학생들로 구성되어 있을 경우 더욱 그렇다.

이미지 연상의 또 다른 변종은 개념concept(예: 억압, 권력 불어넣기, 배제 등)을 주고, 학생들에게 온라인상에서 실시간 검색으로, 뭔가 그 단어와 걸맞은 모습을 전달해 줄 것 같은 이미지를 찾게 하는 것이다. 내가 이 방법을 좋아하는 이유는 어쨌든 온라인상에 있는 학생들(이메일을 하거나, 이베이 목록e-Bay listings을 살펴보거나, 신발을 주문하거나, 페이스북에 게시하고 있음)이 이제부터는 교실에서 합법적으로 인터넷을 사용할 수 있기 때문이다. 이것은 또한 학생들로 하여금 스포츠, 음악, 유명인의 생활, 혹은 입소문이 난 유튜브YouTube 영상에 관한 자신들의 지식을 교실로 가져오게 한다. 학생들을 그룹으로 나누어 각자 자신들의 온라인 이미지를 공유하고, 그중 하나를 골라 학급 전체와 공유하도록 한다. 이러한 공유의 과정에서 학생들은 자신의 관점에서 권력을 암시하는 이미지가 무엇인지에 대해 설명한다.

3. 콜라주

미술이라는 단어를 사용하면 사람들은 즉시 무언가를 그려야 한다고 추정하고 자신들의 재능 부족에 대한 공포심으로 당황한다. 하지만 콜라주 작업을 할 것이라고 말하면 이런 공포심은 사라진다. 콜라주Collage는 잡지, 신문, 광고 전단지, 당신의 사진, 또는 온라인상에서 다운로드한 이미 만들어져 있는 이미지로 작업하거나 작은 물체들을 포스터에 풀로 붙이는 것이다. 콜라주를 만들기 위해 미술가가 되거나 그래픽 디자인이나 데생을 잘할 필요가 없다. 당신에게 필요한 것은 잡지, 풀 그리고 가위 한 개가 전부이다.

심슨Simpson(2009)이 암 환자들을 위한 워크숍에 참여한 후 설명한 것처럼, 콜라주가 주는 자유는 환자들에게 활력을 주고 보람을 느끼게 할 수 있다. 그녀

는 환자들이 콜라주 작업을 할 때, "워크숍은 색깔, 자르기, 붙여 넣기, 눈물, 웃음, 감정의 울렁거림, 깊은 이해, 낙천주의 그리고 희망으로 가득 찼다. 이 창조적인 에너지는 정확히 내가 곁에 두고 싶어 했던 것이었다. 그리고 이 특정 미술 형식은 나이, 삶의 장소, 이전의 창조적인 경험 또는 미술적 기술에 상관없이 방 안에 있는 모든 사람이 접근할 수 있는 것이었다."라고 설명한다 (pp. 78-79). 크랜턴Cranton(2009)도 캐나다 전문대학에서 직업훈련강사들에게 이 방법을 사용했던 것에 대해 유사한 의견을 내놓았다. 학습스타일에 관한 단원을 가르칠 때, 그녀는 강사들에게 강사 자신이 보여 주고 싶었던 다양한 학습스타일을 표현하는 콜라주를 만들도록 요청했다. 그녀는 "이미지를 찾거나 만드는 과정과 콜라주를 만드는 그 자체가 학습스타일에 대해 더 깊이 살펴보도록 하였고, 뒤이은 전체그룹토론에서 학습스타일 개념의 가정에 대해서 의문을 가지도록 하였으며, 각 학습스타일을 정당화하는 교육방법을 개발하려는 아이디어에 도전하게 하였다."라고 말한다(p. 186).

콜라주의 가장 파워풀한 용도 중 하나는 그레이스와 웰스Grace and Wells(2007)가 성소수자 청소년들과 함께 만든 콜라주에 대한 설명에 나온다. 사람들의 정체성이 자기 자신들을 외적으로 표현하는 것과 분리되는 과정을 예시하기 위하여, 참가자들은 세상이 그들을 바라보는 방식과 비교해서 그들 스스로에 대해 어떻게 느끼는지를 오래된 학교에 있는 사물함의 바깥쪽과 안쪽에 표현하였다. 사물함의 바깥쪽에는 교사, 부모, 학급친구들, 그리고 지역사회가 바라본다고 자신이 느끼는 레즈비언, 게이, 양성애자, 성전환자들의 전형적인 모습이 그려졌다. 사물함의 안쪽에는 가족, 친구, 교사들에게 숨긴 자신의 내면을 표현한 이미지, 콜라주, 입체모형을 담았다. 한 참가자는 부서진 유리조각과 박살 난 거울파편을 몸통이 없는 긁힌 사진들과 합치고, 그림을 바라보는 사람들을 쳐다보고 있는 두 눈 사이에 '무서워서 도망가고 있다.'라는 글귀를 적었다.

1) 콜라주로서의 변형 시

그림 그리는 것을 두려워하는 사람들에게 시를 쓰게 하는 것은 그들에게 주어질 수 있는 가장 가식적인 과제이다. 시는 감수성이 풍부한 사람들을 위한 나약한 것으로 여겨지며, 자신을 어느 정도 세상물정에 밝은 실천가로 여기는 성인교육자들을 위한 것은 분명히 아니다. 그러나 다음 장에서 마음의 상처를 치유하는 소울워크soul work에 대한 토론을 언급한 것처럼, 시는 평상시에는 결코 불러일으킬 수 없는 반응을 이끌어 낼 수 있다. 시는 일종의 감정에 대한 로르샤흐 테스트[24]Rorschach test이다. 시에 쓰이는 단어, 쉼, 흐름은 듣는 사람들에게 다양한 감정을 불러일으킬 수 있다. 그룹의 한 구성원이 쓴 시로 인해 뜻밖의 풍부한 대화를 할 수 있다. 그러나 성인들을 시를 사용할 만큼 개방적으로 만들기 위해서 때로는 시가 담고 있는 가식과 흉조의 관계를 창의적으로 폭로할 필요가 있다.

이렇게 하는 한 가지 방식은 '변형 시found poetry'라는 매체를 통하여, 시를 일종의 콜라주로 바꾸는 것이다(Love, 2012). 변형 시는 '참가자들의 연구보고서에 사용된 단어나 구를 골라내어 시로 짜깁기하는 질적 보고매체qualitative reporting medium'이다(p. 41). 이것은 문학의 콜라주이다. 즉, 시에 사용되는 단어들은 연구보고서에 있지만, 어떤 단어와 구절을 선택할지, 어디서 줄 바꿈을 할지 결정하는 것은 시인에게 달려 있다. 러브Love(2012)는 성직자와 교회지도자들을 대상으로, 진실하고 심오한 대화를 유도하기 위해 원격회의를 통한 몬태나 프로젝트Montana experiment에 대해서 설명한다. 이 프로젝트의 결과를 보고하면서, 참가자들의 응답을 이용하여 이 프로젝트의 평가자들에게 제출한 일련의 변형 시(〈실행계획의 실패Failure of Logistics〉〈눈보라를 피하여Out of the Blizzard〉〈질문 사랑하기Loving the Questions〉〈그룹이 필요함In Need of Circles〉 그리고 〈멀리 떨어진over many miles that

---

24) 스위스의 정신과 의사 헤르만 로르샤흐가 개발한 성격 검사 방법-역자 주

separate〉은 일부 시들의 제목이다.)가 만들어졌다.

학생들에게 종이에 작성한 작품을 교실 벽에 게시하는 것과 관련된 활동을 하도록 해 본 적이 있는 교사들은 변형 시 방법을 이 활동의 끝에 적용할 수 있다. 요약된 코멘트나 마지막 성찰 대신, 학생들이 교재에 대해 이해한 것을 요약하여 변형 시를 만들게 할 수 있다. 또는 변형 시 형태로 질문을 제기할 수 있다. 작문에 몇 분 정도 시간을 보낸 후 학생들이 작문한 것을 교실에 게시하고, 게시된 작문들을 이용하여 만든 변형 시를 교실에 게시하는 것으로 활동을 끝내는 방법은 에너지 레벨이 낮은 토론을 통해 활동을 끝내는 것의 대안으로 좋다. 변형 시 활동은 학생들이 이미 수행한 작업을 존중하고 내성적인 구술자들이 외향적인 구술자들만큼 교실공간을 차지하도록 반응을 공유하는 통로를 제공한다. 따라서 변형 시는 창의적이고 기운을 북돋우는 방식으로 교실에 뿌리박힌 권력역학을 제지할 수 있다.

2) 문화콜라주

데이비스Davis(2009)가 개략하였듯이, 문화콜라주Cultural Collage는 다른 사람에게 자신을 소개하는 것이다. 학급이나 워크숍에서 자신이 누구인지 알리기 위해 '사진, 식품포장지, 공예품, 지도 및 기타 시각자료'를 이용하여 콜라주를 만든다. 이러한 콜라주들이 방 주위에 게시되면 사람들은 워크숍 동안 아무 때나 그 주위를 돌아다니면서 이 콜라주들을 보다 세밀히 살펴볼 수 있다. 나는 여기에 더해 각 학습자들에게 자신의 콜라주에서 한 조각을 떼어 내어 빈 종이에 붙여, 방 안에 있는 사람들의 다양한 정체성과 역사를 표현하는 커뮤니티 문화콜라주community cultural collage를 만들게 한다.

3) 권력 퀼트[25]

앞에서 설명한 커뮤니티 콜라주(또는 퀼트quilt)는 특별히 권력에 초점을 두도록 변형할 수 있다. 참가자들에게 '맞서 싸우기' 또는 '괴롭힘을 당하다'와 같은 주제를 주면, 참가자들은 세 단계에 걸쳐 그 주제에 대한 커뮤니티 퀼트를 만든다. 첫째, 각자 자신이 속한 그룹이 초점을 두고 있는 권력역학에 대한 자신의 경험을 설명하는 콜라주를 만든다. 그리고 나서 화랑처럼 사람들이 이 콜라주들을 볼 수 있도록 방 주위에 게시한다.

적당한 시간이 지난 후 사람들은 그룹 콜라주에 필요한 좋은 요소라고 느끼는 다른 콜라주들(자신의 것이 아닌)의 조각들을 제안하도록 요청받는다. 사람들은 자리에서 일어나 관심이 가는 콜라주로 가서 그 콜라주의 특정 부분을 좋아하는 이유를 설명하고, 커뮤니티 **권력 퀼트**Quilt of Power의 한 부분으로 사용될 수 있도록 그 부분을 잘라 갈 수 있게 해 달라고 부탁한다. 만약 콜라주를 만든 사람이 동의하면, 그 조각을 잘라 내어 방 앞쪽에 있는 백지에 놓아둔다.

서로 다른 콜라주들에서 충분한 조각들이 선택되고 백지 위에 놓이면, 그룹은 함께 커뮤니티 퀼트를 만든다. 사람들은 서너 개의 콜라주 조각들을 그룹으로 묶어 탐구하고 있는 특정 권력역학의 하위주제를 만들도록 제안할 수도 있다. 누군가 극단적으로 다른 두 콜라주 조각을 선택해서 종이의 양 끝에 놓을 것을 제안할 수도 있다. 왜냐하면 그것들은 연속적인 경험의 양극단을 나타내기 때문이다. 그리고 나서 다른 사람들에게 이 연속체의 여러 지점에 다양한 콜라주 조각을 놓도록 요청한다. 적당한 시간이 흐른 후 집단 콜라주가 완성되고, 참가자들은 핸드폰으로 사진을 찍은 후 집에 가져가서 연구한다. 만약에 이것이 공식적인 성인교육기관의 수업에서 진행된다면, 학습자들은 최종 콜라주가 특정 권력역학을 예시한다고 믿는 이유를 작성한다.

---

25) 천 조각들을 이어서 만든 장식용으로 덮는 누빔이불－역자 주

4) 그림 그리기와 콜라주를 이용한 토론

그림 그리기와 콜라주를 이용한 토론Drawing and Collaging Discussion은, 스티브 프레스킬과 내가 공동 저술한 책『토론을 이용한 교수방법』에 관해 개최한 워크숍에서 수행했던 활동이다. 이 활동에서는 6~7명의 소그룹들이 구성되고, 각 토론그룹 안에서 권력을 경험하는 다양한 방식과 관련 있는 토론 주제가 제공된다. 이러한 주제의 예로는 '토론할 때 권력이 어떻게 모습을 드러내는가?' '파워풀한 토론이란 무엇인가?' 또는 '토론그룹들이 민주주의를 날조하게 하는 것은 무엇인가?' 등이 있다.

학생들에게 그림을 그릴 수 있는 큰 종이, 여러 개의 컬러사인펜, 펜, 자, 가위, 그리고 테이프를 제공하여 전통적인 이차원 그림을 그리도록 한다. 또한 멀티미디어 콜라주를 만들도록 잡지사진, 옷 조각, 기타 질감이 있는 소재들이 학생들에게 주어진다. 이 과정은 학생들이 개별적으로 종이에 토론질문에 대한 응답을 보여 주는 콜라주를 만드는 것으로 시작한다.

다음으로 소그룹 구성원들이 모여 각자의 그림이나 콜라주에 대해 설명한다. 그런 다음, 각 그룹은 개인별로 준비한 그림과 콜라주의 요소들을 떼어 내어, 각 개인의 그림과 콜라주에 대한 토론 결과를 표현하는 그룹 포스터를 준비한다. 각 개인들의 작품은 어떻게든 최종 포스터에 포함된다.

소그룹이 최종 포스터를 작성하면서 전체 그룹에게 그림에 대해 설명하고, 질문에 대한 대답을 할 구성원 한 사람이 자진하여 그 그룹이 소통하고자 하는 것을 기록한다. 누구나 알다시피, 이 사람을 '지정된 통역인'이라고 부른다. 모든 그룹이 과제를 완성하면, 각 그룹은 사람들이 틈나는 대로 볼 수 있도록 각자의 작품을 교실 안의 어딘가에 전시한다. 각 그림이나 콜라주 옆에 백지 한 장씩 붙여 둔다.

그런 후에 참가자들은 방을 돌아다니면서 그룹 콜라주 옆에 붙어 있는 백지에 그림이나 콜라주에 대한 개별적인 응답을 덧붙인다. 참가자들은 코멘트

를 하고, 질문하며 답변하고, 콜라주의 의미를 확장하거나 새로운 주제와 연결할 방법을 제안한다. 참가자들은 말로 답변하거나 그림 그리기를 고수할 수 있다. 참가자들이 모두 모여 각각의 게시물과 게시물에 대한 답변에 대해 이야기할 기회를 가진 후에 이 활동은 끝난다. 대개는 지정된 통역인이 게시물에 관한 질문에 가장 많은 답변을 하지만, 그 그룹의 어느 구성원이든 자유롭게 끼어들 수 있다.

5) 은유[26] 콜라주와 유추[27] 콜라주

레이코프와 존슨Lakoff and Johnson의 『삶으로서의 은유Metaphors We live By』(2003)라는 책이 대중적 성공을 거둔 이래로, 은유metaphors의 교육적 사용은 성인교육자들의 관심을 끌었다(Goss 2001; Parvaresh, 2008; Pierson, 2008). 과학교육에서 유추analogy는 널리 사용되고 있다(Heywood & Parker, 2010). 많은 사람이 은유를 사용하여 많은 복잡한 아이디어를 간단히 요약함으로써 은유적으로 생각하고 의사소통한다. 굿맨Goodman(2002)은 평화문화를 만드는 것에 관한 워크숍에서, 평화후원자로서의 지렁이 은유가 다양한 문맥에서 어떻게 잘 작용하는지 그리고 때때로 그것이 어떻게 예상하지 못한 방향으로 끌고 가는지를 기술하였다(평화문화 키트peace culture kit를 사용하는 교사가, 학생들이 지렁이 은유를 사용하여 미국 시민전쟁동안의 지하철을 묘사하는 것을 발견했을 때처럼).

사람들은 종종 복잡하고 익숙지 않은 아이디어를, 흔히 잘 알려진 과정과 비교하면서 유추적으로 설명한다. 나 자신도 흔히 가르치는 것을 파도타기나 급류타기와 같은 물과 관련된 주제와 비교한다. 새로운 교육방법을 시도하는 것

---

26) 사람 혹은 대상을 비슷한 특성을 가진 것으로 간주되는 사람이나 대상으로 표현하는 것을 말함
   (예: 마음은 바다이다. 도시는 숲이다.)—역자 주
27) 서로 다르지만 비슷한 특징을 가진 것들을 비교하여 표현하는 것을 말함(예: 밤과 달—낮과 태양, 선악—흑백)—역자 주

을 새 파도를 타는 서퍼surfer나 새 급류를 타는 사람(위험하고, 예측할 수 없고, 그리고 흥미진진한)인 것처럼 말한다. 또한 상황이 통제되지 않아 계획대로 진행되지 않을 때, 교사가 파도타기를 하다가 넘어지거나 급류타기를 하다가 뒤집히는 것으로 표현한다.

권력은 흔히 은유적이거나 유추적인 용어로 표현된다. 우리는 전기의 은유electrical metaphors를 사용하여 권력의 급등surges of power에 대해서 말하거나, 푸코(1980)와 같이 권력을 방 안을 돌아다니는 전류처럼 표현한다. 나는 정부와 미디어가 연합하여 권력을 사용하여 변화를 강요한 때(미국이 이라크를 침공한 '충격과 공포Shock and Awe' 작전campaign[28]처럼)를 쓰나미가 모든 저항을 쓸어 가는 것으로 언급하기를 좋아한다. 그러나 어떤 사람들은 광범위한 사회운동을 쓰나미 은유를 사용하여 막을 수 없는 권력이 서서히 촉발하는 방식으로 설명한다.

권력에 대한 연구에서 은유와 유추는 콜라주와 함께 매우 효과적으로 결합될 수 있다. 이 과정은 학생들에게 은유적이거나 유추적인 방법으로 한 문장을 완성하도록 함으로써 시작된다. 이러한 문장은 다음과 같다.

> "권력 불어넣기는 ~와 같다."
> "헤게모니는 ~ 같다."
> "인종차별은 ~이다."
> "권력에 맞서는 것은 ~이다."
> "저항은 ~이다."
> "군국주의는 ~일 때 존재한다."

학생들은, 권력 불어넣기는 "고속열차와 같다." "다시 숨 쉴 수 있는 것이다." "댐을 부수는 것이다." 또는 "꽃이 만개하는 것이다." 등의 응답을 한다.

---

28) 2003년 3월의 미국의 이라크 공습을 말함-역자 주

그리고 나서 학생들은 소그룹을 형성하여 이러한 은유와 유추를 공유하고, 그중에서 하나를 골라 콜라주로 표현한다. 그래서 권력 불어넣기에 관한 은유 또는 유추 콜라주를 만드는 그룹은 댐을 부수고 홍수에 밀려간 억압권력의 상징(달러 지폐, 총, 교회의 설교단, TV 방송국 안테나 또는 수신접시)을 표현하기로 결정할 수 있다.

4. 연극 포함하기

미술활동을 할 것이라는 말을 들을 때 두려움이 엄습한다면, 당신이 연극에 참여할 것이라는 정보를 접할 때 얼마나 무시무시할지 상상해 보라. 이러한 이유 때문에 나는 보통 그런 식으로 연극을 계획하지 않는다. 대신에 나는 학생들에게 우리는 역할극을 할 것이라고 말하거나, 말 대신 움직임을 사용하여 무언가를 이해하려고 한다거나, 더 나아가 게임을 할 것이라고 말하기를 더 좋아한다. 보알Boal의 『배우와 배우가 아닌 사람들을 위한 게임Games for Actors and Non-Actors』(2002)에서 개략적으로 설명되었듯이, 연극적인 요소가 포함된 게임을 하기 위해서 배우가 될 필요는 없다. 예를 들어, 제스처 게임Charades은 많은 연기와 표현을 수반하며, 그중 일부는 당신의 몸을 기이하고 멋진 방식으로 구부리거나 조작해야 한다. 그러나 어느 누구도 제스처 게임을 하는 데 배우 신분증이 필요하다고 생각하지 않을 것이다.

때로는 내가 연극작품에서 본 무엇인가를 모방하여 그 연극적인 요소를 언급하지 않은 채 수업에 활용함으로써 연극을 수업에 포함했다. 예를 들어, 내가 십대 때 세익스피어의 희곡을 더듬거리며 이해하고자(이것을 공부하는 것이 고등학교 내내 필수였다.), 〈햄릿Hamlet〉〈리처드 3세Richard III〉 또는 〈오셀로Othello〉의 연극공연을 봤을 때, 배우들이 눈에 띄게 다양한 의상을 입고 있는 것이 매우 도움이 되었다. 만약 특정 인물들을 의상으로 식별할 수 있고, 뚜렷이 구별되

는 특정 의상이 연극의 줄거리에서 특정 역할을 연기하는 누군가를 나타낸다는 것을 알 수 있다면, 나는 연기를 이해할 수 있고, 기승전결이나 줄거리를 더 명확하게 이해할 수 있었을 것이다. 나는 의상의 이 요소를 택해서 학생들이 구별하기 어려워하는 다양한 관점, 이론, 또는 체계에 대해서 가르치고자 하는 상황에 맞도록 각색했다.

예를 들어, 색깔이 다른 두 개의 야구 모자를 이용하여 두 개의 다른 축구팀을 표현하고, 당신이 특정 모자를 쓰고 있으면 특정 이론적 관점에서 말하고 있는 것이고, 모자를 바꿔 쓰면 이제 다른 관점에서 말하고 있다는 신호를 보내는 것처럼 간단하다. 이론적으로 난해한 두 가지 관점들 간의 차이를 예시하기 위해서(예를 들어, 프랑크푸르트학파의 비판이론과 프랑스 후기구조주의라고 하자.), 나는 두 개의 다른 모자를 이용한다. 바이에른 뮌헨[29]Bayern Munich 모자를 쓰고 있으면 프랑크푸르트학파 이론가로서 말하고 있는 것이고, 파리 생제르맹[30]Paris St. Germain 모자를 쓰고 있으면 프랑스 후기구조주의자의 입장에서 말하고 있는 것이다. 이것은 내가 셰익스피어의 이야기를 이해하려고 애쓰던 고등학교 시절로 거슬러 올라가기 때문에, 나는 이것을 연극에서 유래한 방법으로 간주한다.

권력과 이데올로기에 대해서 가르칠 때에 연극은 권력이 어떻게 사람들을 억제하고 얽매는지, 권력이 어떻게 학습자들을 기대감으로 흥분시켜 행동하게 하는지를 극적으로 전달하는 데 있어 특히 유용하다(Butterwick, 2012; Butterwick & Lawrence, 2012). 몸을 사용하여 학습하는 것은 많은 사람에게 파워풀한 경험이다(Snowber, 2012). 아이디어를 설명하기 위해 몸을 의자에서 일어나게 하면 교사의 명확한 설명보다 훨씬 더 분명하게 기억된다. 그러나 참가자에게 강요하는 정도는 판단의 문제이다. 연극을 극단적으로 사용하면 학생들은 충격을 받고 기분 나빠한다.

---

29) 독일의 프로축구팀
30) 프랑스의 프로축구팀

연극의 위험하고 불편한 성격을 보여 주는 좋은 예로 버터윅과 셀먼Butterwick and Selman(2003)이 밴쿠버Vancouver의 페미니스트 그룹들의 워크숍 시리즈에 대해 설명한 것을 들 수 있다. 「위험한 공간 변형하기Transforming Dangerous Spaces」라는 프로젝트의 의도는 페미니스트 연합에 공통적으로 나타나는 알력과 긴장을 탐구하는 것이었다. 버터윅은 수바Subha(가명, 유색인 여성)가 백인 여성 역을 연기하고, 자신은 유색인 여자 역을 연기하도록 요청받은 장면을 회상한다. 버터윅은 이 계획을 다소 두려워했지만 동조하기로 했다. 수바는 의자 위에 서서 버터윅에게 같은 의자 앞쪽에 앉도록 요청했다. 수바는 손으로 버터윅의 머리를 아래로 눌러서 버터윅의 몸이 무릎까지 구부러지게 해 놓고 큰 소리로 강압적으로 말했다. 결국 버터윅은 절반으로 접힌 상태에서 숨 쉬려고 바동거렸다.

버터윅은 그 장면에 대해서 보고할 때를 회상한다. "나는 그 장면이 얼마나 파워풀했는지, 즉 내 몸속에 깊이 체화된 백인의 특권과 인종지배[31]racial domination를 시인하는 말을 하였다. 또한 나는 유색인 여성을 연기하는 것, 고정관념과 선입견을 가지고 있는 것에 대한 두려움을 표현했다. 쉴라Sheila(조력자)는 내가 왜 그 인물을 연기하는 것에 동의했는지 물었다. 나는 그 장면이 위험하지만 중요하다는 것을 깨닫고 그 요청에 따랐다고 대답했다. 쉴라는 따른다는 것이 인종차별 행위의 한 형태가 될 수 있다고 지적함으로써 나를 비난했다"(Butterwick & Selman, 2003, p. 14).

앞에서와 같은 장면은 교육적으로 위험한 상황을 초래하는 것으로, 능숙한 조력자들과 흔쾌히 참여하려는 사람들이 필요하다. 「위험한 공간Dangerous Spaces」 프로젝트의 참가자들은 경험 있고 헌신적인 페미니스트 활동가들이었다. 말 그대로, 성인문해교실이나 성인을 위한 대학 준비프로그램보다 훨씬 더 큰 위험을 감수할 준비가 되어 있었다. 버터윅과 셀먼(2003)이 지적하듯이, "프로세

---

31) 한 인종이 다른 인종에 대해 권력을 가지고 있는 것을 말함(예: 미국 노예 시대 때 백인들이 흑인들을 지배한 경우)-역자 주

스 드라마[32])process drama의 권력과 위험성은 예기치 않은 방향으로 참가자들에게 충격을 줄 수 있으며, 이전에는 알려지지 않았거나 사적인 자신들의 감정, 기억 그리고 다른 면들을 탐구하고 경험하며 다루는 자신을 발견할 수 있다. 이 때문에 예상치 못하게 사람들이 놀라고, 충격을 받고, 자신의 신분을 드러내는 결과를 낳을 수 있다"(p. 14).

권력에 대해 가르친다는 것은 놀랍고 충격적인 순간들을 수반하며, 때로는 앞의 사례와 같은 방식으로 감정적으로 경험되기 때문에, 비판적인 교사로 인정받는 많은 성인교육자는 **아우구스토 보알**Augusto Boal의 〈억압받는 사람들〉 연극의 변종을 사용한다(Boal, 2000, 2002, 2006). 보알의 연극은 세계적으로 광범위하게 사용되고 있으며, 성인들에게만 사용되는 것이 아니다. 최근 발간된 책(Duffy & Vettraino, 2010)에서 그는 유아교실, 초등교육, 고등학교, 이스라엘-팔레스타인 사람들의 만남 그리고 구금된 청소년들에게서 채택되고 있는 억압받는 사람들의 연극에 대한 설명을 한다. **강글리**Ganguly(2010)는 보알의 방법이 지난 30년간 인도의 **서벵골**West Bengal에서만 25만 개 이상의 마을에서 널리 사용된 것으로 추정한다.

1) 포럼극장

전형적으로 세 종류의 연극이 보알의 작업에서 유래했다. 아마 **포럼극장**Forum Theater이 가장 광범위하게 사용되고 있을 것이다. 포럼극장에서는 사람들이 전형적인 유형의 부당한 대우를 받고 있는 연출된 장면을 관람한다. 예를 들어, 비문해자인 성인그룹은 지원자들이 읽지 못하거나 지원서를 작성할 수 없는 자신들의 무능력을 숨기기 위해 필사적으로 노력하는 구직면접 장면을 관람한다. '**조커**Joker(포럼극장의 핵심 배우 중 한 사람)'는 관객들에게 부당한 대우를

---

32) 드라마를 가르치고 배우는 방법 중 하나-역자 주

경험하고 있는 배우가 그 상황에 대처할 수 있는 다른 방법을 제안해 달라고 요청한다. 대안들이 제안되면, 조커는 관객들에게 앞으로 나와서 자신들이 제안한 다양한 대안을 사용하여 그 장면을 연기하도록 유인한다. 다양한 청중이 부당한 대우에 맞서는 다양한 방식을 제안하고, 그 장면을 재연기한 다음 모든 사람은 방금 일어난 것을 무엇이 변화시킬 수 있는지에 대해서 토론한다.

포럼극장은 사람들이 괴롭힘을 당하고 있다고 느끼는 여러 상황에서 사용 가능하다. 이것의 적응력에 대한 좋은 예는 〈얀센 학교에서의 마지막게임The End Game at Jansen School〉이라는 제목의 타니아 지오르다니와 마이크 브레인딕Tania Giordani and Mike Brayndick의 포럼극장 작품이다. 지오르다니 박사는 시카고에 거주하는 학령기 아동들의 어머니이다. 그녀는 2010년에 공립학교 폐쇄에 직면한 학부모와 학생들을 인터뷰한 후에, 지역사회가 이에 맞서 싸우기 위해 동원할 수 있는 방법들에 관한 토론에 활력을 불어넣도록 고안된 포럼극장 대본을 개발했다. 이 대본은 여러 상황(밀워키Milwaukee, 디트로이트Detroit, 시카고Chicago의 학부모들과의 미드웨스트 타이틀 1 콘퍼런스Midwest Title 1 Conference에서, 시카고의 프랜시스 더블유 파커 학교Francis W. Parker School에서, 그리고 가끔 초등학교 4학년 학생들이 참여한 상황에서)에서 공연되었다.

지오르다니에 따르면, 초등학교 4학년 학생들이 참여한 이 마지막 공연이 특히 파워풀하였다고 한다. "학생들은 자신들의 학교에서 벌어지고 있는 일에 대한 대화에 자신들을 마지막에 끼워 넣어 주어서 고맙다고 했다. 우리들은 부모로서 현재 벌어지고 있는 일로부터 아이들을 보호하고 싶었기 때문에, 특히 그것은 학교폐쇄에 대항하여 희망을 가지고 싸우는 것이기 때문에 꽤 파워풀했다. 이 연극과 토론을 통해 우리(부모)는 우리의 자녀들을 대화에 참여하게 하고 싸우도록 해야 한다는 것을 깨달았다. 공연 후의 대화는 매우 격렬하고 관심을 끌었기 때문에 항상 두 시간을 넘겼다"(Giordani, 2012).

포럼극장에 대한 아이디어는 그것이 삶에 대한 리허설이라는 것이다. 포럼극장은 사람들이 권력에 맞서거나 저항하는 다양한 접근법을 시도하는 데 있

어 상대적으로 안전한 공간을 제공한다. 물론 사람들이 일어서서 제안된 대안들을 시도해야 하는 위험을 감수하기 때문에 전적으로 안전하지는 않다. 연기에 익숙하지 않은 사람들에게 공연장은 위협적일 수 있다. 그러나 즉흥공연은 정치적인 영향이 없다는 점에서 안전하다.

2) 이미지극장

이미지극장Image Theater은 부당한 대우를 받는 이미지를 만들기 위해 몸을 사용하는 것이다. 이것은 지적인 해방뿐만 아니라 육체적인 해방을 의미한다. 부당한 대우를 어떻게 느끼는지 보여 주기 위해 몸을 뒤틀어 형상을 표현하거나, 사람들 간의 부당한 대우의 차원을 표현하기 위해 여러 개의 신체를 배열하여 조각상이나 타블로[33]tableau로 표현하는 것은 교실에서 쉽게 일어날 수 없는 것이다. 그래서 이미지극장을 사용하는 데 있어 중요한 요소는 교사가 기꺼이 자신의 몸을 뒤틀어 기이하거나 어리석게 보이는 위험을 감수할 용의이다. 윌리엄스Williams(2010)가 설명하였듯이, "몸은 사회경제적인 착취에서 비롯되는 무의식적인 동작, 일상적인 동작으로부터 해방되고, 몸이 축소되어 로봇으로 변하는 것으로부터 해방된다"(p. 272).

로렌스Lawrence(Butterwick & Lawrence, 2009)는 이미지극장을 각색하여, 자신을 비롯한 다른 학습자들의 몸을 사용하여 남성 게이 참가자가 부당한 대우를 받은 경험을 조각상 이미지로 만든 것에 대해서 설명한다. 남성 게이 참가자는 학교 운동장에서 집단 괴롭힘을 당하면서 구타를 피하기 위해 그의 머리를 잡은 채 몸을 조각상의 중앙에 두었고, 손가락질하고, 조롱하고, 그에게 주먹을 퍼붓는 사람들은 그를 원 모양으로 둘러쌌다. 이 조각상을 만드는 과정에서는 말하는 것이 허용되지 않았기 때문에 관객들은 그가 게이이기 때문에 구타당

---

33) 사람들이 정지한 상태로 이야기 속의 장면이나 역사의 한 장면을 표현하는 것-역자 주

하고 있다는 것을 알지 못했다.

조각상이 해체된 후에, 괴롭히는 역을 했던 사람들과 괴롭힘을 당하는 역을 했던 게이 참가자는 그 상황을 어떻게 경험했는지에 대해 이야기를 나누었다. 괴롭힘을 당한 사람은 구타의 이유로서 그의 게이 정체성을 드러냈고, 괴롭히는 역을 연기했던 사람들은 그 역할에 대한 자신들의 불편함을 이야기했다. 그런 다음 조각상을 만드는 과정을 관찰하던 학습자들까지 포함한 토론으로 확장된다. 이 활동은 사람들이 다른 방법으로 조각상을 연출하는 것을 제안하며 끝났다. 대안 중 하나는 게이 학생 역할을 연기하는 사람이 자신 있는 표정으로 머리를 높이 들고 있으며, 괴롭히는 역할을 연기했던 사람들은 그로부터 외면당하는 조각상이다. 두 번째 대안은, 게이 학생 역할을 했던 사람이 몸을 앞으로 기울이고 손가락질하면서 주의 깊게 듣고 있는 괴롭혔던 사람들에게 연설하는 것이다. 세 번째 시나리오는 두 명의 괴롭혔던 사람들이 게이 학생과 연합한 또 다른 괴롭혔던 사람들에게 도전하는 것이다.

3) 보이지 않는 극장과 문화훼방

보이지 않는 극장 Invisible Theater은 지역사회를 배경으로 하거나 일상적인 상황을 배경으로 한다는 논리이기 때문에 교실용으로 각색하기는 덜 쉽다. 이 경우에 배우들은 흔히 발생하는 괴롭히는 상황을 묘사하는 대본을 연습한다. 그리고 나서 이 '놀이play'는 실제상황에서 연기되는데, 구경꾼들과 참가자들은 이것이 리허설을 마친 연극이라는 것을 모른다. 때로는 관련 커뮤니티의 구성원들은 권력역학의 존재를 되도록 명백히 눈에 띄게 드러내기 위한 '공모자'로서 참여한다.

보알의 보이지 않는 극장은, 샌들린과 맥라렌Sandlin and McLaren(2010)이 『소비에 대한 비판교육 모음collection on critical pedagogies of consumption』에서 탐구한 '문화훼방 Culture Jamming'과 유사점이 있다. 문화훼방은 활동가들이나 교육자들이 실제 문

화행사에 참여하여 관련자들의 기대와 행동을 혼란시키는 활동이다. 샌들린 (2007a)의 말에 따르면, 문화훼방은 "관객들이 변화할 가능성을 만들어 낸다는 점에서 교육과 연결고리를 가지고 있다"(p. 77). 가장 악명 높은 사례 중 하나는 예스맨Yes Men(다우 케미컬Dow Chemical의 대변인인 척한 아티스트 활동가 그룹)의 2004년 가짜 언론발표인데, 다우 케미컬이 보팔Bhopal 대참사[34)]의 모든 책임을 인정하고 희생자들의 의료비로 120억 달러를 사용하겠다는 내용이었다. 예스맨은 이 사건을 '정체성 정정identity correction'(The Yes Men, 2006)이라고 묘사했고, 다츠와 타빈Darts and Tavin(2010)은 '조직 구성원들이 조직의 진짜 이데올로기를 드러내기 위해 기업이나 정부 관리로 가장하는 문화훼방전술'이라고 정의했다 (p. 238).

가장 극적이고 활기차고 익살스러운 훼방활동 중 하나는 빌리 목사의 스톱쇼핑교회Reverend Billy's Church of the Stop Shopping이다. 빌리 목사(빌 탈렌Bill Talen)는 쇼핑몰과 소매상점에서 스톱쇼핑 복음 성가대Stop Shopping Gospel Choir와 함께 교회예배의 형태로 〈판매방해활동〉을 공연했다. 그의 극단은 집단적으로 악령 쫓기collective exorcisms를 공연하고, 쇼핑중독에 대한 신도들의 공개적인 고백을 듣고 새로운 성자들saints을 찬양했다. 또한 그는 「스타벅스 침략 키트Starbucks Invasion Kit」와 같은 판매방해 지침서를 만들었다.

샌들린(2007b)은 빌리 목사의 활동에 대한 설명에서, '교회'의 신도들이 십자가에 못 박힌 미키와 미니마우스를 들고 다니면서 디즈니 가게에서 벌인 방해활동을 묘사한다. 샌들린은 "디즈니회사는 판매에 있어 고교회파[35)]high church이다. 그리고 그것이 우리가 미키마우스를 십자가에 못 박는 이유이다. 우리는 두 개의 조직화된 위대한 종교[기독교와 그가 '소비주의교회Church of Consumerism'라고

---

34) 1984년 12월 인도의 보팔시에 있는 유니온 카바이드(Union Carbide; 현재는 다우 케미컬로 이름이 바뀌었음) 공장에서 유독가스 누출로 인해 수천 명이 사망한 사건-역자 주

35) 로마 가톨릭 교회와 가장 유사한 영국 국교회의 한 파-역자 주

부르는 깃를 손으로 움켜쥐고 함께 분쇄하여, 사람들이 새로운 방식으로 생각할 수 있도록, 사람들을 혼란스럽게 하려고 한다."(Sandlin, 2007b, p. 543)라는 빌리의 말을 인용하였다. 샌들린의 관점에서 보면, "빌리 목사가 전개하는 운동의 교육적 전략으로서 발생하는 문화적 저항은 본질적으로 권력을 다루고 변화를 추구한다."(p. 544).

빌리 목사는 권력에 대해 가르치는 이야기로는 상대적으로 드물게 유머를 권력분석의 도구로 사용했다. 그러나 문화훼방, 길거리연극, 그리고 '화난 할머니들'과 같은 그룹 모두가 활동의 중요한 요소로써 해학적인 면을 가지고 있다. 상황주의[36]situationist 운동부터 포스트모더니즘까지, 유희적이고 자발적으로 장난스러운 저항의 요소들이 통용되었다. 로이Roy(2002)는 화난 할머니들(원래 캐나다의 브리티시컬롬비아에 기반을 둔 여성 평화 활동가들의 그룹)의 간섭과 시위에 대해서, "두 사람 이상이 말하기를, 재미있었으며, 만약 재미없었다면 하지 않았을 것이라고 했다."라고 보고한다(p. 266). 클로버 등(Clover et al., 2010)은 성인 환경교육접근법개론에서 똑같은 점을 지적한다. 그들은 "성인들이 학습하면서 자신들의 가치체계, 인지구조, 정서적 잠재력을 어느 정도 전달하기 위해서 때로는 유머가 필요하다. 유머는 더 밝고 더 편안한 환경을 만들 뿐만 아니라 계몽하기도 한다."라고 주장한다(p. 41).

나는 가르치는 것이 항상 재미있고 즐거워야 한다고 생각하는 사람은 아니다. 그러나 창작활동 참여[37]creative engagement의 힘을 믿는다. 마이클 무어Michael Moore의 영화나 존 스튜어트와 스티븐 콜베어John Stewart and Stephen Colbert가 진행하는 TV쇼가 The Nation[38]이나 Socialist Worker[39]보다 더 많은 사람의 관심을 끄는 것

---

36) 개인의 행동과 사회현상이 개인의 특성보다는 그들이 처한 상황과 맥락에 따라 결정된다고 보는 관점-역자 주
37) 지역 예술가 또는 예술인 단체가 학교에 와서 학생들에게 그들의 기술, 지식, 열정을 주는 것을 말함-역자 주
38) 진보적인 정치나 문화 뉴스 등을 다루는 미국의 주간지-역자 주

은 코미디를 사용하여 권력을 가진 사람들이 자신의 행동을 합리화하는 것을
조롱하기 때문이다. 나는 가르칠 때, 가르침의 중요성을 잘못 예측한 것을 줄
이기 위해서 잘못 예측한 것에 대해 농담을 한다. 콜라주나 연극 등에 의해 평
범한 일상의 수업이 깨지면, 예측 불가능한 장난기가 나타나 교실의 에너지를
끌어올린다. 로이Roy(2002)가 말한 것처럼, "전통적인 연구보다도 재미가 저항
에 더 중요할 수 있다"(p. 266).

5. 게임과 모의실험

성인 학생들이 대개 전통적인 강의나 세미나 방식보다 더 흥미롭다고들 말
하는 교육방법 중 하나는 게임과 모의실험games and simulations이다. 수업에 게임을
도입하게 되면 보통 '게임놀이'를 한다고 말한다. 권력에 관해 가르치는 게임
이나 모의실험을 위한 가장 좋은 자료원 중 하나는 사회학을 가르치는 분야이
다. 사회학의 일부에서는 권력역학, 사회통제, 구조화된 불평등을 다루기 때
문에, 제도를 온전하게 보존하고 관례가 도전받지 않도록 유지하기 위한 권위
의 임의적인 사용에 대해 가르치는 게임이 많이 있다. 그중에서 '스타 권력[40]Star
Power'과 '리더십 권력Power of Leadership' 같은 몇몇 게임들은 오래전에 만들어져 널
리 사용되고 있다(Dundes & Harlow, 2004). 이 두 게임 모두에서 게임 참가자
들은, 게임을 잘할 가능성은 대개 운과 기술의 문제라고 믿지만, 사실 이 게임
들은 조작되어 있다(처음부터 명료하지 않은 것). 사회학 문헌들에서 발견할 수

---

39) 영국의 반자본주의 사회주의 신문-역자 주
40) 특정 조직 또는 시스템에서 지도자들이 모의실험 규칙을 만들고 변경할 수 있는 무한한 권한을
    부여받는 컴퓨터를 사용하지 않는 실시간 면대면 게임. 평화단체나 인종차별 교과목, 윤리 과목
    등 윤리적으로 권력을 사용하는 데 관심이 있으며, 더 살기 좋은 세상을 만드는 데 관심이 있는
    단체나 학교에서 사용하는 게임-역자 주

있는 특정 내용에 초점을 둔 게임으로는, '선택과 운[41]Choices and Chances'(Simpson & Elias, 2011), '소시오폴리[42]Sociopoly'(Jessup, 2001), '그건 공평하지 않아That's Not Fair'(Coghlan & Huggins, 2004), '달콤 씁쓸한 캔디Bittersweet Candy'(Harlow, 2009), 그리고 '사라지는 달러Vanishing Dollar'(Harlow, 2009) 등이 있다.

1) 일상권력 모의실험

교사로서의 내 의도 중 하나는, 권력이란 권력에 대한 추상적인 분석에서 벗어나 반발할 기회가 거의 없는 사람들에게 때로는 의도적으로, 때로는 임의적으로 권위를 행사하는 것이고, 사람들이 권력을 경험한다는 점을 알리는 것이다. 이를 위해 나는 **일상권력**Daily Power이라 불리는 간단한 모의실험들을 이용한다.

무시당하기

첫 번째 일상권력 활동인 무시당하기에서, 나는 한 자원자에게 쉬는 시간에 교실 출입구에 누워 있으라고 요청한다. 나머지 학생들은 그 자원자를 쳐다보지도, 말을 걸지도, 누군가가 거기에 있다는 것을 아는 척하지도 않는다. 즉, 상호작용을 하지 않는다. 학생들은 화장실과 **커피 머신**coffee machines으로 가기 위해서 자원자를 넘어야 하고, 다시 교실로 돌아올 때도 그러하다. 자원한 학생은 일어나서 화장실에 가거나 커피를 마시는 것이 허용되지 않는다. 그는 휴식 시간 내내 출입구에 누워 있어야 한다.

이것이 매우 간단한 인위적 모의실험이란 걸 모두가 알기 때문에, 평생에 걸

---

41) 사회학에서 사용하는 역할극(role-playing) 게임-역자 주
42) 부동산을 기반으로 부를 축적하는 자본주의 모델을 기반으로 만들어진 보드게임으로 사회 계층이 어떻게 형성되는지 보여 주는 게임의 규칙이 적용되며, 사회학 교과목에서 사용됨-역자 주

쳐 매일 소외되는 느낌이 어떤 것인지를 그대로 재현할 수는 없다. 나는 수업을 재개하고 그 자원자에게 다른 사람들이 자기를 넘어 다니고 무시당하는 느낌이 어땠는지 말해 보라고 요청하는 것으로 토론을 시작한다. 자원자가 자신의 느낌과 감정을 이야기하는 동안, 나는 다른 학생들에게 자신의 삶에서 자원자가 표현하는 동일한 감정과 느낌을 가졌던 상황들을 기억해 보라고 한다. 그러면 대화는 사람들이 무시당하고, 묵살당하고, 멸시당하고, 꼼짝달싹 못했다고 느꼈던 순간들로 확장된다. 이 활동과 함께 이러한 대화를 시작하면, 학생들에게 그런 느낌들을 경험했던 순간들에 대해 이야기해 보라고 할 때보다 훨씬 더 빠르고 심도 있는 분석에 몰입하게 되는 듯하다. 나는 개인적인 이야기를 부당한 대우의 구조적인 면과 연결할 수 있다.

무의식적으로 깔보는 행위

두 번째 일상권력 활동인 무의식적으로 깔보는 행위Microaggressions는 인종차별, 성차별, 동성애혐오, 기타 여러 형태로 일상에서 벌어지는 배척의 사례들로서, 직접적인 발언뿐만이 아니라 말투와 몸짓, 제스처, 그리고 다양한 형태의 배척에 초점을 둔다. 무의식적으로 깔보는 행위의 성격은 가해자들이 그런 존재를 한사코 부인하고 그것이 행해졌을 때 피해자들은 흔히 "그것이 정말로 일어난 것인가?"라는 의문을 갖게 된다. 피해자가 지배적인 집단의 동료들에게 그러한 무의식적으로 깔보는 행위에 대해 이야기하면, 그리 민감하게 반응하지 말라거나, 있지도 않은 악의를 보고 있다거나, 설령 그런 행위가 있었다 해도 그저 말실수이거나 우연한 습관적인 행동에 불과하다는 말을 흔히 듣는다.

무의식적으로 깔보는 행위는 습관적인 일상행동, 즉 부지불식간에 지나가는 일단의 일상적 행동의 일부이기 때문에, 어떠한 공공연한 배척이나 폄하의 행위도 의도적으로 계획되지 않는다는 점에서 비의도적이다. 게임과 모의실험은 보통 어느 정도의 의도성을 요하기 때문에 실제 무의식적으로 깔보는 행위의 양상을 재현하기란 어렵다. 그러나 나는 다음의 방식으로 이를 시도한

다. 다섯 명의 자원자들에게, 시내 고등학교들의 표준교육과정에서 인종학 교 과목 중 한 과목을 없애는 안을 논의할 교육위원회위원 역을 연기하도록 요 청하면서 시작한다. 이는 2012년에 투손 통합 고등학교 지구Tucson Unified High School District의 교육과정에서 멕시코-미국학Mexican American studies 과목을 폐지한 실제사건 을 배경으로 한 것이다.

인종학

다섯 명의 자원자들은 인종학ethnic studies 수업을 금지하라는 요청에 응답하기 위해 교육위원회 회의를 개최할 것이고, 회의는 공개적으로 열리되 대중이 끼 어드는 것은 허용하지 않는다는 말을 듣는다. 이 회의의 모의실험을 지켜보는 나머지 학생들은 실제 교육위원회 회의를 참관하기 위해 온 대중과 어느 정도 비슷하다. 교육위원회는 백인 남성들로만 구성되어 있지만 이 모의실험의 자 원자들이 백인 남성일 필요는 없다. 자원자들은 회의 도중에(보통 10분 정도) 자신들이 생각해 낼 수 있는 만큼의 많은 무의식적으로 깔보는 행위를 시도한 다. 회의를 지켜보는 학생들은 무의식적으로 깔보는 행위를 나타내는 제스처, 찌푸리는 표정, 몸짓, 말투, 그리고 실제 코멘트를 메모한다. 그들은 또한 특정 깔보는 행위의 이면에 놓인 신념이나 가정이 무엇인지를 밝히려고 한다.

10분간의 '회의'가 끝나면, 수업이 재개되고 우리들은 이러한 무의식적으로 깔보는 행위에 대해서 토론한다. 참관자였던 학생들은 자신들이 감지한 다양한 깔보는 행위를 보고한 다음, 특정 깔보는 행위가 예시하는 신념이나 가정을 설 명한다. 어떤 때는 참가자들이 보고한 무의식적으로 깔보는 행위들이 모의실험 을 수행한 사람들에 의해 부인되는데, 이러한 부인은 그러한 깔보는 행위의 성 격을 잘 보여 주는 것이다! 백인 남성으로만 구성된 교육위원회 위원 역할연기 를 자원하는 여성들이나 유색인들이 놀랍도록 미묘한 깔보는 행위사례를 생각 해 낸다는 점 또한 주목할 만하다. 반면에 백인 남성 자원자들은 흔히 더 가혹 하게 인종차별적이거나 성차별적인 싱거운 농담 등의 깔보는 행위를 한다.

그렇지만 이것은 두 가지 이유에서 무의식적으로 깔보는 행위의 정확한 모의실험이 아니다. 첫째, 깔보는 행위가 일어날 때, 이 깔보는 행위가 교실에 있는 여성들이나 유색인들에게 직접 범해지지 않는다. 둘째, 자원자들은 실생활에서 잘 나타나지 않는 무의식적으로 깔보는 행위를 할 필요가 있음을 염두에 둔다. 결국 깔보는 행위의 진정한 성격은 암시적이고 암묵적이며 의도적으로 계획되지 않는다는 것이다. 그러나 이 모의실험은 이데올로기의 자기확신적 성격, 즉 관련 당사자들이 그 역학을 인정하지 않고, 같은 인종, 같은 성별 상황 속에서 이데올로기가 더욱 강화되는 방식을 보여 준다.

마르쿠제 아카데미

나는 이 모의실험을 무의식적으로 깔보는 행위에 대해서뿐만 아니라, 비판이론가 허버트 마르쿠제의 억압적 관용(Marcuse, 1965)의 개념에 대해 가르칠 때도 사용한다. 억압적 관용이란 조직들과 기관들이 자신들의 권위에 대한 도전을 인정하고 양보하는 모양새를 취하면서 실제로는 그 위협을 무효화함으로써 그러한 도전을 효과적으로 저지하는 것을 뜻한다. 예를 들어, 교육과정은 유럽 중심 개념체계에 덧붙여진 다양한 인종 기반(아프리카 중심, 부족, 혹은 원주민)의 지식형태까지 열려 있는데, 이는 존슨-베일리Johnson-Bailey(2002)가 다문화주의에서 '첨가와 혼합add and stir' 접근법이라 부르는 것이다.

마르쿠제는 유럽 중심 관점이 교육과정의 주류를 이루고 있는 한, 항상 동일한 역학이 그 모습을 드러낸다고 주장했다. 다른 '새로운' 관점들은 항상 무의식적으로 이러한 주류를 중심으로 생각하게 된다. 유럽 중심 관점은 사실상 다른 관점들이 그 주위를 도는 태양이다. 학생들은 이러한 대안들을 정당한 대안적 주류로서 수정하기보다는 지식의 이국적인 목적지로 여기고 관광객으로 방문한다. 이것은 학생들의 교실 밖에서의 이데올로기 형성이 너무나 강해서 교실 안에서 이러한 다른 관점들을 보는 방식을 항상 중요하지 않게 취급하기 때문이다.

　　마르쿠제에게 이에 대한 유일한 해법은 교육과정에서 주류 관점을 전적으로 불법화하는 것이다. 이 아이디어로 인해 그는 생전에 살해위협을 받았으며, 보수파에게는 여전히 큰 분노의 근원이 되고 있다(그의 손자가 관리하는 웹사이트의 증오하는 사람들 페이지[43] 참조). 다음은 내가 무의식적으로 깔보는 행위에 대해서뿐만 아니라 마르쿠제의 억압적 관용 아이디어 대해서 가르치기 위해 고안한 모의실험이다.

마르쿠제 아카데미: '성공의 길'

　　마르쿠제 아카데미 Marcuse Academy는 **세인트폴**St. Paul 동부에서 2년째 운영 중인 **초등 차터스쿨**[44]charter elementary school이다. 마르쿠제 아카데미는 중학교, 고등학교, 대학교 진학을 위한 엄격한 학업 준비와 다인종 세계의 문화적 역량 증진이라는 학교의 미션을 실현할 가능성을 높이기 위해서 다양한 인종이 사는 부유하지 않은 지역에 자리 잡았다.

　　운영 첫해에 교직원들은 이 건물에 익숙해졌고, 차터스쿨 운영에 대해 배웠으며, 첫해 입학한 학생들이 잘 정착하도록 하였다. 또한 지역공동체 조직들과 연계하고 지역의 학부모들에게 학교의 존재를 알리는 노력도 하였다.

　　교직원들이 첫해의 입학생 분석을 통해 감지한 동향 한 가지는, 백인들이 많이 사는 부유한 세인트폴 서부지역 아이들의 비율이 과도하게 높다는 점이었다. 첫해에 열린 학교 토론회에 참석한 학부모들은 대학교육을 받은 진보적 성향의 백인중산층이 압도적으로 많았다. 이 첫해 동안 학생들의 자연감소는 아주 적었으며, 몇 번에 걸친 기금 모금은 성공적이었다. 교육감은 마르쿠제 아카데미를 성공적인 차터스쿨의 설립사례로 인용했다.

　　엄격한 학사관리와 다문화 역량 융합이라는 미션을 달성하기 위해, 학부모와 교사들로 이루어진 교육과정 **대책위원회**task force가 만들어졌다. 이들은 '성공의 길'이라는, 이 학교의

---

43) Haters Page: http://www.marcuse.org/herbert/booksabout/haters/haters.htm
44) 학부모들이 자녀들의 교육을 위해 선택할 수 있는 미국의 공립학교로, 교육청의 일부 규정을 따르지 않아도 되며, 학교 헌장에 따라 운영됨－역자 주

향후 5개년 발전계획 권고안을 제안할 것이다.

대책위원회 위원들은 다음과 같다.

- **셜리**Shirley - 이 학교의 교장이며, 교장직은 이번이 처음이다. 셜리는 첫해에 자신이 성취한 것을 자랑스럽게 여기고, 교육감의 신뢰를 얻었다고 느끼며, 이 일이 향후 교육감 직위로 가는 디딤돌이 될 수 있음을 알고 있다. 셜리는 30대 후반의 아프리카계 미국인이며, 스스로를 탁월한 행정가로 여긴다. 그녀는 세인트토머스대학교의 교육리더십 박사과정을 밟고 있다.

- **폴**Paul - 사회학 박사학위를 지닌 학부모이다. 그는 미국의 나머지와 비슷해 보이는 무지개학교rainbow school의 이상을 위해 헌신하기 때문에 외아들을 이 학교에 보냈다. **무브 온**Move On[45])과 **미니애폴리스를 점거하라**[46])Occupy Minneapolis 모두에 연줄이 있으며, 스스로를 정치적으로 중도좌파로 여긴다. 폴은 삼십 대의 유럽계 백인이며, 전문대학의 교수이다. 스칸디나비아 혈통인 그는 사회복지의 유산을 물려받은 것을 자랑스럽게 여긴다. 그는 아들이 자신의 모교인 **매캘러스터대학교**[47])Macalester College 같은 진보적인 엘리트 학교에 진학하기를 원한다.

- **브라이언**Brian - 변호사인 학부모이다. 큰아이가 다녔던 지역의 인근 학교에 실망하여 작은 딸을 이 학교에 보냈다. 그 학교는 학생들에 대한 기대치가 낮고 학습의욕을 고취시키지 않고 의욕이 없는 교사들로 채워져 있다고 생각한다. 반면에 마르쿠제 아카데미는 학생들을 높은 학업수준으로 유지하는 데 자부심을 갖고 있는 것 같다. 브라이언은 사십 대 초반의 아프리카계 미국인이다. 아들이 **아이비리그**Ivy League에서 교육받길 바라며, 오바마 대통령을 자랑스럽게 여긴다.

- **릴리**Lily(그녀의 미국 이름) - 이 학교에 아들과 딸을 보내고 있는 이십 대 중반의 학부모이다. 릴리는 **몽족**[48])Hmong이며 학교 근처에 살고 있다. 그녀의 부모들은 영어를 할 줄 모르

---

45) 1988년 미국 하원의 빌 클린턴 대통령 탄핵에 대응하기 위해서 조직된 기구-역자 주

46) 사회·경제적 불평등, 탐욕, 부패, 그리고 기업들의 정부에 대한 지나친 영향력에 대한 항의 시위로, 2011년 10월 미국 미네소타주 미네아폴리스에서 시작됨-역자 주

47) 미국 미네소타주 세인트폴에 있는 4년제 사립대학교-역자 주

48) 중국, 베트남, 라오스 등에 사는 소수민족. 베트남 전쟁이후 베트남에 살던 몽족들이 미국으로

며, 릴리는 그녀의 대가족과 교육 · 사회 · 보건 기관 사이에 다리를 놓아 주는 문화적 중개자 역할을 하며 성장했다. 고졸인 그녀는 자식들에게 대학교육을 비롯한 좋은 삶을 영위하게 해 주고픈 강한 열망이 있다. 저임금의 서비스직에서 일하지만 자식들의 대학 학자금을 마련하기 위해 매달 소액을 저축하고 있다.

• 데이브_{Dave} — 이 학교에 두 딸을 보내고 있는 학부모이다. 세인트폴 동부에서 평생을 살아 온 그는 어릴 적부터 이 지역에 새로운 이민그룹들이 계속해서 꾸준히 밀려 들어오는 것을 보아 왔다. 자신을 순수 미국인으로 생각하지만 유럽계 백인이다. 데이브는 고등학교를 중퇴했으나 검정고시를 통한 **고졸학력인증서**[49]_{GED}를 취득했고, 자식들이 더 나은 삶을 살기를 원한다. 노동조합 소속 목수로 일하며 대통령이 사회주의자라고 믿는다. 사십 대 후반이며 재혼하였다. 헤드폰으로 **러시 림보**[50]_{Rush Limbaugh}를 들으면서 일한다.

• H. J. — 이 학교에 근무하는 이십 대 초반의 한국인 교사이다. 그녀는 매년 연장이 가능한 비자를 가지고 있으며, **미네소타대학교**_{University of Minnesota}에서 교육학을 전공했다. 미국에 머무르고 싶어 하며 영주권 신청 중이다. 학생 중심적인 인문학 학사프로그램을 거쳤지만, 선생님은 전문가이고 학생은 전문가의 지식을 받아들이는 사람이라는 유교 전통이 그녀의 내면에 강하게 살아 있다. 그녀는 전통적인 방법으로 교육하며, 첫해에 이 학교에서 자기 학생들이 보인 성과를 자랑스러워한다.

• 린다_{Linda} — 공립학교에서 수년간 일한 경험 많은 교사이다. 그녀는 '행복감을 얻기 위해' 마르쿠제 아카데미에 합류했다. 자신이 단조로운 삶을 살고 있다고 느낀 후, 생기가 넘치고 그 지역에서 이미 좋은 명성을 얻은 새 학교에서 일하기를 원한다. 린다는 2세대 멕시코계 미국인이다. 오십 대인 그녀는 이 대책위원회에서 제일 연장자이며, 교사와 학부모들로부터 지혜롭고 노련하다는 평판을 받고 있다. 학교토론회에서 그녀의 코멘트는 언제나 경청되며 진지하게 받아들여진다.

많이 이주함 — 역자 주

49) General Educational Development(GED)는 미국과 캐나다에서 시행되는 검정고시 — 역자 주

50) 미국의 보수주의 라디오 방송 — 역자 주

첫 번째 대책위원회 회의

교장 셜리가 회의를 시작한다. 셜리는 학부모 중 한 사람을 대책위원회 의장으로 초대한다. 셜리는 팀의 다른 사람들로부터 '지원받고' 싶어 하고, 학부모가 대책위원회를 이끌도록 함으로써 지원받을 수 있을 것이고, 또한 지역사회에 더 큰 정당성을 부여하리라고 생각한다.

폴은 즉각 자원하고, 다른 사람들이 아무도 나서지 않아 신속히 의장으로 임명된다. 그러자 폴은 위원회 위원들에게 그날 저녁에 논할 의제항목들을 요청한다.

린다는 영어, 수학, 과학, 사회학을 가르치는 데 사용되는 교과서들에 대해서 생각해 왔다고 말한다. 린다는 그런 교과서들이 유럽-미국적 관점을 반영하기 때문에 문화에 근거를 둔 교과서들로 바꿔야 한다고 주장한다. 린다는 아이들이 공부하는 학습교재 속에서 자신의 이미지를 보는 것이 중요하다고 말하며 **자기민족 성찰장치**self-ethnic reflector라는 개념을 도입한다. 린다는 지금부터 비유럽적인 배경에서 쓰인 교과서들만 학교에서 사용할 것을 제안한다. 그녀에게 당장 떠오르는 사례들로는 과학교육에 대한 몽족 접근법, 언어교육에 대한 아프리카 중심적 접근법, 사회학에 대한 라틴계 접근법, 연극에 대한 미국 원주민적 접근법 등이 있다.

회의는 계속된다.

나는 이 모의실험을 학급의 나머지 학생들이 대책위원회 회의에 참여하는 7명의 학생들을 관찰하는 **어항활동**fishbowl exercise의 변형이라고 생각한다. 모의실험에 참여하지 않는 학생들은 억압적 관용을 나타내는 행동이나 코멘트뿐만 아니라 무의식적인 인종차별 행위도 찾는다. 10분 정도 지나면 나는 모의실험을 종료하고, 함께 일어난 일에 대해서 보고한다. 첫째, 나는 관찰자들에게 억압적 관용의 모습이 드러났다고 생각한 사례를 지적하고 그들이 감지한 무의식적인 인종 · 계급 · 성차별 행위들을 확인하라고 요청한다. 그리고 나서 역할을 수행한 7명의 참가자들에게 그것이 어떤 느낌이었는지, 자기들이 범했으나 관찰자들이 감지하지 못한 무의식적으로 깔보는 행위들에 대해서, 그리고 이 활동에서 억압적 관용이 작동하는 방식을 새롭게 이해한 어떤 것에 대해

서라도 말하도록 한다.

6. 요약

    이번 장에서는 권력에 대해 가르치기 위한 창의적이고도 놀이적인 접근법들을 탐구하고자 했다. 여기서는 전통적인 학문적 프레젠테이션과 지식논의에서 벗어난 활동과 방법을 옹호했는데, 이러한 접근법들은 학생들에게 반응이 좋으며 학생들을 몰두하게 할 수 있을 것이라는 주장을 했다. 그러나 나는 이러한 소위 '비합리적'이거나 '놀이적'인 접근법들로 전 교육과정을 구성해야 한다고 제안하는 것은 아니다. 학생들이 새로운 생각을 이해하거나 새로운 기술을 학습하기 위해 씨름해야 할 필요가 있을 때도 있다. 때로는 사전을 꺼내 한 단락을 여러 번 읽어야만 비로소 어떤 수준의 이해를 얻기도 한다. 그리고 어떤 새로운 기술의 실제적인 응용방법을 개선하려면, 몸이 기술을 확실히 기억할 때까지 반복하고 연습해야 할 때가 많다. 때에 따라 솔로연주와 화음연주를 모두 해야 하는 기타연주자로서 나는 이러한 사실을 너무도 잘 알고 있다! 다음의 마지막 장에서는 더 이상 활동에 초점을 맞추지 않고, 권력에 대해 가르칠 때 감정의 기복을 조율하는 방법을 탐구할 것이다.

제8장

파워풀한 교육에서 감정 조율하기

　　앞의 일곱 개의 장은 주로 도구, 방법, 활동에 관한 것이었다. 이는 이 책의 제목에 걸맞은 것 같다. 이번 마지막 장에서는 방향을 바꿔 이러한 방법들이 그려진 경험의 화폭 및 강의대본 작성이나 실제 강의에 영향을 미치는 감정적 배경으로 관심을 돌리고자 한다. 가르침teaching에는 감정이 스며들어 있지만, 교사의 효과성을 평가하는 절차들을 검토하는 것으로는 이것을 알아낼 수 없다. 이러한 절차들은 수업 진도가 얼마나 잘 나갔는지 또는 질문시간을 충분히 주었는지 등의 교육절차에 초점을 두기 때문에 비교적 냉혹하다. 이러한 절차들은 중요하지만 우리들의 정신적인 측면에 초점을 두는 것이 아니라 가르침의 외적인 측면에 초점을 두고 있다. 그리고 많은 외직인 행동과 의사결정의 틀을 잡는 것은 우리들의 내면 세계이다.

　　가르침의 외적인 측면에 초점을 두는 것은 놀랍지 않다. 어쨌든 교사가 교재를 얼마나 명확하게 설명하는지, 과학기술을 어떻게 사용하는지, 또는 다양한 교육방법을 사용하는지 등의 외적인 면에 초점을 두는 것이 훨씬 쉽다. 어떤 감정을 느끼는지는 주관적이기 때문에, 내면의 혼란 또는 환희, 불안 또는 기쁨, 기대 또는 두려움을 알아내는 것은 교수효과성 측정 지침을 무시하는 것

이다. 데이비슨과 버지Davison and Burge(2010)가 제안한 것처럼, 성인교육자들은 학생들과 충돌하면서 가르치는 것과 품위 있게 가르치는 것을 절충할 수 있겠지만, 교사의 책무성에 대한 이야기를 나눌 때 이런 식으로[1] 교사의 가르치는 일상을 설명하는 것은 신뢰하기 어려울 만큼 '순진하게' 보인다. 학생들이 교사의 품위에 대해 평가하는 것을 상상해 보라!

그러나 깨어 있는 교사들은, 자신이 가르칠 때 생기는 감정의 범위와 영속성에 대해서 알고 있다. 더크스Dirkx는 『성인학습과 감정적 자아Adult Learning and the Emotional Self』(2008)라는 문집에서 기초교육교실basic education classrooms, 온라인학습, 성인고등교육, 직장훈련, 다문화주의와 다양성 교과목, 비형식교육, 그리고 예술에서, 감정에 대해 살펴본다. 더크스는 이러한 모든 환경에서 성인교육은 교사와 학생 간에 형성된 다양하고 복잡한 관계에 뿌리를 두고 있다고 주장한다. 이런 이유로 성인교육은 본질적으로 감정적이다. 수업이 효과적인지 비효과적인지, 적용한 기술이 성공인지 실패인지, 또는 토론이 좋았는지 나빴는지에 대한 판단은 보통 감정적으로 결정된다. 지고체험[2]peak experiences은 지고체험이 주는 기쁨 때문에 우선시되고, 수업이 계획대로 진행되었기 때문에 생기는 지고체험은 부수적인 것으로 치부된다. 나빴던 날들이 기억에 남는 것은 학생들이 수업에 몰두하지 않는 것처럼 보여서가 아니라 우리들에게 우울함과 절망을 주기 때문이다.

교수효과성을 판단할 때, 가르침의 감정적 성격은 분명히 드러난다. 전형적으로 우리는 효과적인 수업은 학생들의 질문의 질을 통해 교재를 얼마나 잘 이해했는지 보여 주는 것이라고 말함으로써 이러한 판단을 외적인 행동에 관한 용어로 표현한다. 또는 두세 명의 학생들이 대화를 독차지한 후 어색한 침묵이

---

1) 성인교육자들은 학생들과 충돌하면서 가르치는 것과 품위 있게 가르치는 것을 절충할 수 있다고 표현한 것을 말함-역자 주
2) 지고(至高)체험: 성인(聖人) 등의 신비적인 체험·계시-역자 주

오래 지속되었기 때문에 토론이 끔찍했다고 말한다. 그러나 이러한 외적인 지표들의 중요성을 보여 주는 것은 우리들의 감정적 반응이다. 우리는 학생들이 사려 깊고, 똑똑하고, 도발적인 질문을 많이 할 때 기쁨과 흥분을 느낀다. 참여를 유도하려는 우리의 노력에 학생들이 침묵으로 반응하면 우리는 공황상태에 빠지고 사기가 저하되며 진이 빠지는 느낌이 든다. 이러한 사건들이 발생할 때 강렬한 감정이 일어나지 않는다면 우리들은 이러한 사건들을 기억하지 못할 것이다. 이러한 사건들이 발생할 때 수반되는 감정 때문에 이 사건들은 중요하다. 교사 인생의 경험적 발자취에서 감정적으로 가장 좋았던 순간들과 가장 나빴던 순간들은, 무난하게 지나간 평범하게 가르쳤던 날들보다 훨씬 더 두드러지고 우리의 행동에 중대한 영향을 미친다.

1. 감정과 권력

이 책은 권력역학이 성인교실의 중심요소라는 점과, 권력에 대해서 가르치는 방법에 초점을 두고 있다. 그리고 이 두 실천영역 모두에 감정이 끼어든다. 비어마Bierema(2008)는 "권력은 변형될 수 있으며, 두려움, 수치심, 자부심, 성취의 느낌과 연결되어 있다."(p. 59) 그리고 "감정은 권력관계를 유지시키기 위해 조작될 수 있다."(p. 59)라고 말한다. 이에 대한 사례로 감정적으로 진이 빠지는 일을 수행하는 서비스 산업에 종사하는 여성들에 대한 차별을 들 수 있다. 예를 들어, 고객서비스를 담당하는 부서는, 고객이 항상 옳으며 여성 직원들은 고객들의 무례함, 분노, 성차별을 고분고분하게 수용해야 한다고 믿고 있다.

사람들에게 도움을 주거나 봉사하는 직업(예: 간호, 사회복지, 상담)에서, 대부분의 여성은 감정노동(근로자와 고객의 사적인 감정은 기업과 조직의 목적을 위한 것인 '타인의 감정'을 생산하거나 관리하는 일)에 참여할 것으로 기대된다. 말콤Malcolm(2012)은 연구대상자들이 마음을 터놓게끔 이해심과 온화함을 사용한 질

적 연구자 분석에서 이것을 '내면연기'라고 묘사하였다(p. 260). 말콤은 연구
대상 중 한 명인 **파트리샤**Patricia라는 여성에게, 자신이 파트리샤와 정서적으로
연결되어 있으며 그녀를 후원하는 것처럼 연기한 것에 대해 "나는 이해심 많
은 '친구'라는 역할을 했지만 파트리샤의 친구는 아니었다."라고 기록하였다
(p. 263). 말콤이 연구자로서 수행했던 역할(친구 역할, 이야기를 잘 들어 주는 사
람, 괴롭고 고통스러운 이야기에 대해 수긍하며 격려하고 도움을 주는 방식으로 반응
함)은 응답자들이 솔직한 심정을 털어놓도록 하는 데 효과적이었다. 말콤은 프
로젝트의 목적 달성을 위해 감정노동에 연루되었다고 느꼈다. 이에 대해 그는
"나는 인터뷰 응답자가 우스운 이야기를 하거나 나빴던 경험에 대해 설명할 때
공감적으로 응대하기 위하여 다양한 감정을 이용하였다."(p. 260)라고 기록하
였다.

권력에 대해서 가르치고 지배이데올로기에 도전하고자 하는 교사들은 감정
이 스며드는 현실을 받아들인다. 워크숍에서 인종차별에 대해서 가르치는 것
은 "공개적이며 참가자들이 감당해야 할 위험부담이 크기 때문에, 항상 감정이
낀 반응이 일어난다"(Somers, 2011, p. 655). 학생들은 자신이 피부색으로 차별
하지 않는다고 주장하거나(Bonilla-Silva, 2009), "인종차별에 대한 이야기에 신
물이 난다."라고 표현하거나, '생각을 바꾸려고도 않고 백인의 특권이 세상에
어떻게 영향을 미치는지 알아보려고도 않고' 죄책감과 수치심을 자기중심적으
로 고백함으로써(Baumgartner & Johnson-Bailey, 2008, p. 50), 인종차별에 대해
서 가르치는 것에 반발한다. 비판적인 교실에서는 지배문화 출신의 구성원들
이 공격을 받는다는 느낌과 '낙인이 찍히고, 당황스럽게 되고, 누군가에게 상
처를 준다는 두려움'에 사로잡힌 느낌을 받을 수 있다(Callahan, 2004). 그러나
죄책감과 수치심으로 인해 인종차별 행위를 줄이고 권력을 동등하게 하는 방
법을 고려하도록 이끌 수 있다면, **희망과 가능성의 감정**feelings of hope and possibility이
생길 것이다.

비록 비판적 교수이론은 즉각적으로 학생들의 분노나 적개심이라는 예측

가능한 반발을 불러오지만, "감정은 또한 지배구조를 재생산하는 사이클을 깨는 도구가 될 수 있다."라는 점을 기억할 필요가 있다(Callahan, 2004, p. 76). 감정은 권력 불어넣기에 있어서 중요하고, 어려운 일을 완수했기 때문에 자신감이 강화되었다고 느낄 수 있다는 점에서 중요하다. 한 집단이 자신들의 집단적 권력을 깨달으면 미래의 가능성을 인식하는 즐거움이 있다. 제7장에서 살펴본 직관적인, 이야기를 이용한, 그리고 예술을 이용한 접근방법들은 학생들이 세상에서 어떻게 행동할 수 있는지 탐구하도록 촉진하는 분노의 감정을 공유한다는 점에서 학생들을 결속시킬 수 있다. 학생들이 교사 때문에 짜증이 나고 좌절하여 지시에 따르는 것을 거부하고 교사의 권위에 도전한다면, 이것은 교사의 입장에서는 속상한 일이지만 학생들에게는 권력을 불어넣는 것이다. 이 역학은 아주 복잡하다. 어쨌든 교사의 계획을 달성하느냐 달성하지 못하느냐로 권력 불어넣기를 판단한다면, 차별 행위를 해결해야 한다는 교사의 주장을 학생들이 노골적으로 거부하는 것은 학생들에게 권력이 불어넣어진 것이다. 그러나 권력의 효과적인 사용에 대한 나 자신의 관점에서 볼 때, 나는 이것을 권력이 불어넣어진 교실이라고 부르지 않을 것이다.

　예상치 못하고 원치 않은 결과를 초래한 권력 불어넣기의 훌륭한 사례는 헌트Hunt(2006)가 2004년 수업 프로젝트로, 한 그룹의 학생들이 존 케리John Kerry가 대통령으로 부적절하다는 쾌속정 근무 퇴역군인들Swift Boat Veterans의 주장을 살펴보기로 결정한 것에 대한 설명에서 제공된다. 공화주의자들로 구성된 이 그룹은 케리의 전쟁기록에 이의를 제기하기 위해 케리의 베트남전쟁 참전이력에 의문을 제기하는 일련의 광고를 실었다. 이러한 주장을 조사하는 과제의 의도는 학생들이 미디어와 온라인 정보의 정확성에 관해 정보에 근거하여 결정을 내리는 비판적 분석을 적용함으로써 학생들에게 정보검색 및 분석기술을 가르치고자 함이었다. 이 프로젝트에서 교사의 역할은 단순히 정보를 찾고 평가하는 것에 대한 조언과 제안을 하는 것이었다. 헌트는 "우리의 주된 목표는 학생들이 쾌속정 근무 퇴역군인들에 관해 '진실'이라고 생각했던 것을 반드시 믿

게끔 하는 것이 아니라, 학생들로 하여금 그들이 최선이라고 생각하는 방식으로 조사를 수행하는 자유를 주는 것이었다."(p. 61)라고 서술하였다.

학생들에게 쾌속정 근무 퇴역군인들의 주장을 조사할 수 있는 모든 방법을 제안하였음에도 불구하고, 헌트와 그의 동료들은 케리가 대통령 후보로 부적합하다는 결론을 내리며 "열차가 선로를 따라 덜덜 굴러가는 장면을 바라보았다." (p. 61)라고 말했다. 지배문화 가치에 대항해서 가르치려는 케일의 시도가 단지 학생들에게 지배문화 가치가 강력하다는 것을 확신하게 하는 결과를 초래했던 케일Cale(2001)의 초기분석처럼, 헌트는 학생들의 잘못된 믿음에 대해 마음이 불편했다고 기록한다. 그러나 학생들이 교사가 기쁘게 여길 것이라고 생각한 연구결과를 내놓으려고 할 때, 학생들에게 간섭하지도 않고 영향을 미치지 않아야 한다는 케일의 사적이고 공적인 의무 때문에, 그는 학생들에게 틀렸다고 직접 말하는 것을 자제하였다. 헌트에게 "역사적 사건이나 선전공작 문서에 대한 학생들의 잘못된 믿음은, 학생들이 스스로 학습하는 기회를 가지는 자율성, 독립적인 학습, 그리고 공적인 책임에 관한 장기적인 교훈보다 훨씬 덜 중요했다"(p. 62).

헌트 반의 학생들은 교사의 개입이 없었기 때문에 권력이 불어넣어진 것일까? 인본주의적 관점humanistic perspective에서, 학생들이 내린 결론에 대해 헌트가 학생 자신들에게 책임이 있다고 말했다면, 그가 학생들이 '잘못된' 방향으로 가는 것을 보았을 때 개입한다는 것은 일관성이 없다. 그러나 비판이론 관점에서는 그 프로젝트로 인해 실제로는 학생들의 권력이 약해졌다고 볼 수 있다. 학생들은 지배이데올로기와 그릇된 선전공작을 받아들이면서도, 이제 자신들이 제대로 비판적이며 그러한 그릇된 것을 찾는 법을 학습했다고 믿었다. 물론 가장 큰 문제는 권력이 불어넣어졌다고 누가 결정하느냐 하는 것이다. 이것은 전적으로 학생들에 의한 주관적인 판단인가? 그래서 학생들이 권력이 불어넣어졌다고 느낀다면 실제로 권력이 불어넣어진 것일까? 아니면 교사의 판단일까? 만약 후자라면 교사는 학생들이 이데올로기조작과 정치선동에 대한 저항을 시작할 때, 학생들에게 권력이 불어넣어졌다고 판단할 것이다.

이 질문에 답하기 위해서는 성인교육자들이 윤리적이고 책임감 있는 방식으로 지위적 권위와 내용전문가로서의 권력을 어떻게 사용해야 하는가에 대한 논의가 필요하다. 나의 학생들은 성인이기 때문에 학생들이 제안하는 접근법의 단점을 지적하기 위해 개입하는 것은 괜찮다고 생각한다. 당신이 학생들에게 최종 결정권을 주면서, 프로젝트를 추진하는 방향에 대해 반대의견을 표현하고 경고하는 것은 가능하다고 생각한다. 내가 생각하기에 학생들이 정확성을 평가하는 기준을 무시하거나 잘못 적용한다고 판단되면 학생들에게 주의를 주어야 할 것이다. 학생들이 내 충고를 무시할 수 있지만, 이 경우에는 학생들의 마지막 발표시간에 이러한 것들에 대해 상세히 질문할 것이다. 물론 학생들은 여전히 내가 믿는 것이 잘못된 정보에 근거한 잘못된 결론이라고 판단할 수 있다. 그러나 학생들은 내 질문과 반대에 응답하지 않고는 그런 결론에 도달할 수 없을 것이다. 물론, 내 충고를 무시하는 선택을 함으로써 내가 바라는 방향과는 정반대로 가는 프로젝트를 발표할 때 학생들은 놀라울 만큼 권력이 불어넣어졌다고 느낄 것이다.

그래서 앞에서 묘사한 것과 유사한 상황에서, 교사의 권력을 책임감 있게 사용하는 요소들이 무엇인지 어떻게 결정할 것인가? 제1장에서 나는 교사의 권력은 투명해야 하고, 학생들의 학습에 유익하게 사용되어야 하고, 비판에 개방적이고 즉각 반응해야 하며, 독단적이지 않고 주의 깊게 사용되어야 한다고 주장하였다. 이렇게 주장된 가이드라인 각각은 주관적이고, 빈틈이 많고, 모순된다(가르치는 것을 환영합니다!). 아무튼, 만약 학생들을 좀 더 비판적으로 생각하도록 하려는 당신의 계획을 밝혔을 때 학생들이 수업을 회피하거나 불안감에 시달린다면 어떻게 할 것인가? 만약 당신 생각으로는 학생들에게 최고로 이익이 되는 것(인종차별 행위의 지속성에 대해서 가르치는 것 등)을 학생들이 반대한다면 어떻게 할 것인가? 만약 학생들의 비판을 받아들이고자 할 때, 학생들이 당신이 헌신적으로 가르치고 있는 것을 그만두라고 요청한다면 어떻게 할 것인가? 그리고 만약 당신이 학생들을 대립, 적대감, 편견이 빈번하게 발생

하는 상황에서 학습하도록 한다면 어떻게 할 것인가? 이렇게 감정이 개입되는 역학을 회피하여 가르치는 것은 진정으로 학생들이 교실 밖에서 이러한 감정을 다룰 수 있게끔 하는 것이 아니다.

이처럼 해답을 줄 수 없는 문제들은 권력을 심각하게 다루는 모든 종류의 가르침에서 고질적이다. 이 문제들은 우리를 당혹스럽게 하고 우리에게 좌절감과 절망감을 준다. 우리가 어느 쪽으로 방향을 바꾸더라도 성인교육의 정신과 일관되는 방식으로 가르치려는 것을 방해하며, 도덕적으로 타협해야 하는 미로에 갇힌 것 같은 상황이 된다. 이는 우리가 이러한 투쟁을 할 가치가 없다고 결정할 수도 있다는 점에서 우리를 감정적으로 무기력하게 만들 수 있다. 권력역학과 이데올로기에 관해 가르치는 것이 의도적으로 학생들에게 분노와 불안을 불러일으킨다는 것을 알기 때문에, 당신은 열정적으로 불타지 않을 것이다. 나는 우리가 사람들에게 인종차별에 대해서 가르칠 때, 화내고 독설을 내뱉는 '비자발적인 학습자들'을 포함한 모든 학습자에게 연민을 확장할 필요가 있다는 소머스Somers(2011)의 주장을 존경한다(p. 657). 그러나 나는 이렇게 하는 것이 진을 빼는 일이라는 점을 발견했다. 배타적이며 자기중심적인 사람이 교실에서, **차별철폐조치**[3]affirmative action는 비민주적이고 자신의 번영을 위한 자유를 제한한다고 장황하게 이야기하는 것을 듣고 있노라면, 내가 여태까지 모을 수 있었던 것보다 더 많은 열정이 필요하다.

2. 파워풀한 교육방법에서 요구되는 감정적으로 힘든 일 극복하기

학생들의 경험을 활용하고, 학생들이 새로운 기술, 성향, 정보를 학습할 수

---

3) 특정 형태의 차별 행위를 막기 위해 수립된 미국의 법, 정책, 행정 관행을 말함-역자 주

있도록 도움을 주는 다양한 교육방법을 능숙하게 사용하는 것이 중요한 만큼,
나는 감정의 풍경에 대한 지도를 조율할 줄 아는 능력 또한 파워풀한 교육방법
에서 중요하다고 믿는다. 학생들에게 교실에서 권력을 행사하도록 하거나, 불
온적이거나, 비애국적이거나, 불필요하게 편파적이라고 믿는 아이디어들을
그들에게 소개하고자 하는 모든 사람은 자신들의 삶이 마치 감정의 **롤러코스
터**roller coaster처럼 될 것이라고 예상해야 한다. 당신은 일상적인 날에 분노, 두려
움, 적개심, 경멸감을 느낄 가능성이 높다는 것을 알고 있다. (그리고 그 원인은
바로 당신의 동료들 때문이다.) 당신의 주요계획이 권력에 관해서 그리고 권력에
저항하는 것에 대해 가르치는 것이라면, 때때로 당신의 모델들은 **크누트**[4]Canute
또는 **시시포스**[5]Sisyphos인 것처럼 느낄 것이다. 누구도 무기력해지고 무의미하다
고 느끼는 활동을 오래 지속할 수 없다.

   만약 이것이 사실이라면 성인교육 전문가양성 교육과정이 감정극복에 대하
여 지속적인 관심이 없다는 것은 충격적이다. 성인교육의 전형적인 학사과정
또는 석사과정은 **성인학습론**adult learning, **프로그램개발론**program planning, **성인교육의
역사와 철학**history and philosophy of adult education, **성인생애발달론**adult development, **성인교육
방법론**teaching adults 과목이 포함된다. 형식교육과정에는 성인교육자들을 대상으
로 그들의 일과 관련하여 감정적으로 진이 빠지는 측면에 대해 준비시키는 커
리큘럼이 대개 없다. 대신에 우리는 경험을 통해 배워야 하고, 시행착오를 통
해 배워야 하며, 자기성찰 또는 동료와의 대화를 통해 배워야 하고, 신념에 의
한 소명을 통해 배워야 하며, 우리의 헌신에 대한 시련의 장이었던 온갖 경험
과 권위의 우물을 재방문함으로써 배워야 한다. 이것이 더크스가 성인교육자
들이 살아남기 위해 할 필요가 있는 마음의 상처를 치유하는 **소울워크**soul work
라 부르는 것이다. 마음의 상처를 치유하는 **소울워크**soul work를 함으로써 우리는

---

4) 11세기 초 영국의 왕이었던 덴마크인-역자 주
5)『그리스 신화』에 나오는 코린토스의 왕-역자 주

"가르치는 것과 관련된 감정이나 느낌과, 이러한 감정이나 느낌을 생생하게 하는 이미지에 집중하며 상상력을 발휘하여 가르친다"(Dirkx, 2004, p. 31). 더크스는 감정적 경험을 되도록 완전히 포착하기 위해서, 그리고 이 감정적 경험을 재현할 때 우리가 느끼는 감정에 개인적 판단이 개입되지 않은 상태로 집중하기 위해서 일기를 쓰라고 주장한다.

또 다른 마음의 상처를 치유하는 소울워크soul work는 동료들과의 깊고 열린 대화를 하는 것이다. 덴버대학교University of Denver의 「영혼과 역할의 대화soul-role dialogues」(Michalec & Brower, 2012, p. 15) 연구에서, 파커 팔머Parker Palmer는 신뢰의 공간Circle of Trust(Chadsey & Jackson, 2012)이라는 아이디어에 근거하여 매달 대화를 가졌는데, '직장에서의 영혼과 역할의 갈등soul-role conflict에 대한 이해 증진을 위해' 시와 일기에서 발췌한 것들을 이용하였다(Michalec & Brower, 2012, p. 17). 이 갈등에서 "그들이 직면한 제도적 압력은 그들의 영혼과 역할 사이를 틀어지게 하였다"(Michalec & Brower, 2012, p. 22). 특히 시는 사람들의 마음을 터놓게 해서 영혼에 대한 질문까지 고려할 만큼 생산적이라는 점이 발견되었다. 시는 대화그룹의 구성원들 사이에서 독특하게 감정적인 반응을 불러일으키는 일종의 로르샤흐 테스트 기능을 하였다.

이상적인 세계에서는, 동료들과 공유할 수 있고 우리들의 감정의 여정을 담은 일기와 시를 쓸 수 있는 시간과 공간을 고용주로부터 얻을 것이다. 하지만 권력에 대항하는 교사들은 자신이 속한 집단에서 의견이 무시받는 사람들이거나 재정지원이 빈약한 커뮤니티기관에서 터무니없을 만큼 많은 시간 동안 일하는 사람들이다. 만약에 당신이 속한 부서에서 자신의 특정 소신에 따라 가르치는 사람이 유일하게 당신뿐이라면 어떻게 할 것인가? 가르치고 논문을 발표하고 봉사해야 하는 일이 너무 많기 때문에 다른 사람들처럼 학생들이 기뻐하는 방향으로 가르치는 것이 더 쉽다면 어떻게 할 것인가? 나빴던 경험이 진정되도록 당신의 일기를 읽고 도와줄 수 있는 파트너, 친구, 멘토가 없다면 어떻게 할 것인가?

다음 절에서는 온전한 정신을 유지하기 위해서, 그리고 이 책에서 개략적으로 살펴본 파워풀한 교육방법에 몰두하기 위해서 수행할 필요가 있는 것, 즉 내가 보기에 가장 중요한 학습과제나 프로젝트를 중심으로 틀을 잡은 감정극복의 예비교육과정에 대해 개략적으로 설명할 것이다. 나는 활동가 성향의 교사들의 전형적인 근무환경(급여가 적고, 혹사당하고, 제도적 자원은 거의 없으며, 이해심 없고 의심 많은 동료 속에서 일하는)을 염두에 두면서 이것을 설명할 것이다.

3. 감정적으로 중요한 것 알아보기

캐나다의 다양성 및 반인종차별 성인교육자들이 가르칠 때 발생하는 감정적인 문제들을 어떻게 해결하는지에 대한 소머스Somers(2011)의 연구는, 급진적인 교사들의 정체성 욕구identity needs 개념을 보강한다. 교사의 정체성에서 가장 중요한 요소 중 하나는, 자신의 일이 세상에 미치는 영향을 인정받는 것이다. 이것은 올해의 교사 수상자나 지역사회공로상 수상자 명단에 이름을 올림으로써 인정받는 것이 아니다. 대신에 소머스는 우리의 일이 중대한 영향을 끼쳤다는 징후나 단서를 알아야 할 필요가 있다고 주장한다. 학생들로 하여금 지배이데올로기에 저항하게끔 노력하는 교사들은 자신의 일에 대해서 인정받고 싶은 욕구가 자신의 정체성에 얼마나 중요한지를 잊고 있다.

정체성 욕구 중 하나인, 인정받는다는 것은 본질적으로 외부에서 오는 것이다. 물론 우리는 잘 가르친 것을 스스로 인정하고, 어려운 수업상황에서 협상이 잘되었거나 학생들이 알아차리지도 못한 채 권력에 도전하게 한 것에 대해 자축할 수도 있다. 하지만 이러한 마음속에 존재하고 스스로가 생각해 낸 인정은 한계가 있다. 난관, 저항, 적대감에 직면하여 의지할 수 있는 것이 최선을 다하고 있다는 자기신뢰뿐이라면, 당신은 단지 짧은 기간만 지탱할 수 있을 것이다.

소머스는 우리가 감정적으로 지치는 영역에서 계속 일해야 한다면 외부로부터 인정받는 것이 필요하다고 주장한다. 이는 학생들, 동료교사들, 우리가 콘퍼런스에서 상호작용하는 더 넓은 관련 전문가 집단, 우리의 일에 대한 이메일 문의, 교사가 아닌 사람들(파트너, 가족, 친구, 연인)의 관심 있는 코멘트 등 다양한 원천에서 나올 수 있다. 이러한 인정은 학생들이 우리들에게 좋은 평가를 주거나, 동료들이 우리들의 활동을 칭찬할 때처럼 명시적일 수 있다. 또는 당신의 개입으로 인해 교실의 에너지가 올라가는 것 같거나, 논쟁이 '사라지는' 것 같은 경우처럼 묵시적일 수 있다. 또는 특정 지위나 직함을 받거나, 급여가 인상되었을 때처럼 덜 드러나게 구조적일 수 있다.

나는 동료교사들과 대화할 때, 이처럼 인정받는다는 개념에 대한 이야기를 대개는 듣지 못한다. 우리는 평범한 사람들을 깔아뭉개는 장애물에 직면해서 용감하게 힘든 일을 계속해 나가고 있다는 순교자의 자부심을 가지고 있다. 우리 스스로 평가하기로는, 우리가 열정을 가지고 있는 것은 신념과 이상 때문이지 인정받는 것 같은 천박한 것을 바라기 때문이 아니다. "일 자체가 보상이다."는 이러한 것에 대한 절규이다. 사실 긍정적인 인정을 못 받은 것을 어떤 때는 명예의 상징으로 여긴다. 적들을 통해서 내 자신을 평가하고 내가 느끼기에 나의 적들이 자기중심적이고 교묘하게 남을 조종하며, 노골적으로 말해서 그렇게 똑똑하지 않은 사람들이라면, 나는 잘하고 있다고 자주 말해 왔다. 우리가 주류 자격으로 봉사할 것을 요청받는다면, 우리가 주류에 합류할 위험이 있으며, 우리가 도전하려는 권력에 의해 비효율적으로 될 위험이 있다고 믿는다.

그러나 내가 힘든 상황에서 계속 가르치도록 하는 어떤 것(즉, 내 행동의 엔진에 전력을 공급하는 데 필요한 감정의 연료)에 대해 생각할 때, 나는 인정에 대한 좋은 판단기준이 필요하다는 것을 고백한다. 가르치면서 가장 행복했던 때는 내가 했거나 말한 것이 학생에게 어떤 식으로든 도움이 되었다는 말을 들었던 때이다. 나는 내 정체성의 일부가 내가 사람들에게 도움이 되고 있다는 느낌과

어느 정도 밀접한 관련이 있다는 것을 오래전에 깨달았다. 이 욕구는 내 실천의 중요한 요소들, 특히 CIQ를 뒷받침한다. 매주 학생들이 학습을 어떻게 경험하는지 알아내기 위해 CIQ를 활용함으로써, 학생들이 배우는 데 무엇이 가장 도움이 될지 고려하여 나의 교육방법을 끊임없이 개발하고 다듬을 수 있다. 다시 말하면, 가능한 한 학생들에게 도움을 주려고 노력한다. 나는 이 점이 이례적이라고 생각하지 않는다. 전 세계의 콘퍼런스에서 성인교육자들과 이야기해 보면, 우리들 중 많은 사람이 이전에 평범하고 무능하여 교육시스템에 의해서 잊힌 사람들에게 봉사하려고 이 직업에 뛰어든 것 같다.

내 정체성(누군가에게 도움이 되는 것)에 중요한 프로젝트가 실현되고 있는지 알 수 있는 유일한 방법은 외부로부터 어떤 식으로든 인정을 받는 것이다. 나에게는 내가 그들을 위해 유익한 일을 하고 있다고, 즉 어떤 식으로든 도와주고 있다고 말해 주는 학생들이나 동료들이 필요하다. 이런 일이 매 수업이나, 매주마다 일어날 필요는 없다. 그러나 전문가 연수기관을 운영하거나, 새로운 화음 순서chord sequence를 가르치거나, 새로운 과목이나 프로그램을 감독하기 위해서는, 내가 하고 있는 어떤 일이 도움이 된다고 가끔씩 인정받는 것이 필요하다. 최소한의 인정도 받지 못한다면 나는 사기가 저하되어 되도록 빨리 끝내버리려고 할 것이다.

4. 우리들의 일을 인정받는 법

많은 성인교육자가 인정받는 것을 인정받지 못한 정체성 욕구라고 생각하고 있다는 점에서, 다음 네 가지의 구체적인 실천을 제안한다. 첫째, 학생들이 무엇을 어떻게 배우는지에 관한 수업운영에 대해 평가할 필요가 있다. 이것에 시간을 소모할 필요는 없다. 나는 보통 한 주의 마지막 수업시간에 마지막 5분간 학생들에게 CIQ를 작성하게 하고, 다음 주 첫 시간의 처음 5분간 CIQ 결과

를 보고한다. 수업평가와 학생들의 참여에 관한 문헌(Barkley, 2010)에는, 수업
에서의 감정의 리듬을 빨리 '읽어 내는' 다양한 방법이 제시되어 있다. 흥미롭
게도, 무관심하거나 적대적으로 느껴지는 그룹을 가르칠 때, CIQ는 그룹의 반
응에 대한 내 판단이 지나치게 비관적임을 종종 알려 준다. 나는 나를 깜짝 놀
라게 하고 나의 절망에 대해서 다시 생각해 보도록 해 주는 몰두한 순간들이
나, 도움을 준 행동에 대한 학생들의 코멘트를 읽고 자주 놀란다.

둘째, 우리의 일이 효과가 있다는 것을 인식하는 것이 우리의 정체성에 중요
하다면, 유사한 목적의 일에 종사하고 있는 다른 성인교육자들과 연결하는 법
을 찾도록 노력할 필요가 있다. 나는 『비판적으로 성찰하는 교사』에서 동료들
과의 대화가 어떻게 우리의 실천에 해결의 실마리를 던져 주며, 우리의 가정을
인식하는 데 도움을 줄 수 있는지 상세히 탐구하였다. 그 책에서 내가 탐구하
지 않은 한 가지는 그러한 대화가 인정받는 것의 주요 자원이 될 수 있다는 점
이다. 예를 들어, 아무도 관심을 두지 않는다고 생각한 나의 당면 문제에 대해
동료에게 이야기하자 내 동료도 나와 똑같은 문제를 다루고 있다는 것을 발견
할 때, 내가 이 분야의 교사들과 공통적인 경험을 하고 있음을 깨닫는다. 그래
서 인정을 보장하는 한 가지 방법은 일 년 내내 동료들과 대화할 수 있는 그룹
을 결성할 방법을 찾는 것이다.

유감스럽게도 내 경험으로 비추어 볼 때, 교사들이 서로서로 대화하고 배울
수 있는 시간과 공간을 만들어 줄 수 있는 조직의 수는 매우 적다.

이에 대한 하나의 예외는, 매월 한 번 정년이 보장되지 않은 교수들을 위
해 대화그룹을 주최하는 미네소타주Minnesota 세인트폴St. Paul에 있는 루터신학대학
교Luther Seminary이다. 정년이 보장된 교수들은 참여가 허용되지 않기 때문에(초
대되지 않는 한), 사람들은 비교적 공개적으로 자신의 좌절감과 불안감을 공유
할 수 있다. 나는 이 그룹에 외부 컨설턴트로 고용되어 지난 몇 년간 한 달에
한 번 이 대화를 참관하였다. 나는 이 일을 너무나 즐겼기 때문에, 2008년에 메
리 헤스Mary Hess(나와 함께 일한 첫 번째 그룹의 의장)와 나는 그룹회원들에 의해서

만 쓰인 책『신학적 맥락에서 성찰적으로 가르치기Teaching Reflectively in Theological Contexts』 (Hess & Brookfield, 2008)를 편집하였다. 이 그룹의 한 가지 기능은, 회원들이 현재 진행 중인 자신의 문제점과 좌절감을 공유하게 함으로써, 우리들의 교실에서만 발생하는 모순이라고 생각했던 것이 실제로는 공통적으로 발생하는 것이라는 인식을 하게 되었다는 점이다.

　　나는 폭발적인 온라인 소통 또한 인정받고 싶은 욕구 충족에 기여했다고 믿는다. 블로그Blogs, 위키스wikis, 온라인정보교환소online clearinghouse 그리고 채팅룸에서 방법, 활동, 기법, 사고를 공유할 수 있다. 나는 내 홈페이지(www. stephenbrookfield.com)에서 내 모든 학급 활동을 무료로 다운로드하게 한다. 나는 사람들에게 거기서 유용해 보이는 것은 무엇이든 훔쳐 가도록 촉구하고, 그렇게 함으로써 인정받고 싶은 내 정체성 욕구를 충족한다는 것을 깨닫는다. 만약 당신이 전문가 연수에 관한 일을 하는 성인교육자라면 그리고 당신이 다루고자 하는 문제가 있거나 어떤 문제에 대한 응답을 공유할 준비가 되어 있다면, 고등교육 전문 및 조직개발 네트워크Professional and Organization Development Network in Higher Education: POD 목록 서버(http://www.podnetwork.org/listserv.htm)에 가서 문제나 질문을 입력하면 수많은 사려 깊은 대답과 제안을 얻을 수 있을 것이다. 이로써 당신 혼자만의 것이라고 생각했던 것과 동일한 딜레마를 해결하고자 하는 수많은 동료가 네트워크상에 있다는 것을 쉽게 인식할 것이다.

　　마지막으로, 인정받는 것은 팀티칭의 보조혜택 중 하나이다. 제대로 구상하고 실천한다면(팀의 모든 구성원이 기획회의, 수업, 보고에 동시에 참석함), 팀티칭은 그 자체로 교사들에게 인정받을 기회를 제공한다. 팀원들의 책임 중 하나는 팀원 중 한 사람이 인식하지 못했던 수업의 이미지를 반영하여 서로를 도와주는 비판적인 거울 역할을 하는 것이다. 팀티칭 도중에 내가 이끌어 가고 있는 부분이 잘 진행되지 않고 있다고 여러 번 생각했지만, 티칭동료는 내가 놓친 부분을 지적해 주고 다른 시각에서 바라보는 보다 미묘한 해석을 해 주었다. 또는 내가 두려워했던 만큼 일이 나쁘게 진행되더라도 나의 동료는 공감해 주

고 자신이 견뎌 내야 했던 유사한 상황에 대해서 말해 줄 것이다. 여러 가지 면에서 공통적으로 경험한 실패에 대한 인식은 개인의 성공을 인정하는 것만큼이나 중요하다.

5. 예기불안 모니터링하기

만성불안과 우울증을 앓고 있는 사람으로서, 나는 내 앞에 놓여 있는 일(예를 들면, 관심이 없거나 적대적인 학생들을 이데올로기 조작에 대해서 알게 하는 것)이 너무나 도전적이고 복잡해서 성공할 기회가 전혀 없다는 느낌, 즉 예기불안 현상을 잘 알고 있다. **예기불안**Anticipatory Anxiety은 스스로 만들어 낸 것이지만, 적어도 어느 정도 과거의 경험에 뿌리를 두고 있기 때문에 완전히 비현실적인 환상은 아니다. 무엇인가 엉망이 되어 우리에게 당황스러움과 혼란을 안겨 주며 창피함을 느끼게 하고 정신적·신체적으로 위험에 빠뜨리는 곤란한 상황은, 미래에 우리를 기다리는 유사한 상황에 접근하는 틀을 잡는 방식을 지배하게 된다. 과거의 사건에서 불안감을 유발했던 요소는 우리들의 미래의 사건에서 유발할 불안감을 예시한다. 미래의 사건이 재앙적일 것이라는 불안이 너무 강해서 우리가 두려워했던 재앙이 실세로 일어나는 **자기충족**self-fulfilling 역학이 모습을 드러낸다.

예기불안은 감정에 의해 야기되는 신체상태를 말하는데, 심장이 두근거리고 메스꺼움을 느끼고 실신하기도 하며, 파멸이 임박한 느낌으로, 심하면 죽을 것 같은 느낌까지 든다. 극단적인 경우로, 나는 예기불안 때문에 세 번이나 기절했다. 목전에 신체적 위협은 없었고, 과거의 경험에 대한 기억 속에서 내가 만들어 낸 재난을 예측하는 시나리오만 있었다. 예기불안은 비합리적이기 때문에, 예기불안에서 벗어나기 위해서 변명을 시도하는 것은 보통 제한적으로 성공한다. 그러나 우리들처럼 분석과 이성의 힘을 존중하도록 훈련받은 교사

들이 선택하는 해결책은 보통 축소하여 이야기하는 것이다.

내 경험상 더 좋은 방법은 적절한 기분조절용 처방약 및 훈련과 더불어 합리적인 생각과는 아무 상관없는 운동과 호흡훈련이다. 이야기하는 것talking은 중요하지만 이러한 종류의 불안은 합리적인 사고를 통해서는 제어하기 힘들다. 여기서 나는 임상훈련을 받은 사람의 입장이 아니라 환자의 입장에서 말하는 것이다. 예기불안에 직면할 때, 나는 일어날 수 있는 일에 대한 현실적인 대안을 제시하는 인지행동치료 대본을 사용한다. 그러나 그 불안은 너무 강해서 내 대본이 토네이도가 접근할 때 계속 켜져 있도록 노력하며 깜박거리는 촛불 같다는 생각이 들었다. 약물에 의해서 내 기분이 이미 안정되었을 때만 그 대본을 효과적으로 사용할 수 있었다.

권력에 대해 가르치는 것과 관련한 한 가지 가벼운 형태의 예기불안으로 사칭환상[6)]phenomenon of impostorship, 즉 당신이 해야 할 일을 정확히 모르기 때문에 당신이 하고 있는 일을 할 자격이 없는 영원한 초보자라는 감각을 들 수 있다. 당신이 사칭환상으로 고통을 받고 있다면, 가르칠 때 끊임없이 떠오르는 가벼운 수준의 예기불안을 가지고 있는 것이다. 당신이 지닌 두려움은, 어느 날 당신이 너무나 명백하게 무능한 말이나 행동을 하여 당신이 창조해 낸 그릇된 얼굴이 산산조각 나서 사람들이 당신의 진짜 모습(현재의 직업을 수행하기에 전혀 적합하지 않는)을 바라보는 것이다.

사칭환상은 예측할 수 있는 사건에서 촉발된다. 가장 흔한 것 중 하나는 부정적인 평가를 받는 것이다. 98%의 학생들이 당신을 찬양하는 평가를 내릴지라도 당신을 비판하는 2%의 평가가 당신의 기억 속에 남는다. 당신은 당신이 뭔가를 알고 있다고 생각하게끔 속인 것을 눈치 챌 만큼 똑똑하지 않은 98%의 학생들은 잊는다. 그러나 부정적인 코멘트를 한 2%는 당신이 그룹에서 가장 똑똑하다고 생각하는 학생들이다. 그들의 부정적인 코멘트는 그들이 대부분

---

6) 자신의 업적을 의심하고 사기꾼으로 보일 것에 대한 지속적인 두려움을 갖는 현상−역자 주

의 학생보다 더 높은 수준의 비판적인 안목으로 바라보았음을 의미한다. 그 학생들은 당신이 사칭하여 거짓말하는 것을 포착했기 때문에, 당신은 그 학생들의 지능이 우월하다고 생각한다.

앞 절에서 팀티칭의 미덕을 극찬했지만, 나의 사칭환상을 촉진한 가장 중요한 요인은 교실에서 내가 하는 것을 지켜보고 있는 동료들이 있다는 것을 알고 있다는 점이다. "내가 뭔가를 알고 있다고 생각하게끔 내 학생들을 속일 수 있다."라는 것이 내 머릿속의 대본이지만, "그러나 정말로 그 주제에 대해서 알고 있는 사람 앞에서 어떻게 계속 그런 체할 수 있단 말인가?" 이것이 내 티칭에 대한 동료들의 평가가 불안을 유발하는 이유이며, 학생들을 가르치는 것보다 콘퍼런스에서 학술적인 발표를 할 때 훨씬 더 신경이 날카로워지는 이유이다.

권력의 이해와 관련된 논쟁적인 영역으로 그룹을 끌고 갈 때마다 내 자신이 완전한 사기꾼 같은 느낌이 든다. 토론이 심하게 논쟁적으로 된 이후에(대개 항상 그렇지만), 나는 내가 가르치는 내용에 대해서 실제로 잘 알고 있다면, 평화롭고 서로를 이해하는 안전한 천국으로 안내할 수 있었으리라는 느낌을 갖는다. 학생들이 울고, 화나서 소리치고, 나를 비난하거나 동료들의 인종차별 행위를 비난할 때, 나는 항상 테이프를 다시 돌려서 새 실감개[7]에 넣고(오래된 비유, 그러나 나와 함께 조금만 더 버텨 보길 바란다.), '시작'이라고 고함치며 다시 녹음하기를 바라면서 교실을 떠난다.

시간이 지남에 따라, 경험은 사칭환상을 넓은 시각에서 바라보도록 도와준다. 명확하고 차분한 해결책이나 대답이 떠오르지 않는 복잡한 상황을 많이 접하면 접할수록 당신은 이러한 대답이 생각나지 않는 이유가 이러한 대답이 존재하지 않기 때문이라는 것을 더 잘 이해하게 된다. 이 점이 당신이 학생들을 완전히 당혹하게 느끼도록 내버려 두고 떠날 때, 당신 자신을 조금 더 용서하는 데 도움이 된다. 이때가 경험 있는 교사들이 두드러진 역할을 할 때라고 생

---

7) 바느질할 때 쓰기 편하도록 실을 감아 두는 작은 도구-역자 주

각한다. 오래 버틴 교사들은 아마도 그들이 동일한 딜레마와 모순을 수없이 많이 겪었을 것이다. 이런 사람이 자신들의 불안과 사칭환상에 대해 공개적으로 말할 수 있다면, 신참 교사들이나 젊은 교사들이 이와 같은 동일한 감정들을 느끼는 것이 정상이라고 생각하게끔 하는 데 도움이 된다. 대학공로교수라는 높은 지위를 가지고 있는 사람으로서, 잘 가르치려고 할 때 나타나는 내 자신의 사칭환상, 불안, 그리고 지속적인 당황감에 대해 이야기함으로써 우리 학교의 신참 교사들을 이끌어야 할 필요가 있다고 생각한다.

6. 공감적 무심함 키우기

공감적 무심함Empathetic Detachment에는 두 가지 면이 있다. 첫째, 학습자들이 학습에 적대심을 가지고 반응하는 이유를 이해하고, 당신 자신이 항상 이러한 반응을 유발한 원인이라고 생각하여 자신에게 책임을 지우지 않도록 하는 능력이다. 간단히 말해, 개인적으로 취급할 일이 아니라는 말이다. 공감적 무심함은 당신이 사람들이 매우 화가 난 이유가 학습과제의 위협적인 성격 때문임을 이해할 때 생긴다. 사람들이 당연시하는 지배 가치와 행동들에 대해 의문을 품게끔 하거나, 많은 문제에 있어서 옳고 그른 답이 없다는 것(단지 문맥적으로 적절한 정도의 차이만 있다는 것)을 깨닫게 하는 것은 위험투성이의 학습과제이다. 이 점을 이해하면 권력의 작동(헤게모니 등)에 관한 도발적인 아이디어를 소개할 때, 당신이 얼마만큼 영리하건 외교적이건 실제로 문제가 되지 않는다는 것을 깨달을 수 있다. 학생들은 이것을 자신들이 지닌 가정체계의 엉성한 피난처를 파괴하기 위하여 계획된 교실에서의 폭발로 경험하게 될 것이다.

둘째, 교사가 이러운 수업에서 고심하는 학생을 도와주는 것을 자제해야 할 때가 언제인지, 그래서 그 학생이 고심하여 자신의 방식대로 시작하도록 내버려 두어야 할지 말지를 결정하는 까다로운 문제와 관련이 있다. 교사가 개입하

지 않음으로써, 학생은 스스로 새로운 기술을 학습해 냈다는 것을 깨닫는다. 이를 통해 학생들은 그 경험의 양상(어떤 방법이 가장 좋은지, 어떤 자원이 가장 유용했는지, 일시적으로 약화되는 학습의욕을 다루는 방법 등)을 미래의 학습 프로젝트에 적용할 수 있다. 심리적으로 도움을 주게끔 프로그램이 짜여 있는 나 자신과 같은 교사들이, 그리고 도움이 된다고 인정받는 것이 중요한 정체성 욕구인 사람들이 이러한 종류의 무심함을 키우기는 어렵다. 수년간 많은 학생이 나에게 찾아와서 복잡한 아이디어들을 명백하게 설명해 주고, 작가나 사색가로 발전하도록 도와주고, 또는 유용한 실질적인 도구를 제공한 데 대해 고마워했다. 그러나 일부러 학생들이 이해할 때까지 허우적거리도록 내버려 둔 데 대해 나에게 찾아와서 감사하다고 말한 학생은 이 자리에서 한 명도 생각나지 않는다.

공감적 무심함을 키우는 것은 사칭환상 관리처럼 세 가지 근원에서 비롯된다. 첫째, 개인적 경험의 중요성이다. 학생들의 저항을 막기 위해 다양한 방식으로 여러 번 시도해 본 후에서야 당신이 무엇을 하건 저항이 있다는 것을 서서히 깨닫게 된다. 이것을 인식하는 시점부터 당신이 어떤 방법을 사용하는지는 중요하지 않을 뿐 아니라 당신이 교사라는 사실도 관련이 없다는 점을 이해하는 데는 시간이 얼마 걸리지 않는다. 저항의 원인은 학습의 본성이지 당신의 행동이 아니다. 이는 저항을 당신에 대한 개인적인 것으로 받아들이는 것을 멈추는 데 도움이 된다.

둘째, 이러한 종류의 교육방법에 대한 동료들의 몸부림에 대해서 들으면 좌절이 당신 혼자만의 것이 아니라는 것을 인식하는 데 도움이 된다. 경험 많고 신뢰할 수 있는 교사들이 사칭환상과 같은 자신들의 어려움에 관하여 공공연하게 이야기하고, 자신들이 실패한 것이나 잘못한 것이라고 여기는 것을 문서화할 의향이 있다면, 이는 당신 자신의 문제를 정상화하고 정당화해 준다. 이것이 게리 케일의 「저항이 재생산될 때When Resistance Becomes Reproduction」(Cale, 2001)와 같은 연구가 아주 도움이 되는 이유이다. 케일은 그의 전문대학 학생들에게 급진적으로 변화를 추구하게 하려는 그의 진실한 노력이 끔찍한 역효과를 내

어서 그들의 보수주의를 더 확고하게 한 결과를 초래하게 된 것을 폭로한 두드러지게 용기 있는 사람이다. 그러나 케일의 논문을 읽어 보면 그가 도전적인 학습에 학생들을 참여시키려고 노력한 헌신적이고 사려 깊은 교사임을 알 수 있다.

케일의 연구는 일반적으로 정확하지 않고 주관적인 방법으로 백안시되는 교육연구방법의 한 예인 **학술적 개인 내러티브**Scholarly Personal Narrative: SPN이다. 로버트 내시Robert Nash(Nash, 2004; Nash & Bradley, 2011)가 옹호한 SPN은 내러티브의 중심인물에 의해 쓰인 이야기로, 관련 학술문헌 및 자아비판을 개인적인 설명과 섞은 것이다. 이것은 높은 자기인식 수준과 유창한 글쓰기 능력이 필요하기 때문에 수행하기 어렵지만, 케일의 경우와 같이 작동되면 매우 도움이 되는 자원이다. 당신이 공감하는 관찰자가 되어 이야기 속으로 들어가면 SPN의 이야기 속에 반영된 당신 자신의 실망과 혼란을 보게 된다. 이는 학생들의 저항을 균형 잡힌 시선으로 바라보려고 노력하는 모든 사람을 크게 안심시킨다. SPN은 출현하기 시작했고(Taylor, 2009; Swanson Brookes, 2011), 나에게는 SPN이 우리가 얼마나 학생들에게 권력에 대해서 학습하도록 도와주기 위해 몸부림치는지 문서화하려는 노력에 특히 적합한 것처럼 여겨진다.

셋째, 성인개발에 관한 보다 전통적인 정형화된 학술연구보고서(예: Moshman, 2003; Skinner & Pitzer, 2012)를 읽는 것은, 학생들의 분노와 적개심을 균형 잡힌 시각에서 바라보고, 학습자들을 참여시키는 데 있어 당신이 무능력하다는 표시로서가 아닌, 도전적 학습의 필수적 역학으로서 이해하도록 하는 방법이다. **이원론적 추론**dualistic reasoning으로부터 **다원론적 추론**multiplistic reasoning으로의 움직임, 그리고 **비형식 논리**informal logic와 **변증법적 사고**dialectical thinking 등의 **후기형식주의 방식**postformal modes의 개발은 너무나 난해하고 고상하기 때문에 억눌리고 지친 교사들에게는 흥미가 없을 것이지만, 이러한 개념들은 많은 성인이 전환학습 이론에서 개관한 궤적에 대해 저항하는 이유를 모두 설명한다(Mezirow & Taylor, 2009; Taylor & Cranton, 2012). 당신이 수십 년간 살아온 의미체계와 관점을 바

꾸는 것은 위험으로 가득한 피곤한 일이다. 이러한 방향으로 학생들을 밀치거나 대면하게 하는 모든 성인교육자가 상당한 저항에 직면할 것이라는 점은 놀라운 일이 아니다.

7. 인식론적 혼동 관리하기

『비판적으로 성찰하는 교사』에서 나는 모든 문제에는 해답이 있고 충분히 주의 깊게 살펴본다면 이러한 해답을 발견할 수 있다고 잘못 믿고 있는, 인식론적으로 장애가 있는 동료들에 대해서 쓴 적이 있다. 나는 이러한 잘못된 개념을 1990년대의 TV 시리즈 **스타트랙 속편**Star Trek spinoff의 이름을 따 '**딥 스페이스 나인-해답은 어딘가에 있음이 틀림없다**Deep Space Nine-The Answer Must Be Out There Somewhere'라고 불렀다. 당시에 나는 복잡한 문제들은 해결방안이 거의 없고, 단지 다소 문맥적으로 적절한 부분적인 해결책만 있다고 주장했다. 내가 이 말을 쓴 지 20년이 지났고, 가르칠 때 일어나는 가장 어려운 문제들에 대한 해답은 없다는 나의 신념은 오로지 깊어지기만 했다.

〈딥 스페이스 나인〉의 잘못된 약속을 이해할 수 있는 길은 희망, 흥분, 좌절, 실망, 사기저하에 의해 표출되는 매우 감정적인 길이다. 우리는 학생들의 무관심과 비참여의 문제들을 해결할 수 있다고 약속하는 새로운 책들이 출판되고, 새로운 웹페이지들이 만들어지고, 새로운 워크숍들이 제공되고 그리고 새로운 자습 프로그램들이 광고됨에 따라 희망과 흥분을 경험한다. 결국, 우리는 누군가가 우리가 이해할 수 없는 것을 알아내려고 시간을 소비했으며, 우리들의 세계[8]에 있는 것들을 고쳐서 우리가 따라 할 수 있는 프로그램을 가지고 있다고 생각한다. 그래서 우리는 책을 구매하고, 웹페이지를 구독하거나

---

8) 교사들의 세계-역자 주

워크숍에 참석하여 해결방안을 배우려고 한다.

그렇게 하고 나면 어려운 부분이 찾아온다. 우리 자신의 영역인 집으로 돌아와 우리가 배운 일반 전략과 방법들을 우리들의 교실, 주제, 그리고 학생들의 특수성에 맞추려고 노력한다. 하지만 여전히 우리는 책, 워크숍 또는 웹사이트에서 다루지 않은 문제, 꼬임, 그리고 모순에 봉착한다. 우리는 계속해서 활동이나 방법을 우리들의 세계에 맞추도록 시도하지만, 남겨져서 석회화된 놀이용 밀가루 반죽처럼 그것은 우리들 경험의 등고선에 따르기를 거부한다. 짜증이 나서 우리는 석회화된 놀이용 밀가루 반죽을 맞지 않는 공간에 끼워 넣으려고 하지만, 우리가 누르는 압력 때문에 그것이 부스러지는 것을 바라본다.

이제 절망이 찾아온다. 우리는 책을 읽었고 부지런히 워크숍의 지시사항에 따랐지만, 여전히 아무런 변화가 없다. 이 좌절의 감정은 절대로 사라질 수 없는 걸까? 왜 아무것도 작동되지 않는 것 같을까? 우리는 영원히 패배감을 느낄 운명인가? 당신의 문제를 해결하기 위해 약속이 텅 빈 것으로 인식되면 우울하고 의기소침해진다. 우리는 몇몇 전문가들이 우리를 도울 수 있다는 생각에 다시는 속지 않기로 결심한다. 물론, 이는 다음에 매혹적으로 쓰인 전단지들이 책상에 놓여 있거나 스팸필터를 통과하여 이메일 수신함에 들어오기 전까지만이다.

나는 앞의 단어들을 쓴 것에 대해서 약간 기묘한 느낌이 든다. 왜냐하면 나는 책을 출간하려고 하고 있으며, 그런 책의 일부(이 책과 같은)는 전략, 기술, 활동, 방법들을 제안하는 것으로 가득 차 있기 때문이다. 나는 도움이 되기를 바라는 온갖 종류의 교재들을 무료로 제공하는 홈페이지를 운영하고 있다. 그리고 종종 교수법, 비판적 사고, 그리고 토론방법에 대해 워크숍에서 발표하기 위해서 미네아폴리스-세인트폴Minneapolis-St. Paul 밖으로 여행하게 된다. 그래서 나의 책, 홈페이지, 그리고 워크숍의 가치에 의구심을 제기함으로써 내 자신이 시대에 뒤떨어지지 않도록 하고 있는 것인가?

아마도 그럴 것이다. 그러나 상상 속 실천의 벽에 많은 양의 진흙을 던져 놓

은 나의 의도는 교사들이 그들의 상황에 적합한 접근법들을 개발하는 데 도움이 될 시작점을 제공하는 것이다. 워크숍에서 발표할 때마다 나는 사람들에게 나의 홈페이지에서 훔치고, 바꾸고, 추가하고, 삭제하고, 그리고 유용한 것처럼 보이지만 자신들의 수업에 맞게 변경할 필요가 있는 어떤 것이라도 마음대로 변경하라고 촉구한다. 인식론적 혼동에 의해 생기는 좌절감을 부분적으로 관리할 수 있는 방법은, 진정으로 응대하는 교사는 언제나 자신의 수업과 학생들에 대한 전문가라는 것을 이해하는 것이다. 특정 방법을 실행하는 '올바른' 방식을 고수하는 것과, 그 방법을 갈가리 찢어서 당신에게만 이치에 맞는 방식으로 재구성하는 것, 둘 중에 하나를 선택해야 한다면 항상 후자를 선택하라.

만약 나 자신과 같은 '모범사례'의 행상인들이 정직하다면, 우리가 우리의 독자들, 워크숍 참석자들 또는 웹사이트 도적들이 거주하는 세계의 특수성에 대해 아무것도 모른다는 것을 인정해야 한다. 그리고 그 사실 때문에 우리는 우리의 모델, 목록, 팁이 제한적으로 유용하다는 것을 인정해야 한다. 우리의 도구들을 정확히 우리가 규정한 방식대로 적용해야 하는 속박과 어리석음을 인정하는 것에 대해 개방적일수록 우리가 책임질 인식론적 혼동은 작아진다.

그런데 나는 활동과 기법에 대한 사례들이 포함된 교재들이 잘못 인도하고 있다고는 믿지 않는다. 내 스스로 그러한 교재를 쓰고 있고 가르치는 교사로서, 다른 사람들이 그런 교재를 쓰면 나는 즐겁게 읽는다. 온라인이나 책에서 기법을 발견하여 내 수업에 적용 가능한지 살펴보는 것만큼 기쁜 일은 없다. 나는 다른 사람이 만든 모범사례를 훔치고(항상 참고문헌으로 표기하지만), 채택하고, 시도해 보기를 좋아한다. 내 요점은 다른 교사들이 만든 활동사례는 보통 어떤 식으로든 수정할 필요가 있을 것이며, 우리가 그렇게 할 때 그 활동사례의 완전성을 위배하고 있다는 느낌을 가져서는 안 된다는 것이다.

8. 계속 가르치기: 당신의 마음에 영양분 주기

마음의 상처를 치유하는 소울워크soul work의 중요한 요소는, 가르칠 때 일어났던 좋은 사건을 확실히 기억하는 것이다. 내 성인교육경력의 처음 몇 년간 한 학생으로부터 수업에서 얼마나 많은 것을 배웠는지 또 내가 얼마나 솜씨 있게 토론을 이끌어 갔는지 칭찬하는 감사편지를 받았던 기억이 난다. 그때 나는 내 일자리를 잃을지도 모른다는 점점 커지는 의구심(나중에 현실로 닥침)을 가지고 있었다. 나는 인정받지 못한다고 느끼고 있었고, 맨 마지막으로 예산을 지원받고 맨 먼저 예산이 깎였던 분야(성인교육)에서 일하기를 선택하는 큰 실수를 저질렀다고 생각하고 있었다. 그래서 뜻밖에 우편함에 도착한 그 편지가 나에게 확신의 충격을 주었다. 나는 그 편지를 간직했고 정기적으로 읽었으며 그 편지가 궁극적으로 내 프로그램이 폐쇄되는 것을 막지는 못했지만, 내 일이 어떤 의미가 있는지를 기억하는 데 도움을 주었다.

그때 이후로 나는 파일함에 '영양분nourishment'이라는 라벨을 붙인 종이파일 또는 '감사appreciations'라고 이름 붙인 이메일 폴더로 영양분 파일을 간직해 왔다. 내가 이 단락을 작성하면서 그 전자파일을 열어 보니 지난 세기(1999년)로 돌아간다. 내 일에 대해 무언가 긍정적으로 말하는 이메일을 받을 때마다 나는 답장하고 '감사' 폴더에 보관한다. 또한 내가 생각하기에 의례적인 감사표시를 넘어서, 캠퍼스, 커뮤니티 또는 조직을 방문해 준 것에 대해 수년간에 걸쳐 받은 감사편지들을 간직하고 있다. 기본적으로, 나는 편지나 이메일로 내가 누군가가 좋아하는 일을 했다고 알려 줄 때마다 그것들을 보관한다.

이제 당신은 분명히 이 행위로부터 몇 가지 결론을 내릴 수 있다. 첫째, 구두쇠가 돈을 자세히 살펴보듯이 나는 밤늦은 시간에 감사편지를 끄집어내서 자세히 살펴보기를 좋아하는 자기중심주의자라는 점이다. 둘째, 내 자존감이 너무나 약하며, 다른 사람들이 나를 긍정적으로 평가할 때만 존재한다는 불안감

과 다른 사람들의 칭찬을 받지 않는다면 나는 귀신처럼 가벼운 안개로 변한다
는 불안감에 시달리고 있다고 당신은 판단할 수 있다. 물론 두 가지 모두 적어
도 부분적으로는 사실이다. 나는 인정받는 것을 좋아하고 또 끊임없이 사기꾼
같다고 느낀다. 그러나 내가 영양분 파일과 감사 폴더를 보관하는 진짜 이유는
가르치기 힘든 날들에 급격히 악화되는 감정의 균형을 잡아 주기 위함이다.

　나는 내가 실패한 것들을 깊게 느낀다. '잊자!'라고 나 자신에게 말하지만
내 기억은 그것들을 간직하고 있다. 상황이 통제 불능의 상태에 빠진다고 느
낄 때, 내 행동 때문에 난처한 상황에 처하게 될 때, 또는 내 무능함 때문에 굴
욕감을 맛볼 때, 나는 큰 타격을 받는다. 이런 사건들은 내 의식 속에 새겨져서
몇 년 후, 그 기억이 갑자기 홍수처럼 밀려들어 내가 빈 방에서 이마를 때리며
스스로에게 '멍청이! 멍청이! 멍청이!'라고 소리치며 돌아다니는 원인이 된다.
30대 시절에 나는 직업과 관련한 두 가지 중요한 사건을 겪었다. 하나는 내가
아이비리그 대학에서 종신 정교수직을 받았던 것이고, 다른 것은 영국의 전문
대학 교육프로그램에서 해고당했던 것이다. 어느 쪽이 내가 더 감정적으로 느
낀 것 같은가? 첫 번째 사건은 인정받는 것이었지만, 그것은 내가 착오로 해고
당했다는 심적 충격 같은 느낌(감정)은 없었다.

　왜 그런지 성공은 실패와는 달리 절대로 감정적으로 강렬하게 느껴지지 않
는다. 수업이나 워크숍이 잘 진행되면 나는 돈을 벌었다는 좋은 감정을 가지고
집으로 간다. 그런 날들은 내가 구체적인 것을 생산하고 있지 않기 때문에, 내
가 '진짜' 일을 하지 않고 있다는, 나의 노동자-계급 개념은 조금 약해진다. 그
러나 감정적으로 말하자면, 일을 잘 수행함으로써 얻는 기쁨은 말 그대로 단지
기쁨이다. 그것은 만족의 따뜻한 빛, 즉 내 일을 잘하고 있다는 느낌이다. 이 빛
은 사랑스럽고 나의 기분 속으로 퍼진다. 그러나 이 빛은 내가 교실에서 멍청
하고 어리석고 무능하다고 느낄 때, 지나가면서 나를 치고 비틀거리도록 하는
감정의 토네이도처럼 강렬하지 않다. '바보 같은' '멍청한' '무능한'과 같은 단어
들의 감정적인 권력을, 좋은 날들을 표현할 때 사용하는 '즐거움' '따뜻한 빛' '만

족' 등의 부드러운 단어들과 비교해 보라! 가장 쉽게 기억하는, 가르치는 중요한 순간들은 나에게 감정적인 고통의 원인을 제공하는 순간들임이 분명하다.

영양분 파일이나 감사 폴더가 최고의 역할을 하는 것은 안 좋은 날들이다. 자기혐오의 절망 깊숙이 떨어지는 것을 막기 위해서, 나는 이 두 가지를 찾아 꼼꼼히 읽는다. 이렇게 한다고 해도 나를 덮치는 부정적 감정의 쓰나미를 멈추지 못하지만 그것은 일이 아주 다른 식으로 풀려 나간 다른 순간들을 기억하도록 도와준다. 우울증 치료를 위해 상담을 받으면서 배운 인지행동치료법의 기본원리는, 당신이 올가미에 걸려 있는 대본에 도전하는, 다른 경험에 대한 대본을 만들 필요성이다. 그래서 좋은 일들에 대한 파일과 폴더를 읽으면, "당신은 완전한 사기꾼이며 45년간 가르치면서 아무것도 배운 것 없는 무능력자이다."라는 말을, "당신에게는 좋은 날들과 안 좋은 날들이 있었고, 아마도 좋은 날들의 당신을 기억하는 학생들이 안 좋은 날들의 당신을 기억하는 학생들보다 더 많을 것이다."라는 말로 바꿀 수 있다.

부수적으로, 영양분 파일과 감사 폴더는, 감정적인 면은 제쳐 두고라도, 정치적인 이점이 있다. 본질적으로 영양분 파일과 감사 폴더에 포함된 데이터는, 당신이 행한 좋은 일들에 대한 공식기록을 나타낸다. 그래서 동료나 학생이, 당신이 적절하게 일을 수행하지 못하고 있다거나 전혀 일을 안 하고 있다고 불평할 때, 당신은 이런 비난에 대응할 정보를 지니고 있다. 내 경력의 상당히 이른 시기에 일자리를 잃고 난 후(당시에는 끔찍했지만 그것이 조직의리의 한계에 대해 나에게 교훈을 가르쳤다는 점에서 가치가 있었다.), 나는 학생들과 동료들이 나의 일을 긍정적으로 바라본 것에 대한 모든 정보를 보관해 두는 것이 얼마나 중요한지 깨달았다. 정적들이 뒤에서 욕함으로써 나에 대한 신뢰성을 약화시키려 할 때, 나는 내가 좋은 일들을 행하고 있다는 명백한 증거를 가지고 있기를 바란다.

9. 요약

　이제 우리는 파워풀한 교육방법 탐구의 끝머리에 있다. 늘 권력역학과 권력에 대해 가르치는 일에 관심이 있어 왔지만, 단행본의 중심 주제로서 권력의 교육학을 다룬 것은 이번이 처음이다. 이 책의 집필에서 내가 사용한 권력에 대해 아주 잘 알고 있다. 첫째, 많은 책을 출간한 저자로서 나는 문지기의 권력을 가지고 있다는 점을 알고 있다. 어쨌든 모든 사람이, 적어도 자기 분야의 전문가들에 의해 읽힐, 주요 출판사에 의해 발간되는 책을 쓸 기회를 갖는 것은 아니다. 나는 출간 기회가 없을 수도 있는 저자들과 프로젝트를 지원하고, 무시되고 있다고 느끼는 질문과 아이디어에 초점을 둠으로써 그 권력을 좋은 목적으로 사용하려고 했다. 이 책에 포함할 저자들과 자원들을 찾으려고 했을 때 만큼 나의 그물을 되도록 넓게 던지려고 했다.

　둘째, 나는 저자로서의 권력을 가지고 있다. 단어를 고르고, 내 관점을 입증해 주는 사례만을 선택하며, 나에게 중요한 것들을 강조하고 싶을 때 감정을 유발하는 단어를 끼워 넣을 수 있다. 뭔가가 내 주장에 도전한다면, 나는 그것을 무시하고 그 책에 대한 리뷰가 나의 관심을 끈 후에 나는 몰랐다고 주장할 수도 있다. 나는 내 마음대로 글 쓸 수 있는 권력을 가졌다. 내가 승승장구하고 있다면, 곤란한 의문을 제기하거나 단순히 나에게 "이 문장은 무슨 의미인가요?"라고 물어봄으로써 나를 멈추게 할 수 없다. 저자로서의 내 권력의 한 부분은, 글 쓰는 방식에 대해 재임용이나 종신재직평가가 바로 코앞에 있다는 것을 알고 있는 주니어 조교수보다 훨씬 더 많은 재량권을 가졌다는 것이다. 나는 컬럼비아대학교에서 종신재직을 보장받은 후 작가로 인생을 시작했더라면 하는 느낌을 자주 가진다.

　다시 말하지만, 나는 저자로서의 권력을 좋은 목적으로 사용하려고 했다. 내가 출판사들을 위해 많은 책을 팔아 주었기 때문에, 나 자신을 드러내는 개

인적인 스타일로 쓰는 것이 독자들에 의해 인정받는다는 점을 입증하였다고 생각한다. 책이 잘 팔리면 많은 이익을 남기고, 출판사가 흑자를 보면 작가에게 도움이 된다. 그리고 나의 여섯 권의 책들이 학술상을 받았기 때문에, 모든 장마다 다양한 학문적 인용을 끼워 넣거나 또는 인상 깊게 들리는 많은 전문적인 용어를 써야 할 필요를 느끼지 않는다. 나는 자격 있는 성인교육학자로 간주될 권리를 얻었다고 느끼며, 결국 그것은 나에게 어휘로 사람들에게 감명을 주려는 노력을 버리고, 덜 형식적이며 일화적인 스타일로 쓸 권리를 부여해 준다. 교육과 같은 응용실천분야, 특히 사람들에게 두 번째 기회를 주는 것에 폭넓게 관심 있는 성인교육 같은 분야에서는 사람들에게 직접적이고 접근 가능한 방식으로 말하는 문헌이 필요하다고 믿는다. 그래서 나는 저자로서의 자본의 일부를 보다 일상적인 대화체 형식으로 쓰도록 노력하는 데 소비했다.

저자로서 가지고 있는 권력의 일부가 독자들을 돕는 데 사용되었기를 바란다. 이 마지막 장에서 분명히 밝혔듯이, 나는 내가 사람들에게 도움이 된다고 비춰지기를 바라는 강한 정체성 욕구를 가지고 있다. 그 목적을 위해서 나는 많은 구체적인 실천사례를 제시하려고 노력했고, 독자들이 다룰 수 있다고 느낀 만큼 많은 구체적인 활동과 연습을 제안하려고 노력했다. 나는 이 책이 도구와 방법의 목록이 포함된 **실천서**workbook와 성인교실에서의 권력에 대한 개인적인 견해 사이에 자리 잡길 바란다. 나의 소망은 이 책을 읽고 나서 당신이 다음의 네 가지를 가지고 떠나는 것이다.

- 당신의 교실에서 끊임없이 나타나고 작동하는 권력에 대한 더 깊어진 인식
- 학습자 자신이 파워풀한 지식의 창조자 그리고 **행동하는 에이전트**agents of action라는 감각을 길러 주는 방식으로 가르치는 데 도움이 되는 몇몇 도구들
- 학생들이 지배이데올로기가 자신들의 삶을 제약하는 방식에 대해 학습하고 지배이데올로기에 대항하도록 돕기 위해서 당신이 사용할 수 있는 몇몇 방법들

- 책임감 있는 방식으로 교사로서의 권력을 사용할 수 있는 방법에 대한 더 나은 이해

그리고 내가 이 책에 쓴 어떤 것이라도, 당신이 도전하거나 반박하거나 확장하거나 명확하게 하기를 원한다면, 내 홈페이지[9]를 통해 연락 주기 바란다.

---

9) http://www.stephenbrookfield.com

♻ 참고문헌

Adams, K. L. "The Critical Incident Questionnaire: A Critical Reflective Teaching Tool." *In Exchanges: The Online Journal of Teaching and Learning in the CSU*, 2001. Retrieved from http://www.exchangesjournal.org/ classroom/ciq_pg1.html.

Albert, M. *Parecon: Life After Capitalism.* London: Verso, 2004.

Albert, M. *Realizing Hope: Life Beyond Capitalism.* New York: ZED, 2006.

Alfred, M. V. "Epistemology, Learning, & Self-Development Among Immigrant Women of Color: The Case of British Caribbean Women in the United States." In R. O. Smith, J. M. Dirkx, P. L. Eddy, P. L. Farrell, & M. Polzin (Eds.), *Proceedings of the 42nd Annual Adult Education Research Conference.* East Lansing, MI: Department of Higher and Adult Education, Michigan State University, 2001, pp. 1-6.

Allman, P. *Critical Education Against Global Capitalism: Karl Marx and Revolutionary Critical Education.* Westport, CT: Bergin & Garvey, 2001.

Ampadu, L.M. "GumboYa Ya: Tapping Cultural Storiesto Teach Composition." *Composition Studies, 2004, 32*(1), pp. 73-88.

Andruske, C. L. "Self-directed Learning as a Political Act: Learning Projects of Women on Welfare." In T. J. Sork, V. L. Chapman, & R. St. Clair (Eds.), *Proceedings of the 41st Annual Adult Education Research Conference.* Vancouver: Center for Adult Education, University of British Columbia, 2000, pp. 11-15.

Archibald, T., & Wilson, A. "Rethinking Empowerment: Theories of Power and the Potential for Emancipatory Praxis." In S. Carpenter, S. Dossa, & B. J. Osborne (Eds.), *Proceedings of the 52nd Annual Adult Education Research Conference.* Toronto: Department of Adult Education, University of Toronto, 2011, pp. 22-28.

Areglado, R. J., Bradley, R. C., & Lane, P. S. Learning for Life: *Creating Classrooms for Self-*

Directed Learning. Thousand Oaks, CA: Corwin Press, 1996.

Ayers, W., Kumashiro, K., Meiners, E., Quinn, T., & Stovall, D. *Teaching Toward Democracy: Educators as Agents of Change*. Boulder, CO: Paradigm, 2010.

Bagnall, R. G. *Discovering Radical Contingency: Building a Postmodern Agenda in Adult Education*. New York: Peter Lang, 1999.

Bangs, L. "The Clash." In A. D'Ambrosio (Ed.), *Let Fury Have the Hour: The Punk Rock Politics of Jose Strummer*. New York: Nation Books, 2004, pp. 69–118.

Baptist, W., & Rehman, J. *Pedagogy of the Poor: Building the Movement to End Poverty*. New York: Teachers College Press, 2011.

Baptiste, I. "Beyond Reason and Personal Integrity: Toward a Pedagogy of Coercive Restraint." *Canadian Journal for the Study of Adult Education, 2000, 14*(1), 27–50.

Baptiste, I. "Exploring the Limits of Democratic Participation: Prudent and Decisive Use of Authority in Adult Education." In D. Nitri (Ed.), *Models for Adult and Lifelong Learning, Vol. 3: Politicization and Democratization of Adult Education* (pp. 1–34). Detroit: Office of Adult and Lifelong Learning Research, Wayne State University, 2001.

Baptiste, I. & Brookfield, S.D. "'Your So-Called Democracy is Hypocritical Because You Can Always Fail Us': Learning and Living Democratic Contradictions in Graduate Adult Education." In P. Armstrong (Ed.), *Crossing Borders, Breaking Boundaries: Research in the Education of Adults*. London: University of London, 1997.

Baumgartner, L. M., & Johnson-Bailey, J. "Fostering Awareness of Diversity and Multiculturalism in Adult and Higher Education." In J. M. Dirkx (Ed.), *Adult Learning and the Emotional Self*. New Directions for Adult and Continuing Education, No. 120. San Francisco: Jossey-Bass, 2008, pp. 45–53.

Bell, L. A. *Storytelling for Social Justice: Connecting Narrative and the Arts in Antiracist Teaching*. New York: Routledge, 2010.

Bembenutty, H. "Self-Regulation of Learning in Postsecondary Education." In H. Bembenutty (Ed.), *Self-Regulated Learning*. New Directions for Teaching and Learning, No. 126. San Francisco: Jossey-Bass, 2011.

Bierema, L. "Adult Learning in the Workplace: Emotion Work or Emotion Learning?" In J. M. Dirkx (Ed.), *Adult Learning and the Emotional Self*. New Directions for Adult and Continuing Education, No. 120. San Francisco: Jossey-Bass, 2008, pp. 55–64.

Biswalo, P. "The Role of Adult Education in the Integration of Inmates into Society after a Jail Term: Practical Experiences from Swaziland." *International Journal of Lifelong Education, 2011, 30*(1), pp. 71-81.

Black, L. W. "Blog, Chat, Edit, Text, or Tweet? Using Online Tools to Advance Adult Civic Engagement." In L. Munoz and H. S Wrigley (Eds.)., *Adult Civic Engagement in Adult Learning*. New Directions for Adult and Continuing Education, No. 135, Fall, 2012, pp. 71-80.

Boal, A. *Theater of the Oppressed*. London: Pluto (3rd ed.), 2000.

Boal, A. *Games for Actors and Non-Actors*. NewYork: Routledge, 2002(2nd ed.). Boal, A. *The Aesthetics of the Oppressed*. New York: Routledge, 2006.

Bonilla-Silva, E. *Racism Without Racists: Color-Blind Racism and the Persistence of Racial Inequality in America*. Lanham, MD: Rowman and Littlefield, 2009.

Boucouvalas, M., & Lawrence, R. L. "Adult Learning." In C. E. Kasworm, A. D. Rose, & J. M. Ross-Gordon (Eds.), *Handbook of Adult and Continuing Education*. Thousand Oaks, CA: Sage, 2010, pp. 35-48.

Bronte de Avila, E., Caron T., Flanagan, P., Frer, D., Heaney, T., Hyland, N., & Kerstein S. "Learning Democracy/Democratizing Learning: Participatory Graduate Education." In P. Campbell & B. Burnaby (Eds.), *Participatory Practices in Adult Education*. Toronto: Lawrence Erlbaum Associates, 2000, pp. 221-236.

Brookfield, S. D. (Ed.). *Learning Democracy: Eduard Lindeman on Adult Education and Social Change*. New York: Routledge, 1988.

Brookfield, S. D. *Becoming a Critically Reflective Teacher*. San Francisco: Jossey-Bass, 1995.

Brookfield, S. D. "Self-Directed Learning as a Political Idea." In G. A. Straka (Ed.), *Conceptions of Self-Directed Learning: Theoretical and Conceptual Considerations*. Berlin/ New York: Waxmann, 2000, pp. 9-22.

Brookfield, S. D. *The Power of Critical Theory: Liberating Adult Learning and Teaching*. San Francisco: Jossey-Bass, 2004.

Brookfield, S. D. *The Skillful Teacher: On Technique, Trust and Responsiveness in the Classroom*. San Francisco: Jossey-Bass, 2006 (2nd ed.).

Brookfield, S. D. "Ideological Formation and Oppositional Possibilities of Self-Directed Learning." In J. L. Kincheloe & R. A. Horn (Eds.), *The Praeger Handbook of Education and Psychology: An Encyclopedia*. Westport, CT: Greenwood Press, 2007, pp. 331-340.

Brookfield, S. D. "Learning Democratic Reason: The Adult Education Project of Jurgen Habermas." In M. Murphy & T. Fleming (Eds.), *Habermas, Critical Theory and Education*. New York: Routledge, 2010.

Brookfield, S. D. "When the Black Dog Barks: Adult Learning In and On Clinical Depression." In T. Rocco (Ed.), *Challenging Ableism, Understanding Disability: Including Adults with Disabilities in Workplaces and Learning Spaces*. San Francisco: Jossey-Bass, 2011, pp. 35-42.

Brookfield, S. D. *Teaching for Critical Thinking: Tools and Techniques to Help Students Question their Assumptions*. San Francisco: Jossey-Bass, 2012.

Brookfield, S. D., & Holst, J. D. *Radicalizing Adult Learning: Adult Education for a Just World*. San Francisco: Jossey-Bass, 2010.

Brookfield, S. D., & Preskill, S. J. *Discussion as a Way of Teaching: Tools and Techniques for Democratic Classrooms*. San Francisco: Jossey-Bass, 2005 (2nd ed.).

Butterwick, S. "The Politics of Listening: The Power of Theatre to Create Dialogic Spaces." In L. Manicom & S. Walters (Eds.), *Feminist Popular Education in Transnational Debates*. New York: Palgrave, 2012.

Butterwick, S., & Lawrence, R. "Creating Alternative Realities: Arts-based Approaches to Transformative Learning." In J. Mezirow & E. Taylor (Eds.), *Transformative Learning in Practice: Insights from Community, Workplace, and Higher Education*. San Francisco: Jossey-Bass, 2009, pp. 35-45.

Butterwick, S., & Lawrence, R. L. "Embodied Knowledge and Decolonization: Walking with Theater's Powerful and Risky Pedagogy." In R. L. Lawrence (Ed.), *Bodies of Knowledge: Embodied Learning in Adult Education*. New Directions for Adult and Continuing Education, No. 134. San Francisco: Jossey-Bass, 2012, pp. 5-14.

Butterwick, S., & Selman, J. "Deep Listening in a Feminist Popular Theater Project: Upsetting the Position of Audience in Participatory Education." *Adult Education Quarterly, 2003, 54*(1), pp. 7-22.

Cale, G. "When Resistance Becomes Reproduction: A Critical Action Research Study." In *Proceedings of the 42nd Adult Education Research Conference* East Lansing: Department of Adult Education, Michigan State University, 2001.

Cale, G., & Huber, S. "Teaching the Oppressor to be Silent: Conflicts in the 'Democratic' Classroom." *In The Changing Face of Adult Learning: Proceedings of the 21st Annual*

Alliance/ACE Conference. Austin Texas: 2001.

Callahan, J. L. "Breaking the Cult of Rationality: Mindful Awareness of Emotion in the Critical Theory Classroom." In R. St. Clair & J. Sandlin (Eds.), *Promoting Critical Practice in Adult Education*. New Directions for Adult and Continuing Education, Number 102: San Francisco: Jossey-Bass, 2004, pp. 75-83.

Carmichael, P., The Independent Learning Centre in the Secondary School Context: How Deep Is the Learning?" *International Journal of Self-Directed Learning 2007*, *4*(2), pp. 69-80.

Carpenter, S. "Centering Marxist-Feminist Theory in Adult Learning." *Adult Education Quarterly, 2012, 62*(1), pp. 19-35.

Cervero, R. M., & Wilson, A. L. (Eds.). *Power in Practice: Adult Education and the Struggle for Knowledge and Power in Society*. San Francisco: Jossey-Bass, 2001.

Chadsey, T., & Jackson, M. "Principles and Practices of the Circle of Trust Approach." In M.Golden (Ed.), *Teaching and Learning From the Inside Out: Revitalizing Ourselves and Our Institutions*. New Directions for Teaching and Learning, No. 130. San Francisco: Jossey-Bass, 2012, pp. 3-14.

Chase, S. E. *Ambiguous Empowerment: The Work Narratives of Women School Superintendents*. Amherst, MA: University of Massachusetts Press, 1995.

Clover, D. E. "From Sea to Cyberspace: Women's Leadership and Learning Around Information and Communication Technologies in Coastal Newfoundland." *International Journal of Lifelong Education, 2007, 26*(1), pp. 75-88.

Clover, D.E., Jayme, B., Follen, S., & Hall, B. *The Nature of Transformation: Environmental Adult Education* . Victoria, BC: Educational Psychology and Leadership Studies, University of Victoria, 2010 (3rd ed.).

Clover, D. E., & Shaw, K. "Re-Imagining Consumption: Political and Creative Practices of Arts-based Environmental Adult Education." In J. A. Sandlin & P. McLaren (Eds.), *Critical Pedagogies of Consumption: Living and Learning in the Shadow of the 'Shopocalypse'* New York: Routledge, 2010, pp. 203-213.

Coghlan, C. L., & Huggins, D. W. "'That'sNotFair!': A Simulation Exercise in Social Stratification and Structural Inequality." *Teaching Sociology 2004, 32*(2), pp. 177-187.

Collins, J. B., & Pratt, D. D. "The Teaching Perspectives Inventory at 10 years and 100,000 Respondents: Reliability and Validity of a Teacher Self-Report Inventory." *Adult Education*

Quarterly, 2011, 61(4), pp. 358-375.

Colin S.A.J. III, & Heaney, T. "Negotiating the Democratic Classroom." In C. Hansman & P. Sissel (Eds.), *Understanding and Negotiating the Political Landscape of Adult Education.* New Directions for Adult and Continuing Education, No. 91. San Francisco: Jossey-Bass, 2001, pp. 29-38.

Cranton, P. *Becoming an Authentic Teacher in Higher Education.* Malabar, FL: Krieger, 2001.

Cuerva, M. "A Living Spiral of Understanding: Community-based Adult Education." In C. L. Lund & S. A. J. Colin III (Eds.), *White Privilege and Racism: Perceptions and Actions.* New Directions for Adult and Continuing Education, No. 125. San Francisco: Jossey-Bass, 2010, pp. 79-90.

Darts, D., & Tavin, K. "Global Capitalism and Strategic Visual Pedagogy." In J. A. Sandlin & P. McLaren (Eds.), *Critical Pedagogies of Consumption: Living and Learning in the Shadow of the 'Shopocalypse'* New York: Routledge, 2010, pp. 237-248.

Davis, A. "Socially Constructing a Transformed Self-View and Worldview." In B. Fisher-Yoshida, K.D. Geller, & S.A. Schapiro (Eds.), *Innovations in Transformative Learning Theory.* New York: Peter Lang, 2009, pp. 133-154.

Davis, C. A., Bailey, C., Nypaver, M., Rees, T., & Brockett, R. "Learning Projects of Graduate Students: An Update of Tough's Study." *International Journal of Self-Directed Learning. 2010, 7*(1), pp. 14-28.

Davison, P., & Burge, E. J. "Between Dissonance and Grace: The Experience of Post-Secondary Leaders." *International Journal of Lifelong Education, 2010, 29*(1), pp. 111-131.

Dirkx, J. M. "Authenticity and Imagination." In P. Cranton (Ed.), *Authenticity in Teaching.* New Directions for Adult and Continuing Education, No. 111. San Francisco: Jossey-Bass, 2004, pp. 27-39.

Dirkx, J. M. (Ed.). *Adult Learning and the Emotional Self.* New Directions for Adult and Continuing Education, No. 120. San Francisco: Jossey-Bass, 2008.

Dirkx, J. M. "Nurturing Soul Work: A Jungian Approach to Transformative Learning." In E. W. Taylor & P. Cranton (Eds.), *The Handbook of Transformative Learning: Theory,* Research, and Practice. San Francisco: Jossey-Bass, 2012, pp. 116-130.

Du Bois, W.E.B. *Dusk of Dawn: An Essay Toward An Autobiography of a Race Concept.* New York: Schocken Books, 1971.

Duffy, P., & Vettraino, E. (Eds.), *Youth and Theater of the Oppressed*. New York: Palgrave Macmillan, 2010.

Dundes, L., & Harlow, R. "Illustrating the Nature of Social Inequality with the Simulation Star Power." *Teaching Sociology, 2004, 33*(1), pp. 32-43.

Ebert, O., Burford, M. L., & Brian, D.J.G. "Highlander: Education For Change." *Journal of Transformative Education, 2004, 1*(4), pp. 321-340.

Ehrenreich, B. *Fear of Falling: The Inner Life of the Middle Class*. New York: Harper Collins, 1990.

English, L. M., & Mayo, P. *Learning with Adults: A Critical Pedagogical Introduction*. Boston: Sense Publishers, 2012.

Fenwick, T. "The Audacity of Hope: Towards Poorer Pedagogies." *Studies in the Education of Adults, 2006, 38*(1), pp. 9-24.

Finkel, D. L. *Teaching with Your Mouth Shut*. Portsmouth, NH: Boynton/Cook, 2000.

Foucault, M. *Power/Knowledge: Selected Interviews and Other Writings, 1972-1977*. New York: Pantheon Books, 1980.

Foucault, M. "The Subject and Power." In H. L. Dreyfus & P. Rabinow (Eds.), *Michel Foucault: Beyond Structuralism and Hermeneutics*. Chicago: University of Chicago Press, 1982.

Frego, K. "Authenticity and Relationships with Students." In P. Cranton (Ed.), *Authenticity in Teaching*. New Directions for Adult and Continuing Education, No. 111. San Francisco: Jossey-Bass, 2006, pp. 41-49.

Freire, P. *Pedagogy of the Oppressed*. New York: Continuum, 1970.

Freire, P. *Pedagogy of Commitment*. Boulder, CO: Paradigm, 2011.

Fromm, E. *The Sane Society*. London: Routledge, Kegan and Paul, 1956.

Frye, S. B., Curran, R., Pierce, C. A., Young, E., & Ziegler, M. "Crashing the Party: A Working Class Perspective on the Ivory Tower." In R. J. Hill & R. Kiely (Eds.), *Proceedings of the 46th Annual Adult Education Research Conference*. Athens, GA: Department of Adult Education, University of Georgia, 2005, pp. 147-152.

Furness, Z. (Ed.). *Punkademics: The Basement Show in the Ivory Tower*. Brooklyn, NY: Minor Compositions, 2012.

Gabrielle, D. M., Guglielmino, L.M., & Guglielmino, P. J. "Developing Self-Directed Learning Readiness of Future Leaders in a Military College Through Instructional Innovation."

International Journal of Self-Directed Learning, 2006, 3(1), pp. 24-35.

Ganguly, S. *Jana Sanskriti: Forum Theater and Democracy in India*. New York: Routledge, 2010.

Gelpi, E. *A Future for Lifelong Education: Volume 1, Lifelong Education Principles, Policies and Practices*. Manchester: Manchester Monographs 13, Dept. of Adult and Higher Education, University of Manchester, 1979.

Glowacki-Dudka, M., & Barnett, N. "Connecting Critical Reflection and Group Development in Online Adult Education Classrooms." *International Journal of Teaching and Learning in Higher Education, 2007, 19*(1), 43-52.

Goodman, A. "Transformative Learning and Cultures of Peace." In E. V. O'Sullivan, A. Morrell, & M. A. O'Connor (Eds.), *Expanding the Boundaries of Transformative Learning*. New York: Palgrave, 2002, pp. 185-198.

Goss, D. "Chasing the Rabbit: Metaphors Used by Adult Learners to Describe their Learning Journeys." *Adult Learning, 2001, 12*(2), pp. 8-9.

Grace, A. P, Hill, R. J., & Wells, K. "Art as Anti-Oppression Adult Education: Creating a Pedagogy of Presence and Place." In R. J. Hill & A. P. Grace (Eds.), *Adult and Higher Education in Queer Contexts: Power, Politics and Pedagogy*. Chicago: Discovery Association Publishing House, 2010, pp. 69-86.

Grace, A. P., & Rocco, T. S. (Eds.), *Challenging the Professionalization of Adult Education: John Ohliger and Contradictions in Modern Practice*. San Francisco: Jossey-Bass, 2009.

Grace, A. P., & Wells, K. "Using Freirean Pedagogy of Just Ire to Inform Critical Social Learning in Arts-Informed Community Education for Sexual Minorities." *Adult Education Quarterly, 2007, 57*(2), pp. 95-114.

Gramsci, A. *Selections from the Prison Notebooks* (Q. Hoare and G. N. Smith, Eds.). London: Lawrence and Wishart, 1971.

Grauerholz, E. "Getting Past Ideology for Effective Teaching." *Sociological Viewpoints, 2007, 15*, pp. 15-28.

Guglielmino, L. M., Asper, D., Findley, B., Lunceford, C., McVey, R. S., Payne, S., Penney, G., & Phares, L. "Common Barriers, Interrupters and Restarters in the Learning Projects of Highly Self-Directed Adult Learners." *International Journal of Lifelong Education, 2005, 2*(1), pp. 71-93.

Guglielmino, L. M., & Hillard, L. C. "Self-Directed Learning of Exemplary Principals."
　　International Journal of Lifelong Education, 2007, 4(2), pp. 19-37.

Guy, T. C. *Prophecy from The Periphery: Alain Locke's Philosophy of Cultural Pluralism and
　　the American Association in Adult Education.* Unpublished Doctoral Dissertation. DeKalb,
　　IL: Northern Illinois University, 1993.

Guy, T. C., & Brookfield, S. D. "W.E.B. Du Bois' Basic American Negro Creed and the
　　Associates in Negro Folk Education: A Case Study of Repressive Tolerance in the
　　Censorship of Radical Black Discourse on Adult Education." *Adult Education Quarterly,
　　2009, 60*(1), pp. 65-76.

Habermas, J. *Communication and the Evolution of Society.* Boston: Beacon Press, 1979.
　　Habermas, J. *Between Facts and Norms: Contributions to a Discourse Theory of
　　Democracy.* Cambridge, MA: MIT Press, 1996.

Halx, M. D. "Re-conceptualizing College and University Teaching Through the Lens of Adult
　　Education: Regarding Undergraduates as Adults." *Teaching in Higher Education, 2012,
　　15*(5), pp. 519-530.

Hansman, C. A., & Mott, V. W. "Adult Learners." In C. E. Kasworm, A. D. Rose, & J. M. Ross-
　　Gordon (Eds.), *Handbook of Adult and Continuing Education.* Thousand Oaks, CA: Sage,
　　2010, pp. 13-24.

Harlow, R. "Innovations in Teaching Race and Class Inequality: Bittersweet Candy and the
　　Vanishing Dollar." *Teaching Sociology 2009, 37*(2), pp. 194-204.

Harteis, C., & Gruber, H. "How Important is Intuition for Teaching Expertise in the Field of
　　Adult Education?" *Studies in the Education of Adults, 2008, 40*(1), pp. 96- 108.

Hess, M., & Brookfield, S. D. (Eds.). *Teaching Reflectively in Theological Contexts: Promises
　　and Contradictions.* Malabar, FL: Krieger, 2008.

Heywood, D., & Parker, J. *The Pedagogy of Physical Science.* NewYork: Springer, 2010.

Hiemstra, R. "Is the Internet Changing Self-Directed Learning? Rural Users Provide Some
　　Answers." *International Journal of Self-Directed Learning, 2006, 3*(2), pp. 45-60.

Hill, R. J., & Grace, A. P. (Eds.). *Adult and Higher Education in Queer Contexts: Power,
　　Politics and Pedagogy.* Chicago: Discovery Association Publishing House, 2010.

Hoagland, S. L. "Oaths." In J. A. Sandlin, B. D. Schultz, & J. Burdick (Eds.), *Handbook of
　　Public Pedagogy: Education and Learning Beyond Schooling.* New York: Routledge, 2011,

pp. 93-102.

Hoban, G., & Hoban, S. "Self-Esteem, Self-Efficacy, and Self-Directed Learning: Separate, but Interrelated." *International Journal of Self-Directed Learning, 2004, 1*(2), pp. 7-25.

Hoggan, C. "The Power of Creative Story: Metaphors, Literature, and Creative Writing." In C. Hoggan, S. Simpson, & H. Stuckey (Eds.), *Creative Expression in Transformative Learning: Tools and Techniques for Educators of Adults.* Malabar, FL: Krieger, 2009, pp. 51-74.

Hoggan, C., Simpson, S., & Stuckey, H. (Eds.). *Creative Expression in Transformative Learning: Tools and Techniques for Educators of Adults.* Malabar, FL: Krieger, 2009.

Holst, J. D. *Social Movements, Civil Society, and Radical Adult Education.* Westport, CT: Praeger, 2002.

hooks, b. *Talking Back: Thinking Feminist, Thinking Black.* Boston: South End Press, 1989.

hooks, b. *Teaching to Transgress: Education as the Practice of Freedom.* New York: Routledge, 1994.

Horton, M. *The Long Haul: An Autobiography.* New York: Doubleday, 1990.

Horton, M. *The Myles Horton Reader: Education for Social Change.* (D. Jacobs, Ed.). Knoxville: University of Tennessee Press, 2003.

Huffington Post "Young People More Likely to Favor Socialism than Capitalism: Pew." Retrieved from: http://www.huffingtonpost.com/2011/12/29/youngpeople-socialism_n_1175218. html.

Hunt, R. "Institutional Constraints on Authenticity in Teaching." In P. Cranton (Ed.), *Authenticity in Teaching.* New Directions for Adult and Continuing Education, No. 111. San Francisco: Jossey-Bass, 2006, pp. 51-61.

Hyland-Russell, T., & Green, J. "Marginalized Non-Traditional AdultLearners: Beyond Economics." *Canadian Journal for the Study of Adult Education, 2011, 24*(1), pp. 61-79.

Illich, I. *Deschooling Society.* London, UK: Marion Boyars Publishing, 2000.

Jessup, M. "Sociopoly: Life on the Boardwalk." *Teaching Sociology 2001, 29*(2), pp. 102-109.

Johnson-Bailey, J. "Race Matters." In J. M. Ross-Gordon (Ed.), *Contemporary Viewpoints on Teaching Adults Effectively.* New Directions for Adult and Continuing Education, No. 93. San Francisco: Jossey-Bass, 2002.

Jubas, K. "Critically Minded Shopping s a Process of Adult Learning and Civic Engagement." In L. Munoz & H. S Wrigley (Eds.). *Adult Civic Engagement in Adult Learning.* New

Directions for Adult and Continuing Education, No. 135, Fall, 2012, pp. 61-70.

Jun, J., & Park, J. H. "Power Relations within Online Discussion Contexts: Based on International Students' Perspectives and Their Participation in the Learning Context." In D. Flowers, M. Lee, A. Jalipa, E. Lopez, A. Schelstrate, & V. Sheared (Eds.), *Proceedings of the 44th Annual Adult Education Research Conference.* SanFrancisco: Center for Adult Education, San Francisco State University, 2003, pp. 193-198.

Keefer, J. "The Critical Incident Questionnaire: From Research to Practice and Back Again." *In Proceedings of the 2009 Adult Education Research Conference.* Chicago: Dept. of Adult and Continuing Education, National Louis University, 2009, pp. 177- 182.

Kenkmann, A. "Power and Authenticity: Moving from the Classroom to the Museum." *Adult Education Quarterly, 2011, 61*(3), pp. 279-295.

Kilgore, D. "Towards a Postmodern Pedagogy." In R. St. Clair, & J. Sandlin (Eds.), *Promoting Critical Practice in Adult Education.* New Directions for Adult and Continuing Education, Number 102: San Francisco: Jossey-Bass, 2004, pp. 45-53.

Lakoff, G., & Johnson, M. *Metaphors We Live By.* Chicago: University of Chicago Press, 2003 (2nd ed.).

Laski, M. *Everyday Ecstasy: Some Observations on the Possible Social Effects of Major and Minor Ecstatic Experiences in Our Daily Secular Lives.* London: Thames and Hudson, 1980.

Lawrence, R. L. "Powerful Feelings: Exploring the Affective Domain of Informal and Arts-Based Learning." In J. M. Dirkx (Ed.), *Adult Learning and the Emotional Self.* New Directions for Adult and Continuing Education, No. 120. San Francisco: Jossey-Bass, 2008, pp. 65-77.

Lawrence, R. L. "The Other Side of the Mirror: Intuitive Knowing, Visual Imagery, and Transformative Learning." In C. Hoggan, S. Simpson, & H. Stuckey (Eds.), *Creative Expression in Transformative Learning: Tools and Techniques for Educators of Adults.* Malabar, FL: Krieger, 2009, pp. 129-144.

Lawrence, R. L. "Intuitive Knowing and Embedded Consciousness." In R. L. Lawrence (Ed.), *Bodies of Knowledge: Embodied Learning in Adult Education.* New Directions for Adult and Continuing Education, No. 134. San Francisco: Jossey-Bass, 2012a, pp. 5-14.

Lawrence, R. L. "Transformative Learning Through Artistic Impression: Getting Out of Our Heads." In E. W. Taylor & P. Cranton (Eds.), *The Handbook of Transformative Learning:*

Theory, Research, and Practice. San Francisco: Jossey-Bass, 2012b, pp. 425-437.

Lee, H. J. "Thrust into Leaning and Thinking Critically: East Asian Doctoral Students' Experience, Meaning, and Process of Engaging in Critical Reflection at U.S. Universities." *Proceedings of the Transnational Migration and Adult Education Conference: Global Issues and Debates.* Toronto: Dept. of Adult Education, Ontario Institute for Studies in Adult Education, 2011.

Lewis, T. E. *The Aesthetics of Education: Theatre, Curiosity and Politics in the Work of Jacques Ranciere and Paulo Freire.* New York: Continuum, 2012.

Liddell, T. N. "Self-Directed Learning of Women Executives of Philanthropic Organizations." *International Journal of Self-Directed Learning, 2008, 5*(1), pp. 15-29.

Lindeman, E. C. L. "The Place of Discussion in the Learning Process." (1935). In S. D. Brookfield (Ed.), *Learning Democracy: Eduard Lindeman on Adult Education and Social Change.* Beckenham, Kent, UK: Croom Helm, 1987.

Love, C. T. "Dialing into a Circle of Trust: A 'Medium' Tech Experiment and Poetic Evaluation." In M. Golden (Ed.), *Teaching and Learning From the Inside Out: Revitalizing Ourselves and Our Institutions.* New Directions for Teaching and Learning, No. 130, San Francisco: Jossey-Bass, 2012, pp. 37-52.

Love, D. "Lifelong Learning: Characteristics, Skills, & Activities for a Business College Curriculum." *Journal of Education for Business, 2011, 86*(3), pp. 155-162.

Malcolm, I. "'It's For Us to Change That': Emotional Labor in Researching Adults' Learning: Between Feminist Criticality and Complicity in Temporary, Gendered Employment." *Adult Education Quarterly, 2012, 62*(3), pp. 252-271.

Marcuse, H. *One Dimensional Man.* Boston: Beacon, 1964.

Marcuse, H. "Repressive Tolerance." In R. P. Wolff, B. Moore, & H. Marcuse (Eds.), *A Critique of Pure Tolerance.* Boston: Beacon Press, 1965.

Marcuse, H. *An Essay on Liberation.* Boston: Beacon Press, 1969.

Marcuse, H. *Counterrevolution and Revolt.* Boston: Beacon Press, 1972.

Marcuse, H. *The Aesthetic Dimension: Toward a Critique of Marxist Aesthetics.* Boston: Beacon Press, 1978.

McCauley, V., & McClelland, G. 'Further Studies in Self-Directed Learning in Physics at the University of Limerick, Ireland." *International Journal of Self-Directed Learning, 2004, 1*(2),

pp. 26-37.

McCormack, J. "Critical Pedagogy, Experiential Learning and Active Citizenship: a Freirean Perspective on Tenant Involvement in Housing Stock Transfers." *International Journal of Lifelong Education, 2008, 27*(1), pp. 3-18.

McDermott, C. "Teaching to Be Radical: The Women Activist Educators of Highlander." In L. Servage & T. Fenwick (Eds.), *Learning in Community: Proceedings of the 48th Annual Adult Education Research Conference. Halifax, Nova Scotia: Department of Adult Education*, Mount Saint Vincent University, 2007, pp. 403-408.

Merrill, B., Alheit, P., Anderson, S. A., & West, L. *Using Biographical and Life History Approaches in the Study of Adult and Lifelong Learning: European Perspectives.* Berne, Switzerland: Peter Lang, 2007.

Mezirow, J. *Transformative Dimensions of Adult Learning.* San Francisco: Jossey-Bass, 1991.

Mezirow, J., & Taylor E. (Eds.). *Transformative Learning in Practice: Insights from Community*, Workplace, and Higher Education. San Francisco: Jossey-Bass, 2009.

Michalec, P., & Brower, G. "Soul and Role: Dialogues in Higher Education: Healing the Divided Self." In M. Golden (Ed.), *Teaching and Learning From the Inside Out: Revitalizing Ourselves and Our Institutions.* New Directions for Teaching and Learning, No. 130, San Francisco: Jossey-Bass, 2012, pp. 15-25.

Miles, M. *Herbert Marcuse: An Aesthetics of Liberation.* London: Pluto Press, 2012.

Mill, J. S. *The Philosophy of J. S. Mill.* (M. Cohen, Ed.). New York: Random House, 1961.

Mok, M. C., Leung, O. S., & Shan, P. W. "A Comparative Study of the Self-Directed Learning of Primary Students in Hong Kong and Macau." *International Journal of Self-Directed Learning, 2005, 2*(2), 39-54.

Mojab, S. (Ed.). *Women, War, Violence and Learning.* New York: Routledge, 2010.

Mojab, S., & Carpenter, S. (Eds.). *Educating from Marx: Race, Gender and Learning.* New York: Palgrave Macmillan, 2011.

Mojab, S., & Gorman, R. "The Struggle Over Lifelong Learning: A Marxist-Feminist Analysis." In R. O. Smith, J. M. Dirkx, P. L. Eddy, P. L. Farrell, & M. Polzin (Eds.), *Proceedings of the 42nd Annual Adult Education Research Conference.* East Lansing, MI: Department of Adult Education, Michigan State University, 2001.

Moore, T., Houde, J., Hoggan, C., & Wagner, J. "Re-viewing Adult Learning: A Collaborative

Self-Directed Learning Model for Adult Educators." In R. J. Hill & R. Kiely (Eds.), *Proceedings of the 46th Annual Adult Education Research Conference*. Athens, GA: Department of Adult Education, University of Georgia, 2005.

Moshman, D. "Developmental Change in Adulthood." In J. Demick & C. Andreoletti (Eds.), *Handbook of Adult Development*. New York: Springer, 2003, pp. 43-61.

Nash, R. J. *Liberating Scholarly Writing: The Power of Personal Narrative*. New York: Teachers College Press, 2004.

Nash, R. J., & Bradley, D. L. *Me-Search and Re-Search: A Guide for Writing Scholarly Personal Narrative Manuscripts* . Charlotte, NC: Information Age Publishing, 2011.

Nelson, A. "Storytelling and Transformational Learning." In B. Fisher-Yoshida, K. D. Geller, & S. A. Schapiro (Eds.), *Innovations in Transformative Learning Theory*. New York: Peter Lang, 2009, pp. 207-222.

Newman, M. *Teaching Defiance: Stories and Strategies for Activist Educators*. San Francisco: Jossey-Bass, 2006.

Noonan, S. (with Fish, T.). *Leadership Through Story: Diverse Voices in Dialogue*. Lanham, MD: Rowman and Littlefield Education, 2007.

Obama, B. H. *Dreams From My Father: A Story of Race and Inheritance*. NewYork: Broadway, 2004.

Outlaw, L. T., Jr. *On Race and Philosophy*. New York: Routledge, 1996.

Park, E., Candler, C., & Durso, S.C. "Medical Students' Perceptions of Selected Instructional Methods." *International Journal of Self-Directed Learning, 2006, 2*(2), pp. 55-65.

Park, E., Christmas, C., Schmaltz, H., & Durso, S. C. "The Perceived Change of Diverse Clinician-Educators Through an Intensive Course on Teaching Geriatrics." *International Journal of Self-Directed Learning, 2005, 3*(1), pp. 36-51.

Parvaresh, V. "Metaphorical Conceptualizations of an Adult EFL Learner: Where Old Concepts Are Impregnable." *Novitas-Royal: Research on Youth and Language, 2008, 2*(2), pp. 154-161.

Paterson, R. W. K. "The Concept of Discussion: A Philosophical Approach." *Studies in Adult Education, 2*(1), 1970, pp. 28-50.

Peters, J. M., & Grey, A. "A Solitary Act One Cannot Do Alone: The Self-Directed, Collaborative Learner." *International Journal of Self-Directed Learning, 2005, 2*(2), pp. 12-23.

Peterson, E. A., & Brookfield, S. D. "Race and Racism: A Critical Dialogue." In L. Servage & T. Fenwick (Eds.), *Proceedings of the 48th Adult Education Research Conference*, Halifax, Nova Scotia: Department of Adult Education, Mount Saint Vincent University, 2007, pp. 481-486.

Pettit, J. M. "Power Relationships in Two Web-Based Courses." In J. M. Petitand R. P. Francis (Eds.), *Proceedings of the 43rd Annual Adult Education Research Conference*. Raleigh, NC: Department of Adult and Community College Education, North Carolina State University, 2002, pp. 312-326.

Phares, L. T., & Guglielmino, L. M. "The Role of Self-Directed Learning in the Work of Community Leaders." *International Journal of Self-Directed Learning, 2010, 7*(2), pp. 35-53.

Phelan, L. "Interrogating Students' Perceptions of their Online Learning Experiences with Brookfield's Critical Incident Questionnaire." *Distance Education, 2012, 33*(1).

Pierson, C. "Reflections on Educational Metaphors for Teaching English as a Second Language to Adult Learners." *PAACE Journal of Lifelong Education, 2008, 17*, pp. 51-61.

Ponton, M., Derrick, G., Confessore, G., & Rhea, N. "The Role of Self-Efficacy in Autonomous Learning." *International Journal of Self-Directed Learning, 2005a, 2*(2), pp. 81-90.

Ponton, M. K., Derrick, G. J., Hall, M. J., Rhea, N., & Carr, P. "The Relationship Between Self-Efficacy and Autonomous Learning: The Development of New Instrumentation." *International Journal of Self-Directed Learning, 2005b, 2*(1), pp. 50-61.

Popper, K. R. *The Logic of Scientific Discovery*. New York: Routledge, 2002 (2nd ed.). Originally published 1959.

Pratt, D. D., & Associates. *Five Perspectives on Teaching in Adult and Higher Education*. Malabar, FL: Krieger, 1998.

Pratt, D. D. "Good Teaching: One Size Fits All?" In J. M. Ross-Gordon (Ed.), *Contemporary Viewpoints on Teaching Adults Effectively*. New Directions for Adult and Continuing Education, No. 93: San Francisco: Jossey-Bass, 2002.

Preskill, S. J., & Brookfield, S. D. *Learning as a Way of Leading: Lessons from the Struggle for Social Justice*. San Francisco: Jossey-Bass, 2008.

Pyrch, T. Breaking Free: A Facilitator's Guide to Action Research Practice. http://www.lulu.com, 2012.

Rager, K. B. "The Organizing Circumstance Revisited: Opportunities and Challenges Posed by

the Influence of the Internet." *International Journal of Self-Directed Learning, 2006, 3*(1), pp. 52-60.

Ramdeholl, D. *Adult Literacy in a New Era: Oral Histories from The Open Book.* St. Paul, MN: Paradigm, 2010.

Ramdeholl, D., Giordani, T., Heaney, & Yanow, W. "Race, Power, and Democracy in the Graduate Classroom." In D. Ramdeholl, T. Giordani, T. Heaney, & W. Yanow (Eds.), *The Struggle for Democracy in Adult Education.* New Directions for Adult and Continuing Education, No. 128. San Francisco: Jossey-Bass, 2010.

Ramdeholl, D., & Wells, R. "From Resistance to Solidarity: Teaching Race, Class and Gender to Working Adults." In S. Carpenter, S. Dossa, & B. J. Osborne (Eds.), *Proceedings of the 52nd Annual Adult Education Research Conference.* Toronto: Department of Adult Education, University of Toronto, 2011, pp. 550-555.

Ramdeholl, D., & Wells, R. "The World As it Could Be: Class, Race and Gender for and with Working Class Students." In J. Ruban & D. Ramdeholl (Eds.), *Proceedings of the 53rd Annual Adult Education Research Conference.* Saratoga Springs, NY: Department of Adult Education, Empire State College, 2012, pp. 251- 257.

Randall, W. "Storywork: Autobiographical Learning in Later Life." In M. Rossiter & M. C. Clark (Eds.), *Narrative Perspectives in Adult Education.* New Directions for Adult and Continuing Education, No. 126. San Francisco: Jossey-Bass, 2010, pp. 25-36.

Redmon Wright, R. "Narratives from Popular Culture: Critical Implications for Adult Education." In M. Rossiter & M. C. Clark (Eds.), *Narrative Perspectives in Adult Education.* New Directions for Adult and Continuing Education, No. 126. San Francisco: Jossey-Bass, 2010, pp. 49-62.

Reitz, C. *Art, Alienation and the Humanities: A Critical Engagement with Herbert Marcuse.* Albany: State University of New York Press, 2000.

Rogoff, B., & Lave, J. *Everyday Cognition: Its Development in Social Context.* Cambridge, MA: Harvard University Press, 1999.

Rossiter, M., & Clark, M. C. (Eds.). *Narrative Perspectives in Adult Education.* New Directions for Adult and Continuing Education, No. 126. San Francisco: Jossey-Bass, 2010.

Rossiter, M., & Garcia, P. A. "Digital Storytelling: A New Player on the Narrative Field." In M. Rossiter & M. C. Clark (Eds.), *Narrative Perspectives in Adult Education.* New Directions

for Adult and Continuing Education, No. 126. San Francisco: Jossey-Bass, 2010, pp. 37-48.

Roy, C. "The Transformative Power of Creative Dissent: The Raging Grannies Legacy." In E. V. O'Sullivan, A. Morrell & M. A. O'Connor (Eds.), *Expanding the Boundaries of Transformative Learning*. New York: Palgrave, 2002, pp. 257-272.

Ryan, M. "Conceptualising and Teaching Discursive and Performative Reflection in Higher Education." *Studies in Continuing Education, 2012, 34*(2), pp. 207-223.

St. Clair, R. "Success Stories: Aspirational Myth in the Education of Adults." *International Journal of Lifelong Education, 2004, 23*(1), pp. 81-94.

Sandlin J. A. "Consumerism, Consumption, and a Critical Consumer Education for Adults." In R. St. Clairand & J. Sandlin (Eds.), *Promoting Critical Practice in Adult Education*. New Directions for Adult and Continuing Education, Number 102: San Francisco: Jossey-Bass, 2004, pp. 25-34.

Sandlin J. A. "Popular Culture, Cultural Resistance, and Anti-Consumption Activism: An Exploration of Culture Jamming as Critical Adult Education." In E. J. Tisdell & P. M. Thompson (Eds.), *Popular Culture and Entertainment Media in Adult Education*. New Directions for Adult and Continuing Education, No. 126. San Francisco: Jossey-Bass, 2007a, pp. 73-82.

Sandlin J. A. "Living and Learning in the Shadow of the Shopocalypse: Reverend Billy's Anti-Consumption Pedagogy-of-the-Unknown as Critical Adult Education." In L. Servage & T. Fenwick (Eds.), *Proceedings of the 48th Adult Education Research Conference*, Halifax, Nova Scotia: Department of Adult Education, Mount Saint Vincent University, 2007b, pp. 541-546.

Sandlin J. A., & McLaren, P. (Eds.). *Critical Pedagogies of Consumption: Living and Learning in the Shadow of the 'Shopocalypse.'* New York: Routledge, 2010.

Scatamburlo-D'Annibale, V. "Beyond the Culture Jam." In J. A. Sandlin & P. McLaren (Eds.), *Critical Pedagogies of Consumption: Living and Learning in the Shadow of the 'Shopocalypse.'* New York: Routledge, 2010, pp. 224-236.

Sheared, V., Johnson-Bailey, J., Colin, S. A. J. III, Peterson, E., & Brookfield, S. D. (Eds.). *The Handbook of Race and Adult Education: A Resource for Dialogue on Racism*. San Francisco: Jossey-Bass, 2010.

Shor, I. *When Students Have Power: Negotiating Authority in a Critical Pedagogy*. Chicago:

University of Chicago Press, 1996.

Silver, T., & Mojab, S. "The Rise and Fall of Socialist Adult Education in North America: Theorizing from the Literature." In S. Carpenter, S. Dossa, & B. J. Osborne (Eds.), *Proceedings of the 52nd Annual Adult Education Research Conference*. Toronto: Department of Adult Education, University of Toronto, 2011, pp. 631-637.

Simpson, J. M., & Elias, V. L. "Choices and Chances: The Sociology Role-Playing Game—The Sociological Imagination in Practice." *Teaching Sociology, 2011, 39*(1), pp. 42-56.

Simpson, S. "Raising Awareness of Transformation: Collage, Creative Expression, and Transformation." In C. Hoggan, S. Simpson, & H. Stuckey (Eds.), *Creative Expression in Transformative Learning: Tools and Techniques for Educators of Adults*. Malabar, FL: Krieger, 2009, pp. 75-101.

Slate. http://www.slate.com/id/2302617/pagenum/2 (Retrieved, August 17th, 2011)

Smith, H. "The Foxfire Approach to Student and Community Interaction." In L. Shumow (Ed.), *Promising Practices for Family and Community Involvement during High School*. Charlotte, NC: Information Age Publishing, 2009.

Smith, T. V., & Lindeman, E. C. *The Democratic Way of Life*. New York: New American Library, 1951.

Snowber, C. "Dance as a Way of Knowing." In R. L. Lawrence (Ed.), *Bodies of Knowledge: Embodied Learning in Adult Education*. New Directions for Adult and Continuing Education, No. 134. San Francisco: Jossey-Bass, 2012, pp. 53-60.

Somers, K. "How Canadian Diversity and Anti-Oppression Educators Handle the Emotional Challenges of Their Practice." In S. Carpenter, S. Dossa, & B. J. Osborne (Eds.), *Proceedings of the 52nd Annual Adult Education Research Conference*. Toronto: Department of Adult Education, University of Toronto, 2011, pp. 654-660.

Stuart, M., Lido, C., & Morgan, J. "Personal Stories: How Students' Social and Cultural Life Histories Interact with the Field of Higher Education." *International Journal of Lifelong Education, 2011, 30*(4), pp. 489-508.

Sue, D. W., Capodilupo, C. M., Torino, G. C., Bucceri, J. M., Holder, A.M.B., Nadal, K. L., & Esquilin M. "Racial Microaggressions in Everyday Life: Implications for Clinical Practice." *American Psychologist, 2007, 62*(4), pp. 271-286.

Sun, Q. "Confucian Educational Philosophy and Its Implication for Lifelong Learning and

Lifelong Education." *International Journal of Lifelong Education, 2008, 27*(5), pp. 559-578.

Sunstein C. *The Second Bill of Rights: FDR's Unfinished Revolution and Why We Need It More Than Ever.* New York: Perseus Books, 2006.

Swanson Brookes, T. "Lessons Learned: A Crisis Responder's Journey Supporting Friends in Crisis." *Unpublished Doctoral Dissertation*, Dept. of Educational Leadership: Appalachian State University, 2011.

Taber, N. "Critiquing War in the Classroom: Problematizing the Normalization of Gendered Militarism." In S. Carpenter, S. Dossa, & B. J. Osborne (Eds.), *Proceedings of the 52nd Annual Adult Education Research Conference.* Toronto: Department of Adult Education, University of Toronto, 2011, pp. 676-682.

Taylor, A. "The Impostor Phenomenon: A Look at the Outside, the Inside, and the Other Side through Scholarly Personal Narrative." *Unpublished Doctoral Dissertation*, School of Education, Colorado State University, 2009.

Taylor, E. W., & Cranton, P. (Eds.). *The Handbook of Transformative Learning: Theory, Research, and Practice.* San Francisco: Jossey-Bass, 2012.

The Yes Men. "Dow Chemical Just Says 'Yes'to Bhopal." In T. Corby (Ed.), *Network Art: Practices and Positions.* New York: Routledge, 2006, pp. 197-213.

Thompson, T., & Wulff, S. "Implementing Guided Self-Directed Learning Strategies (GSDL) in Intermediate and Advanced Chemistry Courses." *International Journal of Self-Directed Learning, 2004, 1*(2), pp. 38-52.

Tyler, J. A. "Charting the Course: How Storytelling Can Foster Communicative Learning in the Workplace." In J. Mezirow & E. Taylor (Eds.), *Transformative Learning in Practice: Insights from Community, Workplace, and Higher Education.* San Francisco: Jossey-Bass, 2009, pp. 136-147.

Vygotsky, L. S. *Mind in Society: The Development of Higher Psychological Processes.* Cambridge, MA: Harvard University Press, 1978.

Wang, V., & Farmer, L. "Adult Teaching Methods in China and Bloom's Taxonomy." *International Journal for the Scholarship of Teaching and Learning, 2008, 2*(2), pp. 1-16.

Williams, H.S. "Black Mama Sauce: Embodied Transformative Education." In B. Fisher-Yoshida, K. D. Geller, & S. A. Schapiro (Eds.), *Innovations in Transformative Learning Theory.* New York: Peter Lang, 2009, pp. 269-286.

Wilson, A. L., & Nesbit, T. "The Problem of Power." In R. J. Hill & R. Kiely (Eds.), *Proceedings of the 46th Annual Adult Education Research Conference*. Athens, GA: Department of Adult Education, University of Georgia, 2005, pp. 449–454.

Zhang, W. "Conceptions of Lifelong Learning in Confucian Culture: Their Impact on Adult Learners." *International Journal of Lifelong Education*. 2008, 2(5), pp. 551–557.

Ziga, P. L. "Self-Directed Learning in Directors of a U.S. Nonprofit Organization." *International Journal of Self-Directed Learning*. 2008, 5(2), pp. 35–49.

찾아보기

인명

A

Alfred, M. V. 124
Andruske, C. L. 119
Archibald, T. 42

B

Bagnall, R. G 151
Baptist, W. 180
Baptiste, I. 29, 49, 158
Bierema, L. 141, 255
Boal, A. 212, 233, 236
Boucouvalas, M. 38
Butterwick, S. 235

C

Cale, G. 184
Chase, S. 42
Clover, D. E. 173, 181
Coady, M. 87
Cranton, P. 226
Cuerva, M. 184

D

Darts, D. 240
Davis, A. 228
Dewey, J. 20
Du Bois, W. E. B. 148

E

Ehrenreich, B. 123
English, L. M. 85

F

Fenwick, T. 36

내용

저자 소개

Stephen D. Brookfield

몰리와 콜린의 아버지이며 킴의 남편인 스티븐 D. 브룩필드는 미국 미네소타주 미네아폴리스−세인트폴에 있는 세인트토마스대학교의 교수이다. 1970년 랜체스터 기술대학(영국 코번트리 소재)에서 현대학 학사학위, 1974년 리딩대학교(영국)에서 사회학 석사학위, 1980년 레스터대학교(영국)에서 성인교육 박사학위를 받았다. 또한 1971년 영국의 런던대학교 첼시대학에서 현대사회 및 문화학 대학원 학위를, 1977년 영국 노팅엄대학교에서 성인교육학 대학원 학위를 취득하였다. 1991년 뉴햄프셔대학 시스템에서 성인교육발전에 대한 공로로 명예박사학위를 받았다. 2003년 캐나다 콘코디아대학교에서 성인교육에 기여한 공로로 명예박사학위를, 2010년 미국 물렌버그대학에서 교육리더십 명예박사학위를 받았다.

2001년 평생고등교육협회로부터 '평생교육 분야에 대한 공로'로 리더십상, 2008년 세인트토마스존아일랜드대학교 총장상과 세인트토마스대학교 다양성리더십 교육 및 연구상을 수상하였다. 2008년 성인체험학습위원회로부터 '성인 체험 학습에 대한 공로'로 Morris T. Keeton 메달을 수상하였다. 2009년 국제성인교육 명예의 전당에 이름을 올렸다.

그는 미국 성인평생교육협회에서 성인 교육 발전에 기여한 저자에게 수여하는 Cyril O. Houle World 상을 6회 수상하였다. 1986년, 『성인학습의 이해와 촉진』(1986), 1989년, 『비판적인 사색가 개발』(1987), 1996년, 『비판적으로 성찰하는 교사』(1995), 2005년, 『비판이론의 힘』(2004), 2011년, 『급진적으로 변화를 추구하기 위한 학습』(2010), 2012년, 『비판적으로 사고하는 법 가르치기』(2012)이다. 또한 1986년, 『성인학습의 이해와 촉진』은 Imogene E. Okes 상을 수상하였다.

그 외의 저서로 『성인학습자, 성인교육, 공동체』(1984), 『자기주도학습』(1985), 『민주주의 학습』(1987), 『성인교육자 훈련』(1988), 『능숙한 교사』(2nd ed., 2006), 『신학적 맥락에서 성찰적으로 가르치기』(Mary Hess와 공동편집, 2008), 『인도하는 방법으로서의 학습』(Stephen Preskill과 공저, 2008), 『인종과 성인교육 핸드북』(Vanessa Sheared, Scipio Colin III, Elizabeth Peterson, Juanita Johnson과 공저, 2010)이 있다.

역자 소개

조성란(Cho, Sung Ran / Ph. D.)

　미국 와이오밍 주립대학교 사범대학에서 성인교육전공으로 석사학위와 박사학위를 받았다. 숭실대학교 초빙교수, 고려대학교 연구교수, 인하대학교와 경희대학교 강사, 홍익대학교 초빙교수를 역임하며 학부와 대학원의 평생교육전공 교과목들과 교직과목인 교육사회학을 가르치고 있다. 주요 연구 관심분야는 비판성인교육학, 마을교육공동체, 교육소외계층 교육, 노인교육, 성인학습이론, 성인교육방법, 교육사회, 질적연구 등이다.

파워풀한 성인교육방법
-권력의 교육학-
Powerful Techniques for Teaching Adults

2020년 3월 25일 1판 1쇄 발행
2024년 2월 20일 1판 2쇄 발행

지은이 • Stephen D. Brookfield
옮긴이 • 조성란
펴낸이 • 김진환
펴낸곳 • ㈜**학 지사**
　　　　04031 서울특별시 마포구 양화로 15길 20 마인드월드빌딩
대표전화 • 02-330-5114　　팩스 • 02-324-2345
등록번호 • 제313-2006-000265호

홈페이지 • http://www.hakjisa.co.kr
인스타그램 • https://www.instagram.com/hakjisabook

ISBN 978-89-997-2063-5 93370

정가 19,000원

출판미디어기업 **학 지사**

간호보건의학출판 **학지사메디컬** www.hakjisamd.co.kr
심리검사연구소 **인싸이트** www.inpsyt.co.kr
학술논문서비스 **뉴논문** www.newnonmun.com
교육연수원 **카운피아** www.counpia.com
대학교재전자책플랫폼 **캠퍼스북** www.campusbook.co.kr